AION(아이온)

초판 1쇄 발행	2016년 9월 20일
2쇄 발행	2019년 11월 20일
원 제	Aion: Untersuchungen zur Symbolgeschichte
지은이	칼 구스타프 융
옮긴이	김세영 정명진
펴낸이	정명진
디자인	정다희
펴낸곳	도서출판 부글북스
등록번호	제300-2005-150호
등록일자	2005년 9월 2일
주소	서울시 노원구 공릉로63길 14, 101동 203호(하계동, 청구빌라)
	01830
전화	02-948-7289
전자우편	00123korea@hanmail.net
ISBN	979-11-5920-040-3 03180

AION 아이온

칼 구스타프 융 지음   김세영·정명진 옮김

지은이의 말

이 책의 주제는 '아이온'(Aion: 우주를 전부 포함하는 궤도나 원, 시간과 관련 있는 고대 그리스 신을 일컫는다. 일상의 언어에서는 주로 '영겁' 또는 '무한히 긴 시간' 또는 '시대'의 의미로 쓰인다/옮긴이)이다. 나는 기독교와 영지주의, 그리고 연금술의 자기 상징들을 바탕으로 "기독교 시대" 안에서 정신적 상황이 어떻게 변화했는지를 밝히려고 노력할 것이다.

기독교 전통은 처음부터 시간의 시작에 관한 페르시아인의 사상과 유대인의 사상으로 넘쳐났을 뿐만 아니라, 지배적이었던 것들이 거꾸로 향하는, 일종의 방향 전환을 암시하는 것들로도 넘쳐났다. 이 말은 곧 예수 그리스도와 적(敵)그리스도의 딜레마를 의미한다. '요한 계시록'이 보여주는 바와 같이, 아마 시간과 시간의 구분에 관한 역사적 고찰의 대부분은 점성술적 생각의 영향을 많이 받았을 것이다. 따라서 나의 고찰은 물고기자리의 상징을 중심으로 이뤄지는 것이 아주 자연스럽다. 왜냐하면 물고기자리 시대가 2,000년에 걸친 기독교 발달의 시기와 우연히 일치하기 때문이다. 이 기간에 안트로포스("사람의 아들")의 형상이 상징적으로도 점점 더 중요해졌을 뿐만 아니라 심리학적으로도 점진적으로 동화되어갔다. 그러나 이 형상은 동시에 사람의 태도에도 변화를 불러왔다. 이 변화는 고대 텍스트에서 적그리스도를 예상하는 것으로 이미 예견되어 있었다. 이 텍스트들이 적그리스도의 출현을 시간의 종말로 경시하고 있기 때문에, 우리가 "기독교 시대"라고 부르고 그런 시대에 대해 논해도 별로 문제가 되지 않는다. 기독교 시대는 예수 그리스도의 재림으로 끝나는 것으로 예정되어 있었다. 마치 이 같은 예상은 물고기자리의 "플라톤 월"(Platonic month: 춘분점이 황도를 한 바퀴 도는 데 걸리는 '플라톤 년'은 약 25,800년이다. 그러면 플라톤 월은 2,150년이란 계산이 나온다/옮긴이)에 대한 점성술적 해석과 일치하는 것처럼 보인다.

내가 이런 역사적인 문제들을 논하겠다는 마음을 갖도록 만든 것은 무의식의 산물로 너무나 자주 나타나는 완전성의 원형적 형상이 역사 속에 어떤 전조들을 갖고 있다는 사실이었다. 나의 책 '심리학과 연금술'(Psychology and Alchemy)에서 보여준 바와 같이, 이 전조들은 아주 일찍부터 예수 그리스도의 형상과 동일시되었다. 나는 독자들로부터 전통적인 예수 그리스도의 형상과 전체성의 무의식적 상징, 즉 자기의 상징 사이의 관계를 분석해보라는 부탁을 자주 받았다. 그래서 나는 마침내 이 과제를 떠안기로 마음을 먹었다. 이 과제가 특별히 어렵기 때문에 나의 결정은 결코 쉽지 않았다. 모든 장애와 실수의 가능성을 극복하려면, 지식만 아니라 신중함도 필요할 것이다. 그런데 불행하게도 나에겐 이런 요소들이 제한적으로만 주어졌을 뿐이다. 나는 경험적인 자료에 대한 나의 관찰에 대해서는 어느 정도 확신한다. 그럼에도 나는 역사의 증거를 나의 고찰의 영역으로 끌어들이는 데에 따르를 위험에 대해 너무나 잘 알고 있다. 또한 나 자신이 마치 역사적 동화 과정을 계속하고 있는 것처럼, 예수 그리스도의 형상이 이미 갖고 있는 수많은 상징에다가 심리학적 상징까지 더하거나 그리스도의 상징들을 전체성이라는 심리학적 상징으로 압축하는 과제를 시작할 때 떠안게 될 책임에 대해서도 잘 알고 있다.

그러나 독자 여러분은 내가 신앙 고백을 하거나 편향적인 논문을 쓰고 있는 것이 아니라는 점을 잊지 말아야 한다. 나는 단지 현대적인 의식의 관점에서 보면 기독교의 일부 일들이 어떤 식으로 이해될 수 있는지를 고려할 것이다.

이 책에서 논할 것들은 나 자신이 이해해 두면 좋겠다고 판단한 것들이고 몰이해와 망각의 심연으로 빠질 위험이 큰 것들이다. 또 제대로 이해만 하면 영혼의 정신적 배경과 영혼의 비밀스런 방들에 불을 밝혀 우리의 철학적 방향 감각 상실을 치유하는 데 도움을 줄 것들이다. 이 책의 핵심은 여러 해에 걸쳐서, 다양한 연령대의 사람들과 다양한 분야에서 활동하는 사람들과 가진 수많은 대화를 통해 점진적으로 서서히 구축되었다. 그 과정에, 우리 사회가 뿌리 뽑힌 채 혼란을 겪고 있는 와중에 유럽 문화의 의미를 절실히 느낄 기회를 잃고, 유토피아를 추구하는 우리 시대의 집단 정신병의 원인인 피암시 상태에 쉽게 빠지는 사람들을 많이 만났다.

나는 개종자가 아니라 한 사람의 의사로서 거기에 걸맞은 책임감을 느끼며 글을 쓸 것이다. 학자로서 글을 쓰는 것이 아니다. 학자로서 임한다면, 나는 아마 나의 전문 분야라는 안전한 벽 뒤로 숨으면서 나의 부적절한 역사 지식 때문에 나 자신을 비판적인 공격에 노출시켜 과학적 명성에 먹칠을 할 위험을 안지 않는 것이 현명할 것이다. 나이와 병 때문에 능력이 제한을 받고 있지만 그래도 나의 능력이 허락하는 한도 안에서, 나는 자료를 최대한 성실히 정리하고 또 출처를 밝힘으로써 나의 결론을 뒷받침하는 데 최선의 노력을 기울일 것이다.

1950년 5월

칼 구스타프 융

차례

1장

자아

무의식의 심리학을 연구하다 보면, 새로운 개념들을 제시할 것을 요구하는 사실 앞에 자주 서게 된다. 이런 개념들 중 하나가 바로 자기(self)이다. 자기라 불리는 실체는 지금까지 자아(ego)로 알려져 온 실체를 대체하지 않고 하나의 상위 개념으로서 자아를 포함한다. 우리는 자아를 의식적인 모든 내용물이 연결되어 있는 복합적인 요소로 이해하고 있다. 말하자면 자아는 의식 분야의 중심을 형성하고 있으며, 이 의식 영역이 경험적인 인격을 이루고 있다는 점에서 보면, 자아는 의식이 하는 모든 개인적인 행위의 주체이다. 어떤 정신적 내용물과 자아의 관계가 그 내용물이 의식인지 여부를 결정하는 기준이 된다. 왜냐하면 정신의 어떤 내용물도 주체에게 제시되지 않으면 결코 의식이 될 수 없기 때문이다.

이 같은 정의를 통해서 우리는 주체의 '범위'를 설명하고 경계를 정했다. 이론적으로 보면, 의식의 영역엔 한계가 있을 수 없다. 의식이란 것은 무한히 확장될 수 있기 때문이다. 그러나 경험적으로 보면, 의식은 언제나 '미지의 것들' 앞에서 자신의 한계를 확인한다. 미지의 것은 우리가 알지 못하는 모든 것이다. 따라서 우리가 알지 못하는 것들은 의식 영역의 중심인 자아와 연결되어 있지 않다.

미지의 대상들은 두 집단으로 나눠진다. 우리 밖에 있으면서 감각을 통해서 경험될 수 있는 대상이 있는가 하면, 우리 안에 있으면서 즉시 경험될 수 있는 대상이 있다. 첫 번째 집단은 바깥 세상에 있는 미지의 것들로 이뤄져 있고, 두 번째 집단은 내면세계에 있는 미지의 것들로 이뤄져 있다. 후자의 영역을 우리는 무의식이라고 부른다.

의식의 한 특별한 내용물로서 자아는 단순하거나 기본적인 요소가 아니고 복잡한 요소이다. 그렇기 때문에 자아를 완벽하게 설명하는 것은 불가능하다. 우리의 경험에 따르면, 자아는 겉보기에 서로 달라 보이는 두 가지 토대, 즉 신체적 토대와 정신적 토대 위에 서 있다. 신체적 토대는 체내에서 일어나는 전체 지각들을 바탕으로 추론되는데, 이 지각들은 이미 정신적인 성격을 갖고 있고 자아와 연결되어 있으며 따라서 의식적이다. 이 체내의 지각들은 체내의 자극에 의해 일어나며, 이 자극 중에서 일부만이 의식의 문턱을 넘어설 수 있다.

이 자극들 중 상당히 많은 것들은 무의식적으로, 즉 잠재의식적으로 일어난다. 상당히 많은 자극들이 잠재의식적이라고 해서, 이 자극들의 상태가 단순히 생리적이라는 뜻은 아니다. 이 말은 정신의 내용물에도 똑같이 유효하다. 잠재의식적인 자극도 간혹 의식의 문턱을 넘어설 수 있다. 말하자면 지각될 수 있다는 뜻이다. 그러나 체내에서 일어나는 이 자극들 중 많은 것이 저절로 의식적인 자극이 되지는 못하고 또 너무 기본적인 자극이어서 거기에 굳이 정신적 성격을 부여할 이유가 전혀 없다는 데에는 이의가 있을 수 없다. 생명의 모든 작용은 어쨌든 정신적이라는 철학적 견해를 특별히 신봉하는 사람이 아니라면, 거기에 별다른 이의를 제기하지 않을 것이다.

증명이 거의 불가능한 이 철학적 가설에 대해 반대 의견을 제시하는 사람들은 대개 이 가설이 정신의 개념을 모든 경계 너머까지 확장하고 또 생명의 작용을 사실로 입증할 수 없는 방향으로 해석하고 있다고 지적한다. 대체로 보면 지나치게 넓은 개념은 적절하지 않은 도구로 드러난다. 개념이 너무 모호하고 불분명하기 때문이다. 따라서 나는 "정신적"이라는 용어를 반사나 본능적 작용을 바꿔놓을 의지가 확인되는 곳에서만 쓰자고 제안했다.

그렇다면 자아의 신체적 토대는 의식과 무의식적 요소들로 이뤄져 있다고 볼 수 있다. 정신적 토대도 마찬가지다. 자아는 한편으로 의식의 전체 영역에 기초를 두고 있고, 다른 한편으론 무의식의 전체 내용물에 기초를 두고 있다. 무의식의 전체 내용물은 3개의 집단으로 나뉜다. 첫 번째 집단은 일시적으로 잠재의식인 내용물이다. 이 내용물은 의지에 따라 재현될 수 있다(기억). 두 번째 집단은 의지에 따라 재생될 수 없는 내용물이다. 세 번째 집단은 절대로 의식이 될 수 없는 내용물이다. 이 중 두 번째 집단이 존재한다는 사실은 무의식적인 내용물이 의식 속으로 스스로 쳐들어오는 현상을 통해 추론할 수 있다. 세 번째 집단은 가설적이다. 이 집단은 두 번째 집단의 바탕에서 작용하고 있는 사실들로부터 논리적으로 추론한 것이다. 세 번째 집단은 아직 의식 속으로 한 번도 쳐들어가지 않았거나 절대로 의식 속으로 들어가지 않을 내용물이다.

자아가 의식 영역 전체에 "기초"를 두고 있다고 할 때, 그 말의 뜻은 자아가 의식 전체로 구성되어 있다는 것이 아니다. 그런 뜻이라면 자아가 전체로서의 의식 영역과 구분되지 않을 것이다. 자아는 단지 의식 영역의 참조점일 뿐이고, 앞에서 묘사한 신체적 요소에 근거를 두고 있고 또 이 요소에 의해 제한을 받는다.

자아의 토대들은 비교적 알려져 있지 않고 또 무의식적일지라도, 자아 자체는 특별히 의식적인 요소이다. 경험을 바탕으로 말하면, 자아는 심지어 평생에 걸쳐 습득되기도 한다. 자아는 우선 신체적 요소와 환경 사이의 충돌에서 시작되는 것 같으며, 자아는 하나의 주체로 확고히 자리를 잡기만 하면 외부 세계만 아니라 내면세계와의 충돌을 통해 계속 발달한다.

자아의 토대의 범위가 무한함에도 불구하고, 자아는 절대로 의식 그 이상은 되지 못하고 의식 그 이하도 되지 못한다. 하나의 의식적인 요소로서 자아는 적어도 이론적으로는 완벽하게 묘사될 수 있다. 그러나 이 설명도 의식적인 인격의 그림 그 이상으로는 결코 더 나아가지 못한다. 이유는 주체에 알려지지 않았거나 무의식적인 모든 특성은 결국엔 사라지고 말 것이기 때문이다. 전체적인 그림은 주체에 알려지지 않았거나 무의식적인 것까지 포함해야 할 것이다. 그러나 인격에 대한 전체적인 묘사는 이론적으로도 절대로 불가능하다. 왜냐하면 인격 중에서 무의식적인 부분은 인지적으로 파악할 수 없는 것이기 때문이다. 경험을 통해 확실히 알고 있듯이, 무의식적인 부분이 중요하지 않은 것은 결코 아니다. 반대로, 사람의 내면에서 가장 중요한 자질은 종종 무의식적이며 오직 타인들에게만 지각되거나 외부의 도움을 받아야만 어렵사리 발견될 수 있다.

그렇다면 하나의 전체적인 현상으로서의 인격은 자아, 즉 의식적인 인격과 절대로 같지 않으며, 인격은 자아와 뚜렷이 구분되는 어떤 실체이다. 자연히, 자아와 인격을 구분하는 과제는 무의식의 사실들을 파고드는 심리학의 몫이다. 그런데 무의식을 다루는 심리학에 이 구분은 상상을 초월할 정도로 중요하다. 법학 분야에서도 어떤 정신적 사실이 의식적인지 여부가 아주 중요하다. 예를 들면, 책임 문제에 대한 판단을 내릴 때가 그런 경우다.

분명히 현실에 존재하고 있음에도 불구하고 절대로 완벽하게 알 수 없는 인격 전체를 자기라고 부르자고 나는 제안했다. 자아는 정의상 자기에 종속되며, 전체와 부분의 관계로 자기와 연결되어 있다. 의식의 영역 안에서, 자아는 자유 의지를 갖는다. 자유 의지라는 표현을 지금 나는 철학적인 용어로 쓰고 있지 않다. 단지 잘 알려진 심리학적 사실인 "자유로운 선택"이라는 뜻으로 쓰고 있다. 혹은 주관적인 자유의 감정을 뜻하는 것으로 쓰고 있다. 그러나 우리의 자유 의지가 외부 세계의 필요와 충돌을 빚는 것과 똑같이, 자유 의지는 주체의 내면세계에서 의식 영역 밖에서 한계를 발견한다. 거기서 자유 의지가 자기의 사실들과 갈등을 일으키게 되는 것이다.

또 외부 상황 혹은 사건들이 우리에게 "일어나며" 우리의 자유를 제한하는 것과 똑같이, 자기는 마치 자유 의지가 좀처럼 바꾸지 못하는 하나의 객관적인 사건처럼 자아에 영향을 미친다. 정말로, 자아가 자기와 맞서 할 수 있는 것은 아무것도 없다는 사실은 잘 알려져 있다. 또 자아가 간혹 발달 중인 인격의 무의식적 구성 요소들에 의해 동화되거나 크게 바뀌게 된다는 사실도 잘 알려져 있다.

문제의 성격상, 자아에 대해 형식적인 설명이 아닌 일반적인 설명을 제시하는 것은 불가능하다. 형식적인 관찰이 아닌 다른 유형의 관찰이라면 자아의 중요한 특징인 '개성'을 반드시 고려해야 할 것이다. 자아라는 복잡한 요소를 이루고 있는 수많은 원소들이 그 자체로는 어디나다 똑같다 할지라도, 원소 하나하나의 명료성과 정서적 색깔, 범위 등은 무한히 다양할 수 있다. 따라서 이처럼 무한히 다양한 원소들의 결합물인 자아는 개인적이고 독특하며, 어느 정도 독자성을 갖는다. 자아의 안정성은 상대적이다. 이는 간혹 인격에 광범위한 변화가 일어나기 때문이다. 이런 종류의 변화가 반드시 병적일 이유는 없다. 광범위한 변화도 발전적이고 따라서 정상의 범위 안에 속할 수 있다.

자아는 의식 영역에서 참조점의 역할을 한다. 그렇기 때문에 자아는 성공적으로 적응하는 모든 노력의 주체가 된다. 적응 노력이 의지에 의해 성취된다는 점에서 보면 그렇다. 따라서 자아는 정신 활동에서 아주 중요한 역할을 맡는다. 자아가 정신 활동에서 차지하는 위치는 대단히 중요하다. 그러기에 자아가 인격의 중심이고 의식 영역 자체가 정신이라는 편견이 생기는 것도 충분히 이해가 된다. 라이프니츠(Gottfried Wilhelm Leibniz)와 칸트(Immanuel Kant), 셸링(Friedrich Wilhelm Joseph Schelling), 쇼펜하우어(Arthur Schopenhauer) 등의 일부 도발적인 사상과 폴 카루스(Paul Carus)와 폰 하트만(Eduard von Hartmann)의 철학적 유람을 낮춰보는 경향이 있다면, 그 같은 평가절하는 단지 19세기 말 이후, 다시 말해 현대 심리학이 귀납적인 방법으로 의식의 토대를 발견하고 경험적으로 의식 밖에도 어떤 정신이 존재한다는 점을 입증한 뒤의 일일 것이다.

무의식의 발견으로 인해, 그때까지 절대적이었던 자아의 위상이 상대화되었다. 말하자면 자아가 의식 영역의 중심이라는 자격을 그대로 유지하긴 하지만 자아가 인격의 중심인지는 의문스럽게 되었다는 뜻이다. 자아는 인격의 일부일 뿐 인격의 전부는 아니다. 내가 말한 바와 같이, 자아가 인격에서 차지하는 비중이 아주 크다거나 아주 작다는 식으로 평가를 내리는 것은 불가능하다. 또 자아가 "의식을 초월하는"

정신의 자질들에 어느 정도 의존하고 있는지 혹은 그 정신의 자질들로부터 어느 정도 자유로운지에 대한 평가를 내리는 것도 불가능하다. 단지 우리는 자아의 자유는 제한적이며 자아의 의존성은 종종 치명적인 방향으로 입증된다고 말할 수 있을 뿐이다. 나의 경험에 비춰보면, 자아가 무의식에 의존하는 현상을 무시하지 않는 것이 바람직한 것 같다. 당연히, 무의식의 중요성을 이미 과대하게 평가하고 있는 사람들에겐 이런 말을 할 필요는 전혀 없다. 무의식에 중요성을 적절히 부여하고 있는지 여부를 판단하는 기준은 무의식을 잘못 평가했을 때 그 사람의 정신에 나타나는 영향이다.

의식의 심리학이라는 관점에서 보면 무의식이 3가지 집단의 내용물로 나눠진다는 사실이 확인되었다. 그러나 인격의 심리학이라는 관점에서 보면, 2가지로 구분하는 것이 가능해진다. 개인적인 내용물로 이뤄진, "초(超)의식적" 정신이 있는가 하면, 일반적이고 집단적인 내용물로 이뤄진, "초의식적" 정신이 있는 것이다. 첫 번째 집단은 개인의 인격을 구성하는 까닭에 의식이 되는 것이 더 나은 그런 내용물로 이뤄져 있고, 두 번째 집단은 말하자면 본질적으로 어디에나 있고 변화하지 않고 또 어디서나 똑같은, 정신 자체의 어떤 속성을 이룬다.

물론 이것은 하나의 가설에 지나지 않는다. 그러나 모든 개인의 내면에서 일어나는 정신작용이 대체로 유사하고, 또 그 유사성이 똑같이 일반적이고 비개인적인 원리에 근거하고 있을 가능성이 크다는 점뿐만 아니라 실제 경험에서 얻은 자료의 특별한 성격이 우리로 하여금 이 가설을 받아들이지 않을 수 없도록 만든다. 개인의 정신작용이 서로 비슷한 것은 개인의 내면에 나타나는 본능이 모든 인간들에게 공통적인 어떤 본능적 바탕을 부분적으로 보여주는 것에 지나지 않기 때문이다.

2장

그림자

개인 무의식의 내용물은 개인이 평생을 두고 습득하는 반면에, 집단 무의식의 내용물은 처음부터 항상 있어 왔던 원형들이다. 무의식의 내용물과 본능의 관계는 다른 곳에서 논의되었다. 경험주의적인 관점에서 가장 특징적인 원형들은 자아에 가장 빈번하게, 또 가장 깊이 영향력을 미치는 그런 원형들이다. 이 원형들이 바로 그림자(shadow), 아니마(anima), 아니무스(animus)이다. 이 중에서 접근이 가장 용이하고 경험하기 가장 쉬운 것이 그림자이다. 개인 무의식의 내용물을 통해서 그림자의 본질을 추론하는 것이 꽤 가능하기 때문이다. 이 원칙에 예외가 있다면, 인격의 긍정적인 특성들이 억압되어 있고 그 결과 자아가 기본적으로 부정적인 역할을 하는 그런 드문 예들뿐이다.

그림자는 자아 인격 전체에 도전장을 던지는 하나의 도덕적 문제이다. 왜냐하면 어느 누구도 도덕적 노력을 상당히 많이 기울이기 전에는 그림자를 자각하지 못하기 때문이다. 그림자를 자각하기 위해선 인격의 어두운 측면을 진정으로 현실로 받아들일 수 있어야 한다. 이 같은 인정이야말로 자기지식에 반드시 필요한 조건이다. 따라서 자신의 인격의 어두운 면을 인정하는 행위는 대체로 상당한 저항에 봉착하게 되어 있다. 정말로, 심리 치료를 위한 처방으로 제시되는 자기지식은 종종 장기간에 걸쳐 상당히 힘든 노력을 요구한다.

어두운 특징들, 말하자면 그림자를 이루고 있는 열등한 특징들을 면밀히 조사하면, 그 특징들이 어떤 감정적 본질을 갖고 있고, 또 일종의 자율권을 행사하고 있으며, 따라서 강박적이거나 소유하려 드는 성격을 갖고 있는 것으로 확인될 것이다. 덧붙여 말하자면, 감정은 어떤 사람이 하는 행위가 아니고 그 사람에게 일어나는 그 무엇이다. 감정은 언제나 적응력이 가장 약할 때 일어나며, 동시에 감정은 적응력이 가장 떨어지는 이유를 보여준다. 말하자면 열등한 특징과 저차원의 인격이 어느 정도 존재한다는 사실을 보여주는 것이다. 감정이 전혀 통제되지 않거나 거의 통제되지 않는 낮은 차원의 인격 상태에서, 사람은 다소 원시인처럼 행동한다. 자신의 감정에 스스로를 내맡기며 수동적인 희생자가 될 뿐만 아니라 도덕적 판단도 하지 못하는 사람처럼 처신하게 되는 것이다.

통찰과 선의를 갖춘 사람이라면 그림자를 어느 정도 의식적인 인격으로 동화시킬 수 있지만, 경험에 따르면, 그림자에는 도덕적 통제에 완강히 저항하는 특성이 있다. 그런데 그림자의 이런 특성을 바꿔놓는 것은 거의 불가능한 것으로 드러난다. 이 저항은 언제나 투사(投射: 자기 자신의 무의식에 있는 내용물을 타인의 내면에서 지각하는 것을 일컫는다. 당연히 무의식적 과정이다/옮긴이)와 연결되어 있는데도 투사가 좀처럼 투사로 인식되지 않는다. 그렇기 때문에 투사를 인정하는 것 자체가 보통 이상의 도덕적 성취가 된다. 그림자의 일부 특징은 별 어려움 없이 그 사람 본인의 개인적 특성으로 인식될 수 있지만, 이런 경우에도 그 통찰과 선의는 별다른 효과를 발휘하지 못할 것이다. 왜냐하면 그 감정의 원인이 틀림없이 타자(他者)에게 있는 것처럼 보일 것이기 때문이다. 객관적인 관찰자에겐 그것이 투사의 문제라는 것이 불 보듯 뻔한데도, 그 사람 본인이 그것을 투사로 지각할 가능성은 거의 없다. 그가 대상으로부터 감정이 강하게 실린 투사를 거둬들일 수 있으려면 먼저 자신이 매우 긴 그림자를 드리우고 있다는 사실을 똑바로 확인할 수 있어야 한다.

어떤 사람이 자신의 투사를 인정할 생각을 전혀 하지 않고 있다고 가정해보자. 그러면 투사되고 있는 그 요소는 제멋대로 굴면서 만약에 어떤 목적이라도 갖고 있다면 그 목적이 실현되거나 힘을 발휘할 수 있는 상황을 초래할 것이다. 모두 잘 알고 있는 바와 같이, 투사를 하는 주체는 의식이 아니고 무의식이다. 따라서 엄격히 말하면 사람이 투사를 만나는 것이지 투사를 하는 것이 아니라고 할 수 있다. 투사의 효과가 나타나면, 투사를 하는 주체는 자신의 환경으로부터 고립된다. 왜냐하면 투사가 일어나면 그와 환경의 진정한 관계가 사라지고 그 자리를 가공의 관계가 대신 차지하게 되기 때문이다. 투사가 세상을 그 사람이 지금까지 알고 있던 것과는 완전히 다른 모조품 같은 세상으로 바꿔놓을 것이다.

따라서 투사는 최종적으로 자기애적인 혹은 자폐적인 상황을 낳고, 그 상황에서 사람은 절대로 가능하지 않은 세상을 꿈꾸게 된다. 이에 따른 미성취의 감정과 이보다 더 나쁜 무능의 감정은 이제 투사에 의해 환경 탓으로 설명되고, 이 악순환의 고리 때문에 고립은 더욱 심화된다. 주체와 환경 사이에 투사가 많이 끼어들수록, 자아가 망상을 간파하는 일은 더욱 어려워진다. 스무 살부터 강박신경증을 앓아 오다가 세상과 완전히 단절되게 된 45세 환자는 언젠가 나에게 이런 말을 했다. "그래도 나는 인생에서 가장 소중한 25년을 허비했다고는 절대로 생각하지 않아요!"

사람이 자신의 삶은 물론이고 다른 사람의 삶까지 엉망으로 만들어 놓고 있으면서도 자신의 비극이 바로 자신의 내면에서 비롯되고 있다는 사실을 모른 채 지속적으로 비극을 키워가는 것은 정말 불행한 일이 아닐 수 없다. 물론 이 사람이 의식적으로 비극을 키워간다는 뜻은 아니다. 왜냐하면 의식적으로는 이 사람도 자신으로부터 자꾸만 멀어져 가는 이 믿지 못할 세상을 저주하고 있기 때문이다. 그의 세상을 가리고 덮을 착각들을 엮어내는 것은 어디까지나 무의식적인 요소이다. 그리고 이때 엮어지고 있는 것은 누에고치와 비슷해서, 결국에는 그를 완전히 싸버릴 것이다.

해결이 불가능하지는 않다 해도 지극히 어려울 이 투사가 그림자의 영역, 즉 인격의 부정적인 측면에 속할 것이라는 점은 쉽게 짐작할 수 있다. 그러나 이 짐작도 어느 지점을 넘어서면 통하지 않는다. 왜냐하면 당시에 나타나는 상징들이 더 이상 동성을 가리키지 않고 이성을, 말하자면 남자의 경우에는 여자를, 여자의 경우엔 남자를 가리키기 때문이다. 그러면 투사의 원천은 더 이상 주체와 같은 성의 그림자가 아니고 이성의 어떤 형상이 된다. 여기서 우리는 어떤 여자의 아니무스를 만나고 어떤 남자의 아니마를 만난다. 아니무스와 아니마는 서로 짝을 이루는 두 개의 원형들이며, 이 원형들의 자율성과 무의식성이 투사가 줄기차게 계속되는 이유를 설명해준다.

그림자도 아니마와 아니무스만큼 신화학에 잘 알려져 있는 주제이다. 그러나 그림자는 무엇보다 개인의 무의식을 나타내고 있으며, 따라서 그림자의 내용물은 그다지 어렵지 않게 의식으로 바뀔 수 있다. 이 점이 그림자가 아니마나 아니무스와 다른 점이다. 그림자를 간파하고 인정하는 것은 비교적 쉬운 반면에, 아니마와 아니무스는 의식에서 훨씬 더 멀리 떨어져 있고 또 인식된다 하더라도 정상적인 환경에서 인식되는 경우가 좀처럼 없다. 사람은 누구나 약간의 자기비판만으로도 그림자를 꿰뚫어볼 수 있다. 그림자의 본질이 개인적인 것인 한에선, 그게 가능하다. 그러나 그림자가 하나의 원형처럼 보인다면, 그림자를 해결하는 문제도 아니마와 아니무스를 다룰 때만큼이나 힘들어진다. 달리 말하면, 사람이 자신의 본성 중에서 상대적인 악을 찾아내는 일은 어렵더라도 가능하지만 사람이 절대적인 악의 얼굴을 정면으로 응시하는 것은 드물고 또 힘든 경험이라는 뜻이다.

3장

아니마와 아니무스

이처럼 사람들이 투사를 하게 만드는 요소는 무엇인가? 동양에선 그 요소를 "실을 잣는 여자"라고, 즉 춤으로 환상을 불러일으키는 마야(Maya: 인도 고대의 베다어로, 글자 그대로의 뜻은 '환상' 또는 '마법'이며, 인도 철학에서 특별한 권력과 지혜를 의미한다. 이 이름의 여신은 창의성이 탁월한 존재로 추앙 받는다/옮긴이)라고 부른다. 꿈의 상징성을 보면서도 그것을 오랫동안 몰랐다 하더라도, 동양이 제시하는 이 힌트는 서양인들을 옳은 길로 안내할 수 있었을 것이다. 감싸 안고, 껴안고, 집어삼키는 요소는 틀림없이 어머니를, 말하자면 아들과 진짜 어머니의 관계를, 어머니 이마고(imago: 무의식에 있는 보편적인 원형을 말한다. 심상(心像)으로도 번역된다/옮긴이)를, 아들에게 어머니 같은 존재가 되는 여자를 가리킨다.

아들의 에로스는 아이의 에로스처럼 수동적이다. 아들은 붙잡히고 빨리고 감싸이기를 바란다. 말하자면, 아들은 자신을 보호해주고 자신에게 먹을 것을 제공하고 자신만을 생각해주는 어머니의 배타적인 품을 그리워한다. 어떠한 걱정으로부터도 자유로운 그런 유아기의 상태를 원하고 있는 것이다. 바깥세상이 그에게 허리를 굽히고, 심지어 행복까지 강제로 안겨주는 그런 상태 말이다. 이런 상황에서 현실의 세상이 시야에서 사라지는 것은 전혀 이상한 일이 아니다.

무의식이 늘 그러는 것처럼 이 상황을 극화한다면, 심리학적 무대에선 당신 앞에 어린 시절과 자기 어머니를 간절히 추구하면서 퇴행적으로 살고 있는 한 남자가 등장할 것이다. 이 남자는 이해하기 힘든 냉혹한 세상으로부터 늘 도피를 꿈꾸고 있다. 그의 옆에 종종 어머니 같은 사람이 나타나는데, 이 여자는 어린 아들이 한 사람의 어른으로 성장해가는 일 따위에는 관심을 조금도 보이지 않는다. 오히려 아들이 성장해서 결혼하는 것을 막을 수 있는 일이라면 무엇이든 하려고 부단히 애를 쓰는 사람이다. 여기서 당신은 어머니와 아들 사이의 은밀한 음모를 본다. 또 어머니와 아들이 각자의 삶을 망치기 위해 서로 어떤 식으로 돕고 있는지를 본다.

그렇다면 책임은 어디에 있는가? 어머니에게 있는가, 아니면 아들에게 있는가? 아마 둘 다에게 있을 것이다. 아들이 삶과 세상을 향해 품었다가 충족시키지 못한 소망은 진지하게 다뤄져야 한다. 아들의 내면에 현실을 직시하고, 세상을 끌어안고, 세상의 들판을 풍요롭게 가꾸고 싶은 욕망이 있다. 그러나 그는 노력하다가 그만두기를 반복할 뿐이다. 왜냐하면 그의 지구력만 아니라 독창력까지도 자기 어머니가 세상과 행복을 선물로 줄지도 모른다는 은밀한 기억 때문에 크게 손상된 상태이기 때문이다. 세상 모든 사람들과 똑같이 그가 거듭해서 부딪쳐야 하는 세상은 절대로 제대로 된 세상이 아닌 것 같다. 그렇게 느껴지는 이유는 세상이 그에게 굽실거리지 않고, 또 신발도 신지 않고 맨발로 뛰쳐나오며 반기기는커녕 저항하듯이 그 자리에 그대로 있으면서 정복되기를 바라고 오직 힘에만 굴복하고 있기 때문이다.

세상은 남자에게 남자다운 면과 열정을, 특히 용기와 결단을 요구한다. 이 요구에 부응하려면, 남자에겐 부정(不貞)한 에로스가, 자신의 어머니를 잊을 수 있고 또 그의 인생의 '첫사랑'을 포기하는 고통을 견딜 줄 아는 그런 에로스가 필요할 것이다. 어머니는 이런 위험을 미리 내다보면서 일상에 따를 수 있는 도덕적 붕괴로부터 아들을 보호하기 위해 아들의 내면에 조심스럽게 정직과 헌신, 충직의 미덕을 주입시켰다. 아들은 이 가르침을 곧이곧대로 배우면서 어머니에게 순종하는 존재로 남는다. 이런 현상은 당연히 어머니에게 아주 큰 걱정거리를 안겨줌과 동시에 그녀에게 무의식적 만족을 안겨준다. 왜냐하면 지금 어머니와 아들을 지배하고 있는 관계에서 어머니와 아들의 결혼이라는, 대단히 신성한 원형이 절정을 이루고 있기 때문이다. 어쨌든 호적 등기소와 월급봉투, 월세(月貰) 등이 존재하는 현실이 '히에로스 가모스'(hieros gamos: 신과 여신의 결혼이나 결혼에 수반되는 성적 의식을 일컫는다/옮긴이)의 신비한 경외(敬畏) 그 이상으로 매력적인 것으로 뭘 제시할 수 있을까? 아니면 용에게 쫓기는, 머리에 별의 관을 쓴 여자나 '어린 양의 혼인'(성경에서 어린 양의 혼인은 그리스도 양과 교회 신부의 완벽한 합일을 축하하는 것으로 해석된다/옮긴이)을 덮어 가리는 경건한 몽롱 상태를 능가하는 것으로 무엇이 있을까?

이 신화는 다른 그 어떤 것들에 비해 집단 무의식의 본질을 아주 잘 보여주고 있다. 집단 무의식에서 어머니는 늙기도 하고 젊기도 하며 데메테르(Demeter)이기도 하고 페르세포네(Persephone)이기도 하며, 아들은 배우자이며 동시에 배우자의 품에 안겨 잠자는 젖먹이이기도 하다. 힘들여 적응해야 하고 또 실망이 다반사로 일어나는 삶의 불완전성은 그런 성취의 상태와는 비교도 되지 않는다.

아들의 경우를 보면, 투사를 하게 만드는 요소는 어머니 이마고이며, 따라서 어머니 이마고가 진짜 어머니로 여겨진다. 그렇다면 투사는 언제 사라질 수 있을까? 아들이 자신의 정신의 영역 안에 어머니 이마고만 아니라 딸과 누이, 연인, 천상의 여신, 지하의 바우보(Baubo: 그리스 신화에 나오는 할머니로, 데메테르가 페르세포네를 잃고 비탄에 빠져 있을 때 데메테르를 놀렸던 여자이다/옮긴이) 이마고도 있다는 사실을 볼 수 있을 때에만 투사가 사라질 수 있다.

모든 어머니와 모든 연인은 시대를 초월하여 어디에서나 확인되는 이런 이미지를, 말하자면 남자의 내면 가장 깊은 곳에 자리하고 있는 실체와 일치하는 이미지를 어쩔 수 없이 갖고 다니게 되고 또 그것을 구현해야 한다. 그런데 여자의 이런 위험한 이미지는 남자가 품는 것일 뿐이다. 그리하여 여자는 본의 아니게 남자가 삶을 위해 간혹 포기하는 성실을 의미하게 되고, 실망으로 끝나기 십상인 모험과 노력, 희생에 절실히 필요한 보상이 되고, 인생의 온갖 쓰라린 역경에 위안이 된다. 동시에 여자는 환상을 일으키는 힘으로 남자를 삶 속으로, 말하자면 삶의 합리적이고 유익한 측면만 아니라 선과 악, 성공과 실패, 희망과 절망이 서로를 상쇄하는 역설과 모호함이 공존하는 세계로 끌어들이는 아주 훌륭한 마술사이자 유혹자가 된다. 여자는 남자의 최대 위험이다. 그렇기 때문에 여자는 남자에게 남자의 가장 위대한 것을 요구한다. 만약에 남자가 자신의 내면에 그것을 갖고 있다면, 여자는 그것을 받게 될 것이다.

이 이미지를 스위스의 시인 카를 슈피텔러(Carl Spitteler: 1845-1924)는 "나의 숙녀 영혼"이라 불렀다. 나는 이 표현 대신에 특별한 무엇인가를 암시하는 것으로서 "아니마"라는 용어를 제안했다. 이 특별한 무엇인가에게 "영혼"이란 표현은 너무 일반적이고 너무 모호하다. 아니마라는 개념으로 요약되는 경험적 실체는 무의식에 대단히 극적인 어떤 내용물을 만들어낸다. 이 내용물을 합리적이고 과학적인 언어로 묘사하는 것도 가능하지만, 그런 식으로 접근해서는 이 개념의 살아 있는 성격을 온전히 담아내지 못한다. 그래서 나는 의식적으로, 또 의도적으로 극적이고 신화학적으로 생각하고 말하는 쪽을 더 선호한다. 극적이고 신화학적인 방식으로 접근할 경우에, 표현력이 더욱 풍부해질 뿐만 아니라 추상적인 과학적 용어보다 훨씬 더 정확해지기도 하기 때문이다. 사실 과학적인 용어의 뒤에는 이론적 공식을 계속 세워나가다 보면 언젠가는 대수(代數) 방정식으로 말끔히 정리될 것이라는 인식이 자리하고 있지 않은가.

투사를 일으키는 요소는 아니마, 아니 아니마로 표현된 무의식이다. 아니마는 꿈이나 환상, 공상에 등장할 때마다 의인화되어 나타나면서 어떤 여자의 뛰어난 특징을 모두 소유하고 있다는 점을 드러내 보인다. 아니마는 의식의 발명품이 아니고 무의식의 자동적 산물이다. 아니마는 어머니를 대체하는 형상도 아니다. 정반대로, 어머니 이마고를 위험할 만큼 강하게 만드는 신비한 특징들이 아니마라는 집단 원형에서 나올 가능성이 아주 크다. 이 아니마는 모든 남자 아이의 내면에서 새롭게 구체화된다.

아니마가 남자들의 내면에서 발견되는 하나의 원형이기 때문에, 이와 비슷한 원형이 여자들의 내면에도 있을 것임에 틀림없다고 생각하는 것이 합당하다. 왜냐하면 남자가 여성적인 요소에 의해 보상되듯이, 여자도 남성적인 요소에 의해 보상되기 때문이다. 그러나 나는 이같은 주장으로 인해 이 보상적인 관계들이 추론의 결과라는 인상을 주기 않기를 바란다. 정반대로, 내가 아니마와 아니무스의 본질을 경험적으로 파악하기까지는 다양하고 오랜 경험이 필요했다. 따라서 내가 이 원형들에 대해 하는 말은 무엇이든 직접적으로 입증할 수 있거나 적어도 사실들에 의해 뒷받침된다.

어머니가 아들이 투사를 일으킬 요소를 갖추고 있는 첫 번째 사람인 것과 꼭 마찬가지로, 아버지는 딸이 투사를 일으킬 요소를 갖추고 있는 첫 번째 사람이다. 모자 관계와 부녀 관계에 관한 현실의 경험은 이같은 근본적인 주제가 온갖 형태로 변형되고 있다는 점을 보여주는 사례를 풍성하게 내놓고 있다. 따라서 이 변형들에 대한 간단한 요약은 도식적일 수밖에 없다.

여자는 남성적인 요소에 의해 보상되고, 따라서 여자의 무의식은 어떤 남자의 흔적을 갖고 있다. 그 결과, 남자와 여자의 심리적 차이가 상당히 크게 되었다. 그래서 나는 여자의 내면에서 투사를 일으키고 있는 이 요소를 마음이나 영혼을 의미하는 아니무스라 부른다. 아니마가 어머니 같은 에로스에 해당하듯, 아니무스는 아버지 같은 로고스(Logos: 그리스 철학에서 '이성'이나 '이법'(理法)을 의미하고 성경에서는 '하느님의 말씀'을 의미한다/옮긴이)에 해당한다.

그러나 이 두 가지 직관적인 개념에 지나치게 구체적인 정의를 제시하고 싶지 않다. 나는 에로스와 로고스라는 용어를 단지 여자의 의식은 로고스와 관계가 깊은 식별과 인식보다는 에로스의 관계적인 자질의 영향을 더 강하게 받는다는 사실을 묘사하기 위해서 개념적 보조 장치로 이용하고 있다.

남자의 내면에는 관계의 기능인 에로스가 언제나 로고스보다 덜 발달되어 있다. 그런 한편, 여자의 내면에서 에로스야말로 여자들의 진정한 본성의 표현이지만, 여자들의 로고스는 종종 불행한 재난일 뿐이다. 이 때문에 가족과 친구들 사이에 오해와 곤혹스런 해석이 자주 일어난다. 이런 일이 벌어지는 이유는 로고스가 심사숙고가 아니라 의견으로 이뤄져 있기 때문이다. 여기서 의견이라는 표현을 나는 절대 진리라고 주장하는 선험적인 가정을 의미하는 것으로 쓰고 있다. 모두가 잘 알고 있듯이, 그런 가정은 대단히 짜증스러울 수 있다.

아니무스는 논쟁에 편파적이다. 그렇기 때문에 아니무스는 양측이 모두 자신이 옳다고 생각하면서 갈등을 빚고 있는 상황에서 가장 잘 작동하는 것 같다. 남자들이 여자처럼 주장을 펼 수도 있다. 남자가 아니마에 사로 잡혀 자신의 아니마의 아니무스로 바뀔 때에 그런 현상이 나타난다. 이렇게 되면 남자에게 논쟁은 (마치 그가 여자인 것처럼) 개인적인 허영과 신경질의 문제로 변한다. 반면에 여자들에겐 문제가 진리나 정의 혹은 다른 "이즘"(ism)을 따지는 권력의 문제가 된다. 양재사나 미용사의 경우에 이미 자신의 허영심을 채웠기 때문이다.

"아버지"(즉, 인습적인 의견들의 총합)는 여자의 논쟁에서 항상 중요한 역할을 한다. 여자의 에로스가 제아무리 다정하고 친절하다 할지라도, 그 여자가 아니무스에게 지배당하고 있는 상황이라면 이 지구상의 어떤 논리도 그녀를 흔들어 놓지 못한다. 종종 남자는 이런 여자들 앞에서 유일하게 설득의 힘을 발휘하는 것은 유혹이나 구타 또는 강간뿐이라는 느낌을 받는다. 아주 틀린 말은 아니다. 그러나 남자가 잘 모르고 있는 것이 있다. 그가 현장을 떠나고 제2의 여자(예를 들어 그의 아내가 불같은 전투마가 아니라면 그녀가 될 수도 있다)가 그 전쟁을 수행하도록 한다면, 아주 극적이었던 상황이 금방 진부해지고 재미없어지다가 싱겁게 끝나고 만다는 사실을 말이다. 그런데 이런 건전한 생각이 남자에게 좀처럼, 아니 결코 떠오르지 않는다. 왜냐하면 모든 남자가 아니무스와 5분 정도 대화하다 보면 반드시 자신의 아니마에게 희생되기 때문이다. 지속되는 대화에 객관적으로 귀를 기울일 만큼 유머 감각이 있었던 사람도 여자의 입에서 속사포처럼 튀어나오는 진부한 표현이나 논리가 결여된 말들 앞에서 비틀거리게 될 것이다. 이런 식의 대화는 세상의 모든 언어로 수도 없이 되풀이되고 있으며 언제나 똑같은 모습으로 이뤄지고 있다.

이 같은 기이한 사실은 다음과 같은 상황 때문에 일어난다. 아니무스와 아니마가 만나면, 아니무스는 권력의 칼을 뽑고 아니마는 착각과 유혹의 독을 뿜는다. 이 만남의 결과가 항상 부정적일 필요는 없다. 왜냐하면 둘이 똑같이 사랑에 쉽게 빠지기 때문이다(첫눈에 반하는 사랑의 특별한 예이다). 사랑의 언어는 놀랄 정도로 획일적이다. 진부한 공식에 너무나 충실한 것이다. 그러다 보면 두 파트너는 다시 자신들이 어떤 진부한 집단적 상황에 처해 있다는 사실을 발견한다. 그러면서도 그들은 서로가 개인적으로 대단히 밀접히 연결되어 있다는 환상에 빠져 산다.

아니마/아니무스 관계는 긍정적인 측면이나 부정적인 측면이나 똑같이 언제나 "악의"로 가득하다. 말하자면 그 관계가 감정적이고 따라서 집단적이라는 뜻이다. 강한 감정이 관계의 수준을 떨어뜨리고, 그 관계를 누구에게나 있는 본능적인 바탕 쪽으로 가까이 끌고 간다. 이 본능적인 바탕에 이르면, 그 관계에는 더 이상 개인적인 것이 없어진다. 아니마/아니무스 관계가 실제 현실에서 관계를 엮어가고 있는 두 사람과 상관없이 제 길을 가는 경우도 종종 있다. 그러다 보면 현실 속의 두 사람은 나중에 자신에게 무슨 일이 벌어졌는지조차 제대로 알지 못하게 된다.

남자를 둘러싸고 있는 "악의"의 구름은 주로 감정과 분개로 이뤄져 있는 반면에, 여자의 내면에서 악의의 구름은 독단적인 의견과 해석, 암시, 오해 등으로 나타난다. 하나같이 두 사람의 관계 단절을 부를 요소들이다. 그런데 여자도 남자처럼 자신의 마귀에 의해 착각의 베일에 둘러싸이게 되고, 아버지(즉, 모든 일에서 영원히 옳은 것)를 이해하는 딸로서 그녀는 양들의 땅으로 옮겨져 거기서 그녀의 영혼의 목자, 즉 아니무스의 보살핌 속에 풀을 뜯게 된다.

아니마처럼, 아니무스에도 긍정적인 측면이 있다. 아니무스는 아버지의 형상을 통해서 인습적인 의견을 표현할 뿐만 아니라 우리가 "정신"이라 부르는 것을, 구체적으로 철학적 혹은 종교적 사상, 혹은 그 사상에서 비롯되는 태도를 표현한다. 따라서 아니무스는 일종의 저승사자 같고, 무의식과 의식의 중재자이고, 또 무의식의 화신이다. 아니마가 통합을 통해서 의식의 에로스가 되듯이, 아니무스는 로고스가 된다. 또 아니마가 남자의 의식에 관계와 관련성을 불어넣는 것과 똑같이, 아니무스도 여자의 의식에 심사숙고와 신중, 자기지식의 능력을 부여한다.

아니마와 아니무스가 자아에 미치는 영향은 원칙적으로 똑같다. 이 효과를 지우는 일은 지극히 어렵다. 먼저, 이 효과가 놀라울 정도로 강하고 그 즉시 자아 인격을 옳고 정당하다는 감정으로 가득 채우기 때문이다. 둘째, 이 효과의 원인이 투사되어 마치 대상들과 객관적인 상황에 있는 것처럼 보이기 때문이다. 이런 특징들을 거꾸로 거슬러 올라가면 이 원형의 특성에 닿을 것이라고 나는 믿는다. 왜냐하면 당연히 이 원형도 선험적으로 존재하기 때문이다.

이 같은 사실은 아마 어떤 성향이나 의견이 터무니없을 만큼 비합리적인데도 아무런 반대에 봉착하지 않은 가운데 확고히 존재하는 이유를 설명해줄 것이다. 원형에서 나오는 강력한 암시적인 효과 때문에, 아마 이 성향이나 의견에 영향을 미치는 것이 지극히 힘들 것이다. 의식은 원형에 완전히 매료되고, 최면에 걸리듯 포로가 된다. 종종 자아는 도덕적 패배감을 어렴풋이 경험하고, 따라서 훨씬 더 방어적으로, 또 더 독선적으로 행동한다. 그러면 악순환의 고리가 형성되고, 이 고리는 열등감을 더욱 키우게 된다. 이어 인간관계의 바탕이 깨어진다. 과대망상증처럼, 열등감이 상호 인정을 불가능하게 만들기 때문이다. 그런데 상호 인정이 없을 경우에는 어떠한 관계도 형성되지 못한다.

이미 말한 바와 같이, 그림자를 아는 것이 아니마나 아니무스를 아는 것보다 훨씬 더 쉽다. 그림자를 공부한다면, 우리는 '사람은 100% 순금이 아니다'라는 식의 주입식 교육을 통해 어느 정도 준비라도 하는 이점을 누릴 수 있다. 이런 교육이 있기에, 사람은 누구나 "그림자"나 "열등한 인격" 같은 표현의 뜻을 즉시 이해할 수 있다. 설령 그런 것을 잊었다 하더라도, 그 기억이 일요일 교회의 설교나 아내, 혹은 세금 징수원에 의해 쉽게 일깨워질 수 있다.

그러나 아니마와 아니무스를 배우는 문제라면, 상황은 절대로 녹록하지 않다. 첫째, 이런 측면에서 도덕적 교육이 전혀 이뤄지지 않고 있다. 둘째, 대부분의 사람들은 자신의 독선적인 면에 만족하고 또 자신의 투사를 인정하기보다 상호 험담을 더 좋아한다. 정말로, 남자들이 비합리적인 성향을 갖고 여자들이 비합리적인 의견을 갖는 것이 지극히 자연스러워 보인다. 아마도 이 같은 상황은 본능에 바탕을 두고 있을 것이며, 만물이 원소들의 사랑과 미움을 통해서 생성하고 소멸한다고 주장한 엠페도클레스(Empedocles: B.C. 495-B.C. 430)의 사랑과 미움의 게임이 영원히 지속되도록 하기 위해서라도 이 상황은 그대로 남아 있어야 할지 모른다.

자연은 보수적이어서 자신의 길이 바뀌는 것을 쉽게 용납하지 않는다. 그래서 자연은 아니마와 아니무스가 배회하는 영역의 불가침성을 결사적으로 지키려 한다. 자연히 사람이 자신의 그림자 측면을 인정하는 것보다 자신의 아니마/아니무스 투사를 자각하는 것이 훨씬 더 어렵게 된다. 물론 사람은 허영이나 야심, 기만, 분노 같은 도덕적 장애를 극복해야 하지만, 투사의 경우에는 투사의 내용물을 다루는 방법도 잘 모르는데다 온갖 종류의 지적인 문제까지 보태진다. 무엇보다, 그냥 잠자도록 내버려 두면 더 좋을지 모르는 것들을 괜히 흔들어 깨움으로써 자연의 길을 지나치게 많이 방해하는 것이 아닌가 하는 깊은 회의가 일어날 수 있다.

나의 경험에 비춰보면, 지적 혹은 도덕적 어려움을 특별히 느끼지 않고 아니마와 아니무스의 의미를 제대로 이해할 수 있는 사람의 수가 상당히 많을지는 모르지만, 이런 경험적인 개념을 구체적인 것으로 시각적으로 마음속에 그리는 데에 어려움을 느끼지 않을 사람은 별로 없다. 이 같은 사실은 아니마와 아니무스가 일상적인 경험의 범위를 약간 벗어나 있다는 점을 보여준다. 아니마와 아니무스가 널리 알려지지 않은 이유는 다른 데에 있지 않다. 그것들이 낯설어 보이기 때문이다. 그러다 보니 아니마와 아니무스는 편견을 불러일으키고 또 예상하지 않은 다른 모든 것들처럼 터부가 되기에 이르렀다.

그러기에 투사를 없애는 일을 일종의 의무로 받아들인다면, 우리는 새로운 토대 위로 올라서는 것이나 마찬가지이다. 엄격히 따지면, 투사로부터 자유로운 상태가 건전하고 또 모든 면에서 더 이롭게 작용한다. 지금까지 모든 사람은 "나의 아버지"나 "나의 어머니" 같은 관념이 진짜 현실 속의 부모를 충실하게 반영하고 또 모든 세부사항에서 원래의 부모와 똑같다고 믿어왔다. 그러다 보니 누군가가 "나의 아버지"라고 말하면, 그 단어가 의미하는 것은 현실 속의 그의 아버지 그 이상도 그 이하도 아닌 것으로 여겨졌다. 그 사람이 "나의 아버지"라는 표현으로 뜻하고자 한 바도 바로 현실 속의 아버지였다. 그렇지만, 동일성을 가정한다고 해서 동일성이 그대로 나타나는 것은 절대로 아니다. 바로 여기서 '가려진 자'(者)(enkekalymmenos)의 오류가 개입한다.

만약에 심리학 방정식에 X가 자기 아버지로 알고 있는 그림을 포함시킨다면, 그 방정식은 풀리지 않을 것이다. 왜냐하면 그가 끌어들인 미지의 양(量)이 현실과 일치하지 않기 때문이다. X는 먼저 자신이 자기 아버지에 대해 품고 있는 생각은 아버지로부터 받은 매우 불완전한 그림으로 이뤄져 있다는 사실을 간과했다. 그 다음으로는 그가 아버지의 그림에 가한 주관적인 변경도 무시했다. X가 자기 아버지에 대해 품고 있는 생각 중에서 정말로 자기 아버지와 관계있는 것은 극히 일부에 지나지 않으며 절대 다수는 단지 아들의 의견일 뿐이다. 맞는 말이다. 그렇기 때문에 사람은 자기 아버지를 비판하거나 찬양할 때마다 무의식적으로 자기 자신을 건드리게 되어 있으며, 따라서 습관적으로 자신을 폄하하거나 과대평가하는 사람들을 지배하는 그런 정신 상태를 낳게 된다.

그러나 만약에 X가 자신의 반응과 현실을 조심스럽게 비교한다면, 이야기는 달라질 것이다. 그는 오래 전에 아버지의 행동을 바탕으로 자신이 아버지에 대해 품고 있는 그림이 엉터리라는 것을 알지 못함에 따라 어디선가 계산을 잘못했다는 사실을 깨달을 가능성이 있다. 그러나 대체로 보면 X는 자신의 판단이 옳다고 확신하면서 잘못된 사람이 있다면 그건 다른 사람일 것이라고 믿는다. X가 제대로 발달하지 않은 에로스를 갖고 있다면, 그는 자기 아버지와의 불충분한 관계에 무관심해지거나, 아니면 자신이 생각해온 그림과 일치하지 않는 아버지의 모순 앞에서 많이 힘들어할 것이다. 그래서 X는 자신이 상처를 입거나 오해를 받거나 심지어 배신을 당했다는 느낌까지 받아 마땅하다고 생각할 것이다.

이런 경우에 투사를 없애는 것이 아주 바람직하다는 점은 누구에게나 쉽게 상상될 것이다. 세상에는 사람들에게 가야 할 길을 알려주기만 해도 황금시대가 열릴 것이라고 믿는 낙관주의자들이 언제나 있기 마련이다. 그러나 이 낙관주의자들에게 세상 사람들 모두가 자신의 꼬리를 물려고 드는 개처럼 행동하고 있다는 점을 설명해주라고 부탁해보라. 사람이 자신의 태도의 단점을 보도록 하려면, 단순히 "말로만 하는" 그 이상의 무엇인가가 필요하다. 왜냐하면 거기엔 일반적인 상식을 넘어서는 무엇인가가 개입하고 있기 때문이다. 여기서 우리는 치명적인 결과를 낳을 수 있는 그런 종류의 오해를 직시하고 있는데, 이 오해는 일상적인 조건에서는 영원히 통찰력이 접근하지 않는 상태로 남아 있을 것이다. 이 오해를 찾아내는 것은 마치 존경 받을 만한 시민이 스스로를 죄인이라고 인정할 것을 기대하는 것이나 마찬가지이다.

내가 이런 이야기를 하는 이유는 아니마/아니무스 투사의 영향이 얼마나 강한지를 보여주기 위해서이다. 동시에 그 투사를 없애려면 도덕적 및 지적 노력도 대단히 많이 필요하다는 점을 보여주고 싶어서였다. 그러나 아니마와 아니무스의 내용물 모두가 투사되는 것은 아니다. 이 내용물 중 많은 것은 꿈 등에서 저절로 나타나며, 이보다 더 많은 내용물은 능동적인 상상을 통해 의식이 될 수 있다.

이런 식으로, 우리는 생각이나 느낌, 감정이 우리의 내면에서 생생하게 살아 움직이고 있다는 것을 확인한다. 아마 아니마나 아니무스 같은 것에 신경을 쓰지 않는다면, 우리는 자신의 생각이나 감정이 살아 있는 실체라는 데까지 절대로 생각이 미치지 못할 수도 있다. 당연히, 이런 종류의 가능성은 직접 경험하지 않은 사람에게는 헛소리처럼 들리게 되어 있다. 정상적인 사람은 "자신이 생각하는 것을 알고" 있다고 생각하기 때문이다. "정상적인 사람"이 그런 유치한 태도를 취하는 것은 너무 당연하다. 그렇기 때문에 이 분야에서 경험을 많이 하지 않은 사람에게 아니마와 아니무스의 진짜 본질을 이해하고 있을 것이라고 기대를 거는 것은 말이 되지 않는다. 이 정도로까지 생각이 깊어진 사람이라면 누구나 심리학적 경험이라는 완전히 새로운 세계로 들어갈 수 있다.

아니마와 아니무스의 본질을 실제로 경험하는 것이 필요하다는 사실은 말할 필요도 없다. 아니마와 아니무스의 본질을 파악한 사람은 자신의 자아가 지금까지 전혀 모르고 있었던 많은 것들에 깊은 인상을 받지 않을 수 없다. 이런 식으로 자기지식을 증대시키는 일은 오늘날에도 여전히 드물며, 대체로 보면 신경증이라는 불행한 대가를 먼저 치르고 나서야 자기지식에 눈을 뜨게 된다.

집단 무의식의 자율성은 아니마와 아니무스 형상에서 잘 드러난다.

아니마와 아니무스 형상들은 집단 무의식의 내용물 중에서 투사를 거둬들일 경우에 의식으로 통합될 수 있는 것들을 상징한다. 여기까진, 아니마와 아니무스 형상들은 집단 무의식의 내용물을 걸러서 의식으로 보내는 기능을 나타낸다. 그러나 의식과 무의식의 경향들이 서로 지나치게 많이 다르지 않은 한에서만, 아니마와 아니무스 형상들이 그러한 것으로 나타나거나 행동한다. 그러나 혹시 어떤 긴장이 일어나기라도 하면, 그때까지 아무런 해가 없던 이 기능들이 의인화되어 의식에 맞서면서 마치 인격에서 찢겨져 나온 체계처럼, 아니면 영혼의 조각들인 것처럼 행동하게 될 것이다. 이 비교가 부적절할 수도 있다. 그전까지 자아 인격에 속했던 것들 중에서 자아 인격에서 떨어져 나온 것이 하나도 없고, 반대로 아니마와 아니무스 형상이 장애 요소의 증대를 의미한다는 점에서 보면 그렇다. 아니마와 아니무스 형상이 이런 식으로 행동하는 이유는 아니마와 아니무스의 내용물이 통합될 수 있는데도 원형인 까닭에 서로 통합될 수 없기 때문이다. 그러한 원형으로서 아니마와 아니무스는 정신적 구조의 초석이며, 이 정신적 구조는 의식의 한계를 넘어서며 따라서 절대로 직접적인 인식의 대상이 될 수 없다.

아니마와 아니무스의 효과를 의식적으로 아는 것은 가능한 일이다. 그럼에도 아니마와 아니무스는 의식을 초월하는 요소들이며 따라서 지각과 의지의 범위 밖에 있다. 그러기에 아니마와 아니무스는 그 내용물의 통합이 이뤄져도 여전히 자율적으로 움직이게 되며, 바로 그런 이유로 아니마와 아니무스에 지속적으로 신경을 써야 한다. 치료의 관점에서 보면, 이 같은 사실은 대단히 중요하다. 끊임없는 관찰이 무의식에게 협력을 다소 보장받을 수 있는 공물 같은 것을 제공하는 셈이기 때문이다.

잘 알고 있는 바와 같이, 무의식을 단칼에 영원히 "해결할 수 있는" 길은 절대로 없다. 사실, 무의식의 내용물과 무의식적 작용의 증후에 지속적으로 관심을 기울이는 것이 정신 건강에 가장 중요한 과제이다. 왜냐하면 의식의 경우엔 언제나 편파적일 수 있고, 익숙한 길만을 고집하다가 막다른 길에 닿을 위험을 안고 있기 때문이다. 무의식의 보완적이고 보상적인 기능은 신경증 환자에게 특히 클 수 있는 이런 위험들을 어느 정도 피하게 해 준다. 무의식의 보상 기능이 완벽히 성공적으로 작동하는 것은 오직 이상적인 조건에서만, 말하자면 망설임이나 불안 같은 것을 느끼지 않고 구불구불한 본능의 길을 그저 따르기만 해도 좋을 만큼 삶이 단순하고 무의식적인 조건에서만 가능하다.

문명화된 사람일수록 본능을 덜 따르게 된다. 더욱 복잡해진 삶의 조건과 환경의 영향이 너무나 강하기 때문에 자연의 조용한 목소리는 그 안에 쉽게 잠겨 버린다. 자연의 목소리 대신에 온갖 의견과 믿음, 이론, 집단적 경향들이 나타나 의식적인 마음의 탈선을 지지한다. 그렇게 되면 무의식에 세심한 주의를 기울여야 한다. 그래야만 무의식의 보상 기능이 제대로 작동을 시작할 수 있기 때문이다. 따라서 무의식의 원형들을 변덕스런 형상 정도로 여겨 대수롭지 않게 볼 것이 아니라 실제 모습 그대로 지속적으로 자율성을 발휘하고 있는 요소들로 보는 것이 대단히 중요하다.

실제 경험에서 확인되듯이, 이 두 가지 원형은 경우에 따라서 비극적인 결과를 낳을 수 있는 치명성을 안고 있다. 두 가지 원형은 글자의 뜻 그대로 온갖 재앙을 낳을 수 있는 운명의 아버지이고 어머니이며 전 세계적으로 오랫동안 그런 것으로 인식되어 왔다. 두 원형들은 함께 신성한 짝을 이루며, 이 중 하나는 로고스의 본성에 맞게 '프네우마'(pneuma:정신)와 '누스'(nous:지성)가 특징이며, 언제나 변화하는 특색을 지닌 헤르메스(Hermes)와 비슷하다. 다른 하나는 에로스 본성에 어울리게 아프로디테(Aphrodite)와 헬레네(Helen), 페르세포네, 헤카테(Hecate)의 특성을 갖고 있다. 두 원형은 똑같이 무의식적 권력이고 사실 "신"(神)이다. 고대 세계도 그들을 그런 것으로 인식했다. 이 두 원형을 무의식적 권력이나 신이라고 부르는 이유는 그것들에게 심리학적 가치 체계에서 중심적인 위치를 부여하기 위해서이다.

의식적으로 인정하든 안 하든 상관없이, 심리학적 가치 체계에서 중심적인 위치는 언제나 아니마와 아니무스의 차지였다. 왜냐하면 아니마와 아니무스가 무의식에 남아 있는 정도에 비례해서 그들의 권력이 커지기 때문이다. 아니마와 아니무스를 보지 않는 사람들은 아니마와 아니무스의 손아귀에 잡혀 있다. 발진티푸스의 원인이 밝혀지지 않고 있을 때 그 전염병이 가장 심하게 창궐하는 것이나 마찬가지이다. 기독교에서조차도, 신성한 시저지(syzygy: 서로 상반되거나 비슷한 것들의 짝/옮긴이)는 사라지기는커녕 예수 그리스도와 그의 신부인 교회로서 최고의 자리를 차지하고 있다. 이와 비슷한 짝들은 아니마와 아니무스의 중요성을 측정할 기준을 찾으려는 노력에 큰 도움을 줄 것이다. 의식에서 발견할 수 있는 그런 짝들의 영향은 거의 무시해도 좋을 만큼 작다. 우리의 의식적 삶을 보완하고 있는 이 두 가지 요소들의 영향력이 얼마나 큰지를 직접 확인하길 원한다면, 정신의 깊은 속으로 불빛을 비추면서 인간 운명의 낯설고 힘든 길들을 탐험해야 한다.

요약하면, 나는 그림자의 통합, 즉 개인의 무의식을 깨닫는 것이 분석 과정의 첫 단계가 되어야 한다는 점을 강조해야 한다. 자신의 무의식을 확인하는 과정을 거치지 않는 한, 아니마와 아니무스를 인정하는 것은 불가능한 일이다.

그림자는 파트너와의 관계를 통해서만 인식될 수 있고, 아니마와 아니무스는 이성 파트너와의 관계를 통해서만 인식될 수 있다. 그런 관계에서만 아니마와 아니무스의 투사가 작동하기 때문이다. 아니마를 인정하면, 남자의 내면에 '트리아드'(triad: '3개가 한 벌'을 이루는 것을 말한다/옮긴이) 같은 것이 형성되는데 이 중 3분의 1은 초월적이다. 그렇다면 남성다운 주체와 그와 반대인 여성다운 주체, 그리고 초월적인 아니마가 '트리아드'를 형성하게 된다. 여자의 경우엔 거꾸로 된다.

여기에 없는 네 번째 원소가 '트리아드'를 '콰테르니오'(quaternio: '4개가 한 벌'을 이루는 것을 말한다/옮긴이)로 만들 것인데, 남자의 내면에서 그것은 여기서 논하지 않은 '늙은 현자'의 원형이고 여자의 내면에서 그것은 '지하의 어머니'이다. 이 네 가지는 반은 내재적이고 반은 초월적인 그런 '콰테르니오'를 형성한다. 이것도 하나의 원형이 되는데, 이것을 나는 '결혼 콰테르니오'라고 부른다. '결혼 콰테르니오'는 자기(self)에 필요한 도식만 아니라, 교차사촌혼이 행해지던 원시사회의 구조, 결혼계급, 정착촌을 네 개로 나누는 관행에 필요한 도식까지 제시한다.

한편, 자기는 신의 형상을 닮았거나 적어도 신의 형상과 구분되지 않는다. 이 점을 초기 기독교의 정신은 모르지 않았다. 아마 모르고 있었다면 알렉산드리아의 클레멘스(Clement of Alexandria: A.D. 150-215)가 자기 자신을 아는 사람은 신을 안다는 식으로 절대로 말하지 못했을 것이다.

4장

자기

여기서 우리는 투사의 철회, 다시 말해 집단 무의식의 내용물을 통합하는 데 따를 자기지식의 증대가 자아 인격에 구체적으로 영향을 미치는가 하는 문제를 다룰 것이다. 통합된 내용물이 자기의 부분들이라는 점에서 보면, 우리는 이 영향력이 상당할 것이라고 예상할 수 있다. 집단 무의식의 내용물을 동화시키면, 의식 영역이 더욱 넓어질 뿐만 아니라 자아의 중요성도 더욱 커진다. 늘 그렇듯 자아가 무의식에 비판적으로 접근하고 있지 않은 상황이라면 자아의 중요성은 더욱더 커진다. 자아가 무의식에 비판적이지 않다면, 자아는 쉽게 압도당하면서 동화된 내용물과 동일해진다. 예를 들어, 남자의 의식은 이런 식으로 아니마의 영향을 받게 되고 심하면 아니마에 사로잡히게 된다.

무의식적 내용물의 통합이 낳는 폭넓은 효과에 대해서는 다른 곳에서 이미 논했기 때문에 여기서는 그 문제를 세부적으로 파고들지 않을 것이다. 다만 자아와 동화되는 무의식적 내용물의 수가 많고 또 중요성이 클수록, 자아가 자기에 더욱 가까이 접근하게 된다는 점만 언급하고 싶다. 이 접근은 결코 끝나지 않는 과정이 되어야 한다.

그런데 만약에 자아와 무의식의 형상들 사이에 구분선이 명확하게 그어지지 않는다면, 이 접근은 불가피하게 자아를 고취시키게 되어 있다. 그러나 이 구분 행위가 실질적 결과를 낳을 수 있는 경우는 오직 자아에 합리적인 경계선을 명확하게 그어주고 또 무의식의 형상들, 말하자면 자기와 아니마, 아니무스, 그림자 등에게 상대적 자율성을 부여하고 그 실체를 인정할 때 뿐이다. 심리학적으로 보면 이 같은 실체를 존재하지 않는 것으로 여기는 것은 헛된 일이며 단지 자아의 팽창을 키우는 결과만 부를 것이다. 어떤 사실이 엄연히 있는데, 그것이 존재하지 않는다고 선언해봐야 아무런 소용이 없다. 현실 속에 있는 사실을 없앨 수는 없는 것이다. 예를 들어, 투사를 일으키는 요소는 부인할 수 없는 실체를 갖고 있다. 투사를 일으키는 요소를 부정하는 사람이면 누구나 그 자체로 모호할 뿐만 아니라 본인의 행복에 위험하기도 한 그 요소와 같아지게 된다.

그런 환자들을 다뤄본 경험이 있는 사람은 예외 없이 자아의 팽창이 얼마나 위험한 일인지를 잘 알고 있다. 치명적인 추락을 촉발시키는 데에는 계단이나 미끄러운 바닥만 있으면 충분하다. "교만은 패망의 선봉"이라는 가르침 외에, 자아의 "팽창"을 피하는 데 도움이 될, 정신적 성격의 다른 요소들이 있다. 이런 상황을 의식적인 자기강화로 해석하면 곤란해진다. 이론적으로 들어맞지 않는다. 왜냐하면 일반적으로 사람들이 이 상황을 직접적으로 자각하지 않기 때문이다. 기껏해야 징후를 바탕으로 이런 상황이 벌어지고 있다는 사실을 간접적으로 추론할 수 있을 뿐이다.

이 징후들 중에는 주변 환경의 반응도 포함된다. 자아의 팽창은 눈의 맹점을 확대시키며, 우리가 투사를 일으키는 요소에 더 많이 동화되어 있을수록 그 요소와 일치하려는 경향도 더욱 커진다. 이를 보여 주는 한 가지 명확한 징후는 주변 환경의 반응에 신경을 쓰거나 거기에 주의를 기울이는 일을 점점 더 싫어하게 된다는 사실이다.

자아가 자기에게 동화되고 있을 때, 환경의 반응을 무시하려 드는 태도는 정신적 재앙으로 여겨질 만하다. 그때 전체성의 형상은 무의식에 남아 있으며, 그 결과 이 형상은 한편으로는 무의식의 원시적인 성격을 공유하게 되고 다른 한편으로는 그러한 것으로서 무의식의 특징인, 정신적으로 상대적인 시공간 연속체 안에 있게 된다. 이 두 가지 특성, 즉 원시적인 성격과 상대적인 시공간 연속체엔 신비한 측면이 있다. 따라서 이 특성들은, 무의식과 분리되어 있고 더 나아가 절대 공간과 절대 시간 속에 존재하는 자아의식에 결정적인 영향력을 발휘하게 된다. 이렇게 되는 것은 너무나 당연하다. 그래서 만약에 자아가 짧은 시간 동안이라도 무의식적 요소의 통제 아래에 놓이게 되면, 자아의 적응이 방해를 받고 온갖 종류의 사건들이 일어날 길이 열리게 된다.

그러므로 자아가 의식의 세계에 닻을 확실히 내리고 있는 것이 대단히 중요하다. 또 의식이 아주 정확한 적응을 통해서 강화되는 것도 마찬가지로 중요하다. 이 때문에 관심과 양심, 인내 같은 일부 미덕이 도덕적인 측면에서 대단히 중요하다. 무의식의 징후들을 정확히 관찰하고 객관적인 자기비판을 지켜나가는 것이 지적인 면에서 소중한 것이나 마찬가지이다.

그러나 자아 인격과 의식 세계의 강화가 너무나 쉽게 큰 비중을 얻다 보니, 무의식의 형상들이 실체를 제대로 인정받지 못한 가운데 심리학적으로 고찰되고 따라서 자기가 자아에 동화되게 된다. 이 과정은 방금 묘사한 과정과 정반대이지만, 그 결과는 똑같다. 자아의 팽창이 일어나는 것이다. 오늘날 의식의 세계는 무의식에 유리하게 작용하는 방향으로 격하되어야 한다. 첫 번째 예, 즉 자아가 자기에게 동화되는 예의 경우에 원시적이고 "영구하고" "어디에나 있는" 꿈 같은 상태로부터 현실을 보호해야 했다. 두 번째 예, 즉 자기가 자아에 동화되는 예에서는 의식의 세계를 좁히고 대신에 꿈이 활동할 공간을 만들어 줘야 한다. 첫 번째 예의 경우에 모든 미덕을 동원할 필요성이 있고, 두 번째 예의 경우에 도덕적 패배를 통해 건방진 자아를 약화시킬 필요가 있다. 왜냐하면 그렇게 되지 않을 경우에 사람이 균형 상태를 유지하는 데 근본적으로 필요한 중간 정도의 겸손을 절대로 이루지 못할 것이기 때문이다. 그것은 도덕성 자체를 완화시키는 문제가 아니고 도덕적 노력을 다른 방향으로 쏟는 문제이다.

예를 들어 보자. 충분히 양심적이지 않은 사람은 주변의 기대에 부응하기 위해 도덕적 노력을 기울여야 한다. 그런 반면에 자신의 노력으로 세상에 뿌리를 충분히 튼튼하게 내린 사람에겐, 세상과의 연결을 느슨하게 풀고 적응 지향적인 행동을 최대한 줄임으로써 자신의 미덕에 스스로 패배를 안기는 것도 결코 작지 않은 도덕적 성취가 된다. (이 맥락에서 지금 성자의 반열에 오른 브라더 클라우스(Brother Klaus)가 자신의 영혼을 구하기 위해 아내와 자식들을 떠났던 예가 떠오른다.)

진정한 도덕 문제들은 형법이 적용되지 않는 곳에서 시작된다. 그렇기 때문에 도덕 문제의 해결은 전례(前例)를 따르기도 어렵고 교훈이나 계명을 따르기는 더욱더 어렵다. 진정한 도덕 문제는 의무의 충돌

에서 비롯된다. 충분히 겸손하거나 느긋한 사람은 언제나 외부 권위의
도움을 받아 결정을 내릴 수 있다. 그러나 다른 사람들을 자기 자신만
큼이나 믿지 못하는 사람은 보통법이 "신의 행위"라고 부르는 그런 방
식으로 결정이 주어지지 않는다면 어떠한 결정도 내리지 못한다. 옥스
퍼드 사전은 신의 행위라는 개념을 "통제 불가능한 자연의 힘들의 행
위"로 정의하고 있다. 이런 경우엔 무엇인가를 기정사실로 못 박음으
로써 회의(懷疑)에 종지부를 찍으려는 어떤 무의식적 권위가 작용하
고 있다. 이때 이 권위는 "신의 의지"로 묘사되거나 "통제 불가능한 자
연의 힘들의 행위"로 묘사될 것이다.

　심리학적으로 보면, 이 권위를 둘 중 어느 것으로 보느냐에 따라 큰
차이가 난다. 이 내면의 권위를 "자연의 힘" 또는 본능으로 합리적으
로 해석하면 현대의 지성을 만족시키겠지만 본능의 승리가 도덕적 자
긍심을 훼손시키는 중대한 문제를 야기한다. 그래서 사람들은 그 문제
가 의지의 합리적 작용에 의해서만 결정되었다는 식으로 스스로를 위
로하고 싶어 한다. 문명화된 사람은 "인간의 존엄을 해치는 죄"에 대
해 두려움을 품고 있다. 그래서 그 사람은 기회가 날 때마다 자신의 길
을 되돌아보면서 도덕적 패배의 감정을 숨기기 위해 사실들에 다른 색
깔을 입히는 일에 몰두한다. 문명화된 사람은 자제심과 의지의 힘으로
여겨지는 것에 깊은 자긍심을 느끼면서 본성에 휘둘리는 사람들을 경
멸한다.

　이와 달리 만약에 내면의 권위가 "신의 의지"("자연의 힘들"이 신성
하다는 점을 암시한다)로 인식된다면, 우리의 자긍심이 유리한 입장
에 설 것이다. 그럴 경우에 결정은 신에 대한 복종의 행위로 보이고 결
정에 따른 결과는 신의 의지로 비칠 것이기 때문이다. 내면의 권위를

이런 식으로 보는 시각은 매우 편리하다는 비난을 받을 뿐만 아니라 도덕적 해이를 미덕으로 위장하고 있다는 비난을 받는다. 그러나 이 같은 비난은 그 사람이 이기적인 의견을 번지르르한 말로 의도적으로 가릴 때에만 정당하다. 그래도 이것이 원칙은 결코 아니다. 대부분의 예를 보면, 외부 권위자가 승인하든 안 하든 불문하고 본능적인 경향들이 그 사람의 주관적 이익에 부합하거나 어긋나는 방향으로 분명히 모습을 드러내기 때문이다. 내면의 권위자에게 먼저 상담을 받을 필요가 없다. 이유는 결정을 내리려고 노력하는 경향들 안에 그 권위자가 처음부터 있기 때문이다. 이 노력에서, 개인은 절대로 방관자로만 남지 않는다. 개인은 다소 "자발적으로" 결정에 참여하면서 도덕적 자유라는 감정의 무게를 결정의 저울에 반영시키려고 노력한다.

그럼에도 불구하고, 겉으로 자유로워 보이는 그의 결정이 인과적인 무의식적 자극을 어느 정도 받았는가 하는 문제는 여전히 의문으로 남는다. 이 결정이 자연의 재앙 못지 않게 "신의 행위"일 수 있다. 이 문제는 대답이 가능한 그런 문제가 아닌 것 같다. 도덕적 자유라는 감정의 뿌리가 어디에 있는지를 우리가 잘 모르기 때문이다. 그럼에도, 도덕적 자유라는 감정의 뿌리는 저항하기 어려운 힘으로 느껴지는 본능만큼이나 확실하게 존재하고 있다.

전반적으로 보면, 우리의 내면에 본능으로 나타나는 자연의 힘들을 "신의 의지"로 설명하는 것이 더 이로울 뿐만 아니라 심리학적으로도 더 "맞다". 이런 식으로 우리는 자신이 조상들의 정신생활의 습관과 조화를 이루며 살고 있는 것을 확인한다. 말하자면 우리는 인간이 시대를 초월하여 어느 곳에서나 해 온 기능을 그대로 하고 있다는 뜻이다. 이런 습관이 존재한다는 사실은 습관 자체의 생존 능력을 증명한다. 생존 능력이 없다면, 그 습관을 따랐던 사람들 모두가 적응을 제대로 하지 못해 이미 오래 전에 사라졌을 것이기 때문이다. 한편으론, 그 습관을 따름으로써 사람은 합당한 기대 수명을 누린다. 습관적인 사고방식이 이만한 것들을 보장할 때, 거기엔 그것이 틀렸다고 선언할 근거가 전혀 없을 뿐만 아니라 오히려 반대로 심리학적 의미에서 그것을 "진실하거나 옳은" 것으로 봐야 할 온갖 이유가 있다. 심리학적 진실은 형이상학적 통찰이 아니다. 심리학적 진실은 경험을 통해 적절하고 유익한 것으로 입증된 습관적인 사고와 감정, 행동일 뿐이다.

그렇다면 우리의 내면에서 발견되는 충동을 "신의 의지"로 이해해야 한다고 말할 때, 내가 강조하고자 하는 것은 그 충동을 자의적인 소망과 의지로 여겨서는 안 되고 절대적인 것으로 여겨야 한다는 점이다. 이 충동을 제대로 다루는 방법을 배워야 한다는 사실은 언급할 필요조차도 없다. 의지는 충동을 부분적으로만 통제할 수 있다. 의지는 충동을 억누를 수는 있지만 충동의 본질을 바꿔놓지는 못한다. 억압된 것도 변형된 형태로 다른 곳에서 다시 나타나는데, 그런 경우엔 그 충동에 분노가 강하게 실려 있다. 이 때문에 억압하지 않았더라면 아무런 피해를 안기지 않았을 충동이 그만 우리의 적이 되고 만다.

나는 "신의 의지"라는 표현 속의 "신"을 기독교의 의미보다는, 디오티마(Diotima)가 "소크라테스(Socrates)여, 에로스는 힘이 센 악령(daemon)이니라."라고 말했을 때의 그 다이몬으로 이해되기를 바란다. 그리스어 단어 'daimon'과 'daimonion'은 신의 섭리나 운명처럼 외부에서 인간에게 가해지는 결정적인 힘을 표현한다. 그러나 인간은 자신이 무엇에 대해 결정을 내리려 하는지, 그리고 무엇을 하고 있는지를 알아야 한다. 이때 만약에 결정에 복종한다면, 그는 자신의 의견만을 따르고 있는 것이 아니다. 또 만약에 결정을 거부한다면, 그는 자신의 고안만을 파괴하고 있는 것이 아니다.

심리학에선 순수하게 생물학적이거나 과학적인 관점만으로는 부족하다. 그런 관점이 주로 지적일 뿐이기 때문이다. 이런 현실이 불리한 것만은 아니다. 자연 과학의 방법들이 심리학의 연구에 방법적으로 많은 이점을 안겨주었기 때문이다.

정신적 현상은 지적 연구만으로는 절대로 파악되지 않는다. 정신적 현상이 의미뿐만 아니라 가치로도 이뤄져 있기 때문이다. 가치는 수반되는 감정 상태의 강도에 크게 좌우된다. 따라서 주어진 어떤 정신적 내용물을 보다 완벽하게 그리는 작업을 위해선, 적어도 두 가지 "합리적인" 기능이 필요하다.

그러므로 만약에 정신적 내용물을 다루면서 지적 판단뿐만 아니라 가치 판단까지 하게 된다면, 문제의 내용물을 더욱 완벽하게 그려낼 수 있는 것은 물론이고 그 내용물이 전체 정신 내용물의 구조 속에서 차지하는 특별한 위치도 더 잘 파악할 수 있게 된다. 심리학에서 감정 가치는 없어서는 안 되는 매우 중요한 기준이다. 감정 가치가 정신적 내용물이 정신 활동에서 할 역할을 대부분 결정하기 때문이다. 말하자면, 감정 가치가 어떤 관념에 강도를 부여하고, 이 강도는 반대로 그 관념이 가질 에너지의 힘을, 관념의 잠재적 힘을 나타낸다.

예를 들어, 그림자는 보통 부정적인 감정 가치를 갖는 반면에 아니마는 아니무스와 마찬가지로 긍정적인 감정 가치를 더 많이 지닌다. 그림자는 다소 명확하고 묘사 가능한 감정을 수반하지만, 아니마와 아니무스는 정의가 더 어려운 그런 감정적 특징을 드러낸다. 대개 아니마와 아니무스는 매력적이거나 초자연적인 것으로 느껴진다. 종종 아니마와 아니무스는 감수성과 냉철, 내밀, 친교, 심지어 절대성의 분위기까지 풍긴다. 아니마 형상과 아니무스 형상의 상대적 자율성은 이런 특성들에 나타나고 있다.

아니마와 아니무스, 그림자, 자아의식 중에서 현실적으로 가장 중요하게 여겨지는 것은 자아의식인 것 같다. 어쨌든 자아의식은 상당한 에너지 지출을 통해서 그림자를 적어도 일시적으로는 억압할 수 있기 때문이다. 그러나 만약에 어떤 이유로든 무의식이 우위에 서게 된다면, 그림자와 다른 형상들의 가치가 그에 비례하여 높아진다. 그러면 가치의 저울이 역전된다. 말하자면, 깨어 있는 의식에서 가장 멀리 떨어져 있고 또 무의식적인 것으로 보였던 것들이 험상궂은 모습으로 나타나는 것이다. 깨어 있는 의식의 상태가 이런 식으로 거꾸로 뒤집어지는 현상은 깨어 있는 상태에서 수면 상태로 옮겨가는 동안에 주기적으로 일어난다. 그때 가장 생생하게 나타나는 것은 낮 시간에 무의식적이었던 것들이다. '정신 수준 저하'(abaissement du niveau mental)가 일어날 때마다 가치들의 상대적 전도(顚倒)가 일어난다.

여기서 나는 다소 주기적으로 변화하는 주관적인 감정 가치에 대해 말하고 있다. 그러나 '보편적 동의'에 근거한 객관적인 가치들도 있다. 예를 들면 도덕적, 미학적, 종교적 가치가 있다. 이 가치들은 보편적으로 인정받는 이상(理想)이거나 감정이 실린 집단적 관념이다(레비 브륄(Lévy Bruhl)은 '집단 표상'(representations collectives)이라는 표현을 썼다). 주관적인 감정의 색깔은 그 감정이 일으키는 장애의 징후에 의해 쉽게 파악될 수 있다. 집단적인 이상은 주관적인 감정 색깔을 전혀 갖고 있지 않지만 그럼에도 감정 가치를 갖는다. 따라서 이 감정 가치는 주관적인 징후로 나타날 수 없다.

이 문제엔 한 가지 실용적인 측면이 있다. 집단적 관념은 그 자체로는 의미가 있어도 주관적 감정 톤이 부족하기 때문에 꿈에서 부차적인 속성으로만 표현되기 때문이다. 신이 짐승의 속성으로 표현되는 것처럼 말이다. 거꾸로, 감정적 중요성을 제대로 인정받지 못한 관념은 의식에 나타나고, 그러면 그 관념은 원형적인 맥락 속으로 다시 넣어져야 한다. 이 임무는 대개 시인들이나 예언자들이 맡는다.

우리가 언급한 첫 번째 예, 그러니까 집단적인 관념이 꿈에서 그 관념의 저급한 측면에 의해 표현되는 예가 확실히 더 자주 나타난다. "여신"(女神)이 검은 고양이로 나타나고, 신이 쓸모없는 돌로 나타나기도 한다. 이런 꿈을 해석하기 위해선 동물학이나 광물학보다는 문제가 되고 있는 대상에 관한 '보편적 의견'을 역사 속에서 찾는 작업이 필요하다. 이런 "신화학적" 측면들은 경우에 따라 무의식적이긴 하지만 언제나 있게 마련이다.

예를 들어, 어떤 사람이 정원의 문을 초록색으로 칠할 것인지 흰색으로 칠할 것인지를 놓고 고민할 때 그 사람의 의식에 초록은 생명과 희망의 색깔이라는 생각이 떠오르지 않을지라도, 그럼에도 불구하고 "초록색"의 상징적인 측면은 무의식적 암시로 거기서 작용하고 있다. 그래서 우리는 무의식적 삶에 가장 중요한 무엇인가가 의식의 가치 척도에서 맨 아래에 서 있는 것을 발견한다. 당연히 반대의 경우도 확인된다.

그림자 형상은 이미 육체 없는 유령의 영역에 속한다. 그렇다면 동료 인간 존재들에게 투사할 때를 제외하곤 절대로 나타나지 않는 아니마와 아니무스가 유령이라는 점에 대해서는 더 말할 필요도 없을 것이다. 자기에 대해 말하자면, 자기는 개인의 영역을 완전히 벗어나 있으며 종교적 신화의 주제로만 나타난다. 또 자기의 상징은 가장 높은 곳에서부터 맨 밑바닥에 이르기까지 광범위하게 걸쳐 있다. 따라서 자신의 정신적 삶의 반을 낮과 동일시하는 사람은 누구나 밤의 꿈들이 공허하다고 주장할 것이다. 밤도 낮만큼 길고, 모든 의식은 분명히 무의식에 근거하고 있고 또 무의식 안에 뿌리를 내리고 있으며, 모든 밤은 무의식 속으로 사라지고 있는데도 말이다. 더욱이, 정신병리학은 무의식이 의식에게 가할 수 있는 것이 무엇인지를 잘 알고 있으며, 그래서 평범한 사람의 눈으로는 이해가 되지 않을 만큼 많은 관심을 무의식에 쏟고 있다. 예를 들어, 낮에 작았던 것은 밤에 커지고 낮에 컸던 것은 밤에 작아진다는 것을 우리는 알고 있다. 그래서 우리는 낮에 작은 것들 옆에 눈에 보이지 않아도 밤에 커질 것들이 언제나 있다는 것도 알고 있다.

이 지식은 어떠한 동화에나 반드시 필요한 조건이다. 말하자면, 어떤 내용이 동화되려면 그 내용의 이중적인 측면이 의식되어야 하고 또 그 이중적인 측면이 지적으로도 파악되어야 할 뿐만 아니라 그 감정 가치도 이해되어야 한다는 뜻이다.

그러나 지성과 감정을 하나의 장구(裝具)로 결합시키는 작업은 무척 어렵다. 지성과 감정이 그 정의상 서로 갈등을 빚게 마련이기 때문이다. 어떤 지적 관점과 자신을 동일시하는 사람은 이따금 자신의 감정이 아니마로 위장한 채 마치 적처럼 자신에게 맞선다는 사실을 확인할 것이다. 거꾸로, 지적인 어떤 아니무스는 감정적인 관점을 맹렬히 공격할 것이다. 따라서 지적으로만 아니라 감정 가치와도 조화를 이루면서 무엇인가를 실현하길 원하는 사람은 좋든 싫든 보다 고귀한 통합, 즉 '양극단의 합일'을 이룰 길을 열기 위해 아니마/아니무스 문제

를 물고 늘어져야 한다. 이것은 전체성의 성취에 반드시 필요한 조건
이다.

"전체성"이 얼핏 보기엔 아니마와 아니무스 같은 하나의 추상적인
관념에 지나지 않는 것처럼 보이지만, 그럼에도 불구하고 그것은 경험
을 통해 증명될 수 있다. 정신이 자발적 또는 자율적 상징들을 통해 전
체성을 예상하고 또 추구하고 있다는 점에서 보면, 전체성은 분명히
경험을 통해 확인할 수 있는 실체이다.

전체성을 보여주는 상징들은 '콰테르니오' 혹은 만다라 상징이다.
이 상징들은 그런 것에 대해 한 번도 들은 적이 없는 현대인의 꿈에도
나타날 뿐만 아니라 많은 민족과 많은 시대의 역사 기록에 폭넓게 담
겨 있다. 이 상징들이 통합과 전체성의 상징으로 지니는 중요성은 경
험 심리학뿐만 아니라 역사적으로도 광범위하게 뒷받침되고 있다. 처
음에 하나의 추상적인 관념처럼 보이던 것이 실제로 존재하고 또 경
험될 수 있는 무엇인가를 상징하고 선험적으로 존재한다는 점을 보여
주고 있다. 따라서 전체성은 아니마나 아니무스처럼 주체와 별도로 그
주체를 응시하고 있는 객관적인 한 요소이다. 그리고 아니마나 아니무
스가 정신의 계급조직에서 그림자보다 높은 위치를 차지하는 것과 똑
같이, 전체성도 시저지의 위치나 가치보다 더 높은 위치와 가치를 지
닌다. 시저지는 적어도 전체성의 일부를 이루는 것 같다. 비록 시저지
가 왕족의 오빠와 누이의 쌍이 형성하는 전체성의 두 반쪽을, 그러니
까 통합의 상징으로 신성한 아이를 낳는 상반된 두 반쪽을 온전히 대
표하지는 않을지라도 말이다.

통일성과 전체성은 객관적 가치들의 척도에서 가장 높은 곳에 자리
를 잡고 있다. 통일성과 전체성의 상징들이 더 이상 신의 형상과 구분

되지 않기 때문이다. 따라서 신의 형상에 관한 모든 언급은 전체성의 상징에도 그대로 적용된다. 경험에 따르면, 만다라는 질서의 상징이고, 만다라는 환자들의 내면에서 주로 정신적 방향 감각을 상실하거나 방향의 재조정이 일어날 때 나타난다.

신비의 원(圓)으로서 만다라는 어둠의 세계에 속하는 무법의 권력들을 묶고 복종시키며 카오스를 코스모스(질서)로 바꿔놓을 어떤 질서를 묘사하거나 창조한다. 만다라는 처음에 그다지 인상적이지 않은 하나의 점(點)으로 의식에 들어오며, 만다라 상징의 전체 영역을 철저히 이해하기 위해선 많은 투사들의 통합뿐만 아니라 힘들고 고통스런 노력이 필요하다.

만약에 이 같은 통찰이 전적으로 지적으로만 이뤄진다면, 별다른 어려움을 겪지 않고 그 통찰을 얻어낼 수 있을 것이다. 왜냐하면 우리의 내면이나 우리의 위에 있는 신이나 예수 그리스도와 '신비체'(corpus mysticum: 교회를 일컫는 표현으로, 교회는 단순히 신도들의 집단이 아니라 예수 그리스도를 머리로 하여 성직자와 신도들이 각자 역할을 맡으며 신비롭게 구성되는 그리스도의 몸과 같다는 뜻을 담고 있다/옮긴이), 개인적이거나 초개인적인 영혼에 관한 의견들은 모두 철학적인 지성에 의해 쉽게 터득될 수 있기 때문이다. 그러기에 사람들이 사물 자체를 소유할 수 있다는 착각이 자주 일어나는 것이다.

그러나 이름이 사물을 대표하고, 또 사물이 존재하게 하는 데는 이름을 부르는 것만으로도 충분하다는 편견이 오래 전부터 내려오고 있음에도 불구하고, 실제로 보면 사람은 그야말로 사물의 이름만 습득했을 뿐이다. 수천 년의 세월을 내려오면서, 추론하는 마음은 이 같은 자만이 헛되다는 사실을 확인할 기회를 많이 가졌다. 그럼에도 어떤 사물에 대한 지적 통달이 최고의 가치로 받아들여지는 것을 막지는 못했다. 어떤 심리적 사실을 지적으로 "이해"하는 것은 그 사실의 어떤 개념을 제시하는 선에서 그친다는 점을, 그리고 하나의 개념은 하나의 이름에, 한 줄기 바람 소리에 불과하다는 점을 보여준 것은 바로 심리학에서 쌓인 경험이었다.

지적인 이해는 아주 쉽게 퍼뜨려질 수 있다. 그런 이해는 이 손에서 저 손으로 가볍게 넘어간다. 거기엔 무게나 알맹이가 하나도 없기 때문이다. 지적 이해는 듣기에는 알찬 것처럼 들리지만 속은 텅 비어 있다. 막중한 임무와 의무를 천명하고 있음에도, 그런 이해는 우리에게 아무것도 약속하지 않는다. 지성은 필요로 하는 분야에서는 아주 유익하지만 그 분야를 벗어난 곳에서 가치를 조작하려 들 때에는 반드시 기만과 착각을 낳게 되어 있다.

감각 지각과 사고에 의해 조정되는 두 가지 이상의 측면을 가진 정신을 다루는 심리학 분야를 제외한 다른 학문에서는 지성만 있으면 충분할 것처럼 보인다. 가치의 기능, 즉 감정은 우리의 의식의 지향에 어느 정도의 역할을 하며 심리학적 판단에 없어서는 안 되는 요소이다. 감정을 무시하면, 지금 우리가 구축하고자 하는 실제 정신작용의 모델은 불완전해질 수밖에 없다.

모든 정신작용은 나름대로 가치 있는 어떤 특성을, 말하자면 어떤 감정 상태를 갖고 있다. 이 감정 상태는 주체가 그 정신작용의 영향을 어느 정도 받는지를, 또는 그 작용이 그 사람에게 어느 정도 의미를 지니는지를 말해준다. 주체가 그 작용에 개입하고 그리하여 현실의 전체 무게를 느끼게 되는 것은 "정서"를 통해서이다. 이때 느끼는 무게의 차이는 어떤 사람이 교과서에서 읽는 심각한 질병과 그 사람이 실제로 앓는 병의 차이만큼 폭이 크다. 심리학에서는 실제로 경험해보지 않으면 아무것도 갖지 못한다. 그렇기 때문에 순수한 지적 통찰만으로는 절대로 충분하지 않다. 그런 통찰을 얻는 사람은 단어만 알고 있을 뿐 안쪽으로 그 사물의 알맹이를 보지 않기 때문이다.

무의식을 무서워하는 사람들의 숫자는 일반적으로 생각하는 것보다 훨씬 더 많다. 그런 사람들은 심지어 자신의 그림자까지도 두려워한다. 아니마와 아니무스로 오면, 두려움은 거의 공황으로 변한다. 왜냐하면 아니마와 아니무스가 정말로 정신병 환자의 내면에서 의식 속으로 쳐들어가는 정신적 내용물을 대표하기 때문이다. 이 공포를 극복하는 일이 종종 아주 많은 노력을 요구하는 도덕적 성취에 해당하는데, 자기를 실제로 경험하려고 노력하는 길에 성취해야 할 것은 이 공포의 극복만이 아니다.

그림자와 아니마와 아니무스, 자기를 적절히 그림으로 그리려면 이 정신적 요소들을 꽤 철저히 또 직접적으로 경험해야 한다. 그래야만 신뢰할 만한 그림이 가능해진다. 이 개념들이 실제 경험에서 나왔듯이, 이 개념들을 더욱 명쾌히 밝히는 것 또한 추가적 경험을 통해서만 가능하다. 이 개념들을 놓고 철학적 비평을 하자고 들면 반대할 것이 수두룩할 것이다. 이 요소들이 사실들에만 관심을 두고 있고, 또 "개념"은 단지 이 사실들을 정의하거나 압축적으로 묘사하는 것에 지나지 않는다는 점을 인정하는 것으로 비평이 시작되지 않는다면, 반대를 피할 수 없을 것이다. 그런 비평은 대상에 거의 아무런 영향을 미치지 못한다. 동물학의 비평이 오리의 부리를 가진 오리너구리에게 아무런 영향을 미치지 못하는 것이나 마찬가지이다.

중요한 것은 개념이 아니다. 개념은 단어일 뿐이다. 개념은 경험

의 어떤 총합을 의미할 때에만 중요성과 쓰임새를 얻는다. 애석하게
도, 나는 이 경험을 대중에게 제대로 전달하지 못한다. 나는 다수의 출
판물을 통해 사례를 제시하면서 이 경험의 본질과 이 경험을 획득하
는 방법을 전하려고 노력했다. 나의 방법들이 실제로 적용되는 곳마
다, 내가 제시한 사실들이 옳은 것으로 확인되었다. 갈릴레오(Galileo
Galilei) 의 시대에도 망원경을 이용하는 수고를 감수했더라면 이미 목
성의 달들을 관찰할 수 있었을 것이다.

전문적인 심리학의 좁은 범위를 벗어나면, 비교 신화학 지식을 가진
사람들은 이 형상들을 어느 정도 이해한다. 그들은 그림자를 지하의
어두운 세계의 악의적인 대표자로 인식하는 데 전혀 어려움을 느끼지
않는다. 시저지는 신성한 모든 짝들의 정신적 원형으로 즉시 이해된
다. 마지막으로, 자기는 특이한 것으로 경험된다는 점 때문에 모든 일
신교와 일원론에 고유한 통일성과 전체성이라는 궁극적 관념 뒤에 버
티고 있는 형상으로 확인된다.

나는 이런 식으로 유사성을 나열해가며 서로 비교하는 것을 중요하
게 여긴다. 이런 유사성과 비교를 통해서, 자연의 경험과의 근본적인
연결을 잃어버린 소위 형이상학적 개념들을 살아 있고 보편적인 정신
작용과 연결시키는 것이 가능하기 때문이다. 그러면 형이상학적 개념
들은 원래의 진정한 의미를 되찾을 수 있다. 이런 식으로, 자아와 "형
이상학적" 관념으로 굳어진 투사된 내용물 사이의 연결이 복구된다.

불행하게도, 이미 말한 바와 같이, 형이상학적 관념들이 존재하고
있고 또 믿어지고 있다는 사실은 관념들의 내용 혹은 관념들이 표현하
는 대상이 실질적으로 존재한다는 사실을 전혀 입증하지 못한다. 형이
상학적 관념들은 원래의 경험을 불러일으키는 능력을 상실하자마자

쓸모없게 되었을 뿐만 아니라 보다 광범위한 발달을 방해하는 것으로 드러났다. 사람은 한때 부를 의미했던 소유물에 집착하고 있다. 그리고 비효과적이고 이해되지 않고 생명이 없는 것일수록 더 강하게 집착하고 있다. (당연히 사람들이 매달리고 있는 것은 쓸모없는 관념이다. 살아 있는 관념들은 내용물을 충분히 갖고 있기에 그것들에 집착할 필요가 전혀 없다.)

지금 그런 관념들이 도대체 무엇을 의미할 수 있는가 하는 것이 진짜 문제이다. 세상은 아직까지 전통에 등을 완전히 돌리지는 않았지만 이미 오래 전부터 "메시지"를 듣기를 원하지 않고 있다. 세상은 메시지의 의미를 그냥 듣고만 있다. 설교단에서 나오는 말들은 이해되지 않은 채 해석해줄 것을 요구하고 있다.

아무도 구원을 받았다고 느끼지 않는 때에, 어떻게 예수 그리스도의 죽음이 우리를 구원할 수 있었을까? 예수 그리스도는 어떻게 신인(神人)이 되었으며, 신인은 과연 어떤 존재인가? 삼위일체는 무엇에 관한 것이며, 처녀 수태와 몸을 먹고 피를 마시는 행위, 그리고 나머지 다른 것들은 무슨 의미인가? 그런 개념들의 세계와 자연과학이 지대한 관심을 쏟고 있는 일상의 물질적인 세계 사이에 어떤 연결이 있는가? 사람들은 24시간 중에서 적어도 16시간은 일상의 세계에서만 살고 있고, 나머지 8시간도 무의식적인 조건에서 보내기를 좋아한다. 그렇다면 천사들이나 기적을 발휘하여 사람들에게 음식을 제공하는 일, 지복, 죽은 자의 부활 등의 현상을 어렴풋이나마 우리에게 상기시켜줄 일은 언제 어디서 일어나는가? 그래서 무의식적인 수면 상태에서 "꿈"이라 불리는 '막간'이 나타나는데 이때 신화학의 주제들과 아주 비슷한 내용을 담은 장면들이 나온다는 사실이 하나의 발견으로 여겨지게 되었다. 왜냐하면 신화들이 곧 기적의 이야기이고 신념의 대상들을 다루고 있기 때문이다.

일상의 의식의 세계에는 그런 일들이 거의 존재하지 않는다. 말하자면, 1933년(아돌프 히틀러(Adolf Hitler)가 독일 수상에 임명된 해/옮긴이)까지 오직 광인들만이 신화의 살아 있는 파편들을 갖고 있는 것으로 확인되었을 것이란 뜻이다. 이후로 영웅과 괴물들의 세계가 온 민족에게 요원의 불길처럼 퍼져나갔다. 이로써 신화의 이상한 세계가 이성과 계몽의 세기들을 거치면서도 생명력에 전혀 손상을 입지 않았다는 것이 확인되었다. 만약에 형이상학적 관념들이 더 이상 그 전과 같은 매력적인 효과를 발휘하지 못한다면, 이는 유럽인의 정신에 원시성이 부족해서가 아니라 몇 세기 동안 기독교의 의식(意識)이 발달한 결과 옛날의 상징들이 오늘날 무의식에서 솟아나오고 있는 것을 더 이상 표현하지 못하게 되었기 때문일 것이다. 최종적으로 나타난 결과물은 바로 진짜 '가짜 정신'(antimimon pneuma)이다. 자만과 히스테리, 멍청함, 범죄적 비도덕성, 광신 등으로 얼룩진 엉터리 정신이 오늘날 대중에게 대량으로 안기기에 적합한 싸구려 영적 재화를 공급하는 현상이 나타난 것이다. 이것이 바로 후기 기독교 정신의 모습이다.

5장

자기의 상징,
예수 그리스도

서구 세계의 탈(脫)기독교화, 과학과 기술의 급속한 발달, 그리고 제2차 세계대전이 남긴 물질적 및 도덕적 파괴는 '신약성경'에 예언된 종말론적인 사건들과 비교되었다. 잘 알다시피, 종말론적인 예언들은 적(敵)그리스도의 도래를 걱정하고 있다. "아버지와 아들을 부인하는 자, 그가 적그리스도이니."[1] "예수를 인정하지 않는 영혼마다 … 적그리스도이니 … 예수 그리스도가 오리라는 말을 너희가 들었건만."[2] '요한계시록'은 어린 양의 혼인 전에, 시간의 종말에 일어날 무시무시한 일들에 대한 예언으로 가득하다. 이것은 '그리스도인의 영혼'(anima christiana)이 적의 존재뿐만 아니라 적이 미래에 권력까지 강탈할 것이라는 점을 확실히 알고 있었다는 사실을 잘 보여주고 있다.

....

1 '요한일서' 2장 22절

2 '요한일서' 4장 3절

여기서 독자들이 이런 궁금증을 품을 것 같다. 왜 갑자기 예수 그리스도와 그의 적인 적그리스도에 대해 논하고 있는가? 우리의 논의는 필히 예수 그리스도에게 닿게 되어 있다. 그가 우리 문화에서 지금도 살아 있는 신화이기 때문이다. 예수 그리스도는 역사적으로 존재했음에도 신성한 '원초의 인간'인 아담의 신화를 구현하는, 우리 문화의 영웅이다. 기독교 만다라의 중앙을 차지하고 있는 존재도 그이고, 그가 쓴 관의 기둥처럼 네 복음서의 필자들을 상징하는 형상 속의 주(主)도 그이다. 그는 우리 안에 있고 우리는 그의 안에 있다. 그의 왕국은 값을 따질 수 없는 진주이고, 들판에 묻힌 보물이며, 큰 나무가 될 한 알의 겨자씨이며, 천상의 도시이다. 예수 그리스도가 우리 안에 있듯이, 그의 천국의 왕국도 마찬가지로 우리 안에 있다.

우리가 익히 잘 알고 있는 사항을 이런 식으로 몇 가지만 나열해도, 예수 그리스도가 우리의 심리에서 차지하는 위치가 확실히 느껴진다. 예수 그리스도는 자기의 원형을 보여주고 있다. 예수 그리스도는 신성하거나 천국에 있는 그런 것의 전체성을, 영광으로 빛나는 인간을, 죄로 얼룩지지 않은 신의 아들을 나타내고 있다. 아담의 후예로서, 예수 그리스도는 타락 이전의 첫 번째 아담, 말하자면 순수한 신의 이미지로 남아 있을 때의 아담과 일치한다. 순수한 아담에 대해 테르툴리아누스(Tertullian: A.D. 160-A.D. 220)는 이렇게 적고 있다. "따라서 이것은 인간의 내면에 있는 신의 형상으로 여겨져야 한다. 그리고 인간의 영혼은 신이 가진 것과 똑같은 몸짓과 감각을 갖고 있다고 보아야 한다. 물론 인간이 그 몸짓과 감각을 갖게 된 방법은 신이 그런 것들을 갖게 된 방법과 다르지만 말이다." 오리게네스(Origen: A.D. 185년경-254년경)는 이보다 훨씬 더 솔직하다. 육체가 아니라 영혼에 각인되는 신의 형상은 어떤 형상의 형상인데, 그 이유는 "나의 영혼이 직접 신의 형상이 아니고 나의 형상과 비슷하게 다듬어진 신의 형상이기 때문이다".[3] 한편 예수 그리스도는 우리의 속사람의 바탕이 된 신의 진정한 형상이며, 눈에 보이지 않고, 영적이고, 부패하지 않고, 불멸이다. 우리 내면의 신의 형상은 "신중과 정의, 중용, 미덕, 지혜와 규율"을 통해 그 모습을 드러낸다.

성 아우구스티누스(St. Augustine: A.D. 354-430)는 예수 그리스도인 신의 형상과 신처럼 될 가능성 또는 수단으로서 인간의 내면에 주입된 형상을 구분한다. 신의 형상은 육체적인 인간의 내면에 있지 않고 이성적인 영혼에 있으며, 이 영혼을 가진 것이 인간이 동물과 다른 점이다. "신의 형상은 내면에 있으며 육체에 있는 것이 아니다. … 이해력이 있는 곳에, 마음이 있는 곳에, 진리를 추구하는 힘이 있는 곳에 신은 자신의 형상을 갖고 있다."[4] 따라서 우리는 이해력이 있는 곳을 제외하곤 어디에서도 신의 형상을 본받지 않고 있다는 점을 늘 상기해야 한다고 아우구스티누스는 말한다. "… 그러나 인간이 자신이 신의 형상에 따라 만들어졌다고 알고 있는 곳에서, 인간은 자신의 내면에 야수들에게 주어진 것보다 더 큰 무엇인가가 있다는 것을 안다."[5] 여기서 신의 형상은 이성적인 영혼과 동일하다는 것이 분명히 드러난다. 이성적인 영혼은 보다 고귀하고 영적인 인간이고, 성(聖) 바오로가 말하는 '하늘에서 난 사람'이다. 유혹에 빠지기 전의 아담처럼, 예수 그

....

3 In Lucam homilia, Ⅷ(Migne, P. G., vol. 13, col. 1820)

4 Enarrationes in Psalmos, ⅩⅬⅧ, Sermo Ⅱ (Migne, P.L., vol. 36, col. 564)

5 Enarrationes in Psalmos, LIV, 3(Migne, P.L., vol. 36, col. 629)

리스도는 신의 형상을 구현하고 있으며, 그리스도의 전체성은 성 아우구스티누스에 의해 특별히 강조되고 있다. 아우구스티누스는 이렇게 말한다. "말씀은 그 충만함에서, 한 인간의 영혼과 육체로서 완벽한 인간성을 지녔다. 들판의 야수도 '영혼'과 육체를 갖고 있기 때문에, 보다 정확히 표현한다면, 내가 인간의 영혼과 인간의 육신이라고 할 때 그 뜻은 완벽한 인간의 영혼이라는 의미이다."[6]

인간 내면의 신의 형상은 아담의 타락으로 인해 파괴된 것이 아니라 훼손되었을 뿐이며, 신의 은총을 통해 복구될 수 있었다. 통합의 범위는 예수 그리스도의 영혼이 지옥으로 내려간 것이나 죽은 자들까지 포용하는 구원에 의해 암시되고 있다. 심리학적으로 이것과 동일한 것은 개성화(individuation: 개인의 인격이 전체성을 성취해가는 심리적 분화 과정을 일컫는다/옮긴이) 과정의 근본적인 한 부분을 이루는 집단 무의식의 통합이다. 성 아우구스티누스는 "그러므로 우리의 끝은 우리의 완성이 되어야 하지만 우리의 완성은 예수 그리스도이다."라고 말한다. 예수 그리스도야말로 완벽한 신의 형상이기 때문이다. 바로 이 점 때문에 예수 그리스도는 "왕"으로도 불린다. 예수 그리스도의 신부는 인간의 영혼이며, 이 인간의 영혼은 "내면에 숨겨진 영적 신비 속에서 말씀과 결합하고, 인간의 영혼과 말씀은 한 육신 안에 있을 수 있는데", 이는 예수 그리스도와 교회의 신비한 결혼과 일치한다. 교회의 교리와 의식(儀式)에 이 '히에로스 가모스'(신성한 결혼)가 지속적으로 나옴에 따라, 이 상징은 중세를 거치면서 연금술에서 상반된 것들의 결합 혹은 "화학적 결혼"으로 발달했으며, 그리하여 한편으론 전체성을 의미하

....

6 Sermo CCXXXVII, 4(Migne. P. L., vol. 38, col. 1124)

는 '철학자의 돌'(lapis philosophorum)이라는 개념을 낳고 다른 한편
으론 화학적 결합이라는 개념을 낳기에 이르렀다.

　최초의 죄에 의해 인간 내면에서 상처를 입은 신의 형상은 신의 도
움으로 '로마서' 12장 2절에 따라 "개혁되었다". "이 세상을 본받지 말
고 마음을 새롭게 하여 변화함으로써 신의 뜻이 … 무엇인지를 입증하
라." 무의식이 개성화의 과정에 일으키는 전체성의 이미지들은 어떤
선험적 원형(만다라)의 "개혁"에 해당한다.

　앞에서 이미 강조한 바와 같이, 자기의 자연적 상징들 혹은 전체성
의 상징들은 실제로 신의 형상과 구분되지 않는다. 앞의 인용에 '변화
함으로써'라는 단어가 나옴에도 불구하고, 마음의 "재생"은 의식을 실
제로 바꾼다는 뜻이 아니고 원래의 조건을 복원한다는 뜻이다. 이것은
심리학의 발견, 즉 전체성의 어떤 원형이 언제나 존재하고 있다는 발
견과 정확히 일치한다. 그런데 이 전체성의 원형은 변화에 의해 계몽
된 의식이 예수 그리스도의 형상에서 그 전체성을 인식할 수 있게 될
때까지는 의식의 시야에서 쉽게 사라지거나 절대로 지각되지 않을 수
있다. 이 같은 "상기"(想起)의 결과, 즉 예수 그리스도 형상에서 전체
성을 다시 읽게 된 결과, 신의 형상과 하나였던 원래의 상태가 복원된
다. 이 복원이 통합을 초래한다. 다른 방향이나 서로 모순된 방향으로
행동하는 본능에 의해 분열되었던 인격이 하나로 결합되는 것이다. 인
격의 분열이 일어나지 않는 유일한 때는 사람이 자신의 본능적 삶을
동물만큼이나 의식하지 않을 때뿐이다. 그러나 인위적인 무의식, 즉
억압이 본능들의 삶을 더 이상 반영하지 않을 때에 꾹 참는 것은 해롭
고 또 불가능한 것으로 드러난다.

　예수 그리스도에게서 구현된 신의 형상이라는 원래의 기독교 개념

은 인간의 동물적인 면까지도 포용하는 전체성을 의미했다는 점에는 이의가 있을 수 없다. 그럼에도, 예수 그리스도의 상징에는 현대 심리학이 뜻하는 그런 전체성이 결여되어 있다. 예수 그리스도의 상징이 사물들의 어두운 면을 포함하지 않고 마왕 같은 반대자의 형식을 빌려서 그것을 배제하고 있기 때문이다. 그리스도의 상징이 악마의 권력을 배제시키고 있다는 것을 기독교인들이 의식적으로 잘 알고 있다 할지라도, 그렇게 함으로써 결과적으로 잃게 되는 것은 각자의 그림자이다. 왜냐하면 오리게네스가 처음 제안한 '선의 결핍'(privatio boni: 악은 선과 달리 실질이 없으며, 악은 단지 선의 부재 혹은 부족이라는 뜻이다/옮긴이)이라는 교리를 통해 악이 단순히 선의 감소로, 따라서 알맹이가 없는 것으로 여겨지게 되었기 때문이다. 교회의 가르침에 따르면, 악은 단순히 "완벽의 결여"이다. 이 같은 가정은 "선한 모든 것은 신에게서 나오고, 악한 모든 것은 인간에게서 나온다."라는 주장으로 이어졌다. 또 다른 논리적 결과는 일부 프로테스탄트 종파에서 제시한 악의 제거이다.

'선의 결핍'이라는 교리 덕에, 예수 그리스도의 형상이 전체성을 보장하는 것처럼 보였다. 그러나 경험 심리학의 영역에서 악을 다룰 때에는 악을 보다 실질적으로 다뤄야 한다. 경험 심리학에서 악은 단지 선의 반대이다. 고대 세계에서 정신적 경험의 영향을 강하게 받은 영지주의자들은 악의 문제를 교회의 아버지들보다 훨씬 더 넓은 바탕에서 다뤘다. 예를 들어, 영지주의자들이 가르친 내용 중에는 예수 그리스도가 "자신의 그림자를 벗어던졌다"라는 부분이 있다. 이 같은 견해에 합당한 비중을 부여한다면, 우리는 적그리스도의 형상에서 예수 그리스도가 벗어던진 그림자를 쉽게 볼 수 있다. 전설 속에 적그리스도는 예수 그리스도의 삶을 사악하게 모방하는 자로 나온다. 적그리스도는 육체를 따르는 그림자처럼 예수 그리스도의 발자취를 따르며 악의 영혼을 모방하는 자이다. 밝긴 하지만 편파적인 구원자의 형상을 이런 식으로 보완하는 것은 특별한 의미를 지님에 분명하다. 정말로, 꽤 일찍부터 이 부분에 상당한 관심이 쏟아졌다.

만약에 우리가 전통적인 예수 그리스도의 형상을 자기의 구현과 비슷한 것으로 본다면, 적그리스도는 자기의 그림자, 즉 인간 전체성의 검은 반쪽과 비슷할 것이다. 경험을 근거로 판단한다면, 빛과 그림자는 인간의 본성에 아주 고르게 분포되어 있다. 그러기에 인간 정신의 전체성은 다소 흐릿한 빛을 띠고 있는 것 같다.

자기라는 심리학적 개념은 부분적으로 완전한 인간에 대한 우리의 지식에서 비롯되지만 나머지는 무의식의 산물, 말하자면 내적으로 서로 모순을 일으키는 것들이 결합된 어떤 원형적 콰테르니오를 통해 저절로 생겨난다. 그러기에 심리학에서 말하는 자기는 밝은 형상에 반드시 따르게 마련인 그림자를 배제하지 못한다. 왜냐하면 그림자가 없을 경우에 이 형상이 육체와 인간성을 결여하기 때문이다.

경험으로 증명되는 자기 안에서, 빛과 그림자는 모순적인 통일성을 이룬다. 반면에 기독교 개념에서는 이 원형이 두 개의 화해 불가능한 반쪽으로 가망 없이 쪼개진다. 이것이 최종적으로 형이상학적 이원론으로 이어진다. 말하자면 천국의 왕국이 최종적으로 저주받은 자들이 가는 불의 지옥과 분리되는 것이다.

기독교에 호의적인 태도를 가진 모든 사람들에게, 적그리스도의 문제는 깨기 힘든 딱딱한 호두와 비슷하다. 적그리스도는 신의 현현(顯現)에 자극을 받은 악령의 반격에 지나지 않는다. 왜냐하면 악령이 기독교의 발흥이 있은 뒤에야 예수 그리스도의 적으로서, 따라서 신의 적으로서의 지위를 진정으로 얻기 때문이다. '욥기' 때만 해도 악령은 신의 아들들 중 하나였으며 여호와와 아주 친한 관계에 있었다.

심리학적으로 보면 문제는 아주 명확하다. 예수 그리스도라는 독단적인 인물이 너무나 숭고하고 무결점인 까닭에 그 외의 모든 것은 그의 옆에 서기만 하면 빛을 잃기 때문이다. 예수 그리스도라는 인물은 일방적으로 완벽하기 때문에 균형을 되찾기 위해선 정신적 보완이 필요했다. 이 같은 보완은 아주 일찍부터 신의 두 아들이라는 교리를 낳았으며, 두 아들 중 형은 사타나엘(Satanaël)이라 불렸다.

적그리스도의 도래는 예언에서 그치지 않는다. 그것은 불변의 심리학적 법칙이다. '요한서신'의 저자는 이 심리학적 법칙의 존재에 대해서 몰랐겠지만, 이런 법칙이 있었기에 그 저자는 곧 있을 '에난티오드로미아'(enantiodromia: 어떤 힘이든 지나치게 커지면 그것과 반대되는 힘을 낳게 되어 있다는 원리를 일컫는다/옮긴이)에 대해 확실히 알 수 있었다. 따라서 그는 이 변화의 필요성에 대해 잘 알고 있는 것처럼 글을 썼다. 그 같은 생각이 그에겐 틀림없이 신의 계시처럼 보였을 것이다. 실제로, 예수 그리스도의 형상의 분화가 강화될 때마다, 동시에 무의식에서도 보완이 강화되고 따라서 위와 아래 사이의 긴장은 더욱 커지게 된다.

지금 이런 식으로 글을 쓰면서, 우리는 기독교 심리학과 상징 표현의 영역 안에 머물고 있다. 그러나 어느 누구도 고려하지 않은 한 가지 요소는 기독교 성향 자체에 내재한 치명성이며, 이 치명성은 반드시 기독교 정신의 전도(顚倒)로 이어지게 되어 있다. 그런데 기독교 정신의 전도는 우연히 일어나는 것이 아니고 심리학적 법칙에 따른 것이다. 높은 곳을 추구하는 영성의 이상(理想)은 물질을 정복하고 세상을 지배하려는 세속적 열정과 충돌을 빚게 되어 있다.

이 같은 변화는 "르네상스" 시대에 눈에 두드러졌다. "르네상스"라는 단어는 "부활"을 의미하고, 그것은 고대 정신의 부활을 뜻했다. 오늘날 우리는 이 정신이 하나의 가면에 지나지 않았다는 사실을 잘 알고 있다. 다시 태어난 것은 고대의 정신이 아니라, 천상의 목표와 지상의 목표를, 수직적인 고딕 스타일과 수평적인 관점(발견 항해, 세계와 자연의 탐험)을 서로 바꾸면서 이교적인 변화를 겪은 중세 기독교의 정신이었다.

계몽주의와 프랑스 혁명으로 이어진 추가적 발전은 오늘날 기독교가 초기에 예언한 "시간의 종말"을 확인하고 있는 듯하다는 의미에서 "반(反)기독교적"이라고 부를 수밖에 없는 세계적 상황을 낳았다. 그 상황은 마치 예수 그리스도의 도래로 인해, 그때까지 잠복해 있던 상반된 것들이 겉으로 명백히 드러나게 된 것처럼 보이거나 아니면 한쪽으로 심하게 치우쳤던 진자가 반대 방향으로 보완적인 운동을 하게 된 것처럼 보였다. 어떤 나무도 뿌리가 지옥에 닿지 않고는 하늘까지 자랄 수 없다는 말이 있다. 이 운동의 이중적인 의미는 진자의 본질에 속한다.

예수 그리스도는 결점이 하나도 없었지만 자신의 경력을 시작하는 바로 그 시점에 사탄과의 조우가 이뤄진다. 이 사탄은 "정의의 태양"을 동행하는 "악의 신비"이다. 빛이 있는 곳에 불가피하게 그림자가 있는 것이나 마찬가지이다. 그래서 에비온파(Ebionites: 1세기부터 4세기 사이에 요르단 동부를 중심으로 성행했던 유대인 기독교 종파를 일컫는다/옮긴이)와 유키테스파(Euchites: 4세기 후반에 시리아에서 시작된 기독교 종파를 일컫는다. 12세기에 보헤미아와 독일까지 전파되었다는 기록이 있다/옮긴이) 사람들은 한 형제가 다른 형제에게 착 달라붙어 있다고 생각했다. 두 형제는 어떤 왕국을 노리고 있다. 한 형제는 하늘의 왕국을 추구하고 있고, 다른 한 형제는 "이 세상의 지배"를 추구하고 있다. 마치 왕실의 두 형제 사이에 세계와 시대의 분할이 이뤄진 것처럼, 우리는 "천년"의 통치에, 그리고 "적그리스도의 도래"에 대한 이야기를 듣고 있다. 따라서 예수 그리스도와 사탄의 만남은 우연 그 이상이었다. 그것은 사슬을 이루는 하나의 고리였다.

아니마/아니무스 원형의 심리학적 가치를 제대로 평가하려면 고대의 신들을 기억해야 하는 것과 똑같이, 예수 그리스도는 자기와 자기의 의미를 가장 완벽하게 보여주는 예이다. 당연히 그것은 인위적으로 만들어진 집단적 가치의 문제가 아니고, 그 자체로 존재하고 효과적이고 또 사람들이 의식하든 안 하든 불문하고 그 효과성이 느껴지는 그런 집단적 가치의 문제이다. 예수 그리스도의 속성들(하느님 아버지와의 동일 실체성, 영원한 공존, 처녀 수태, 십자가형, 반대자들 사이에 희생된 양, 다수로 나눠진 하나 등)은 틀림없이 그를 자기의 구현으로 두드러져 보이게 만들지만, 심리학적 관점에서 보면 그는 원형의 반에 해당한다. 원형의 다른 반은 적그리스도에게서 나타난다. 적그리스도는 자기의 어두운 측면으로만 이뤄져 있다는 것만을 빼고는 똑같이 자기의 한 표현이다.

예수 그리스도와 적그리스도는 똑같이 기독교의 상징들이고 또 2명의 도둑 사이에서 십자가형에 처해진 구세주의 형상과 똑같은 중요성을 지닌다. 이 위대한 상징은 의식이 점진적으로 발달하고 분화되면 갈등을 더 무섭게 자각하게 되고 따라서 자아가 십자가 형에 처해지는 효과를 낳는다는 이야기를 들려주고 있다. 화해 불가능한 상반된 요소들 사이에서 옴짝달싹 못하는 자아야말로 처형당한 것이나 다를 바가 없지 않은가. 당연히 자아의 완전 소멸 같은 것은 절대로 있을 수 없다. 그렇게 될 경우엔 의식의 초점이 파괴될 것이고 그 결과 완전한 무의식이 나타날 것이기 때문이다. 자아의 상대적 폐기는 해결 불가능한 의무의 충돌 같은 것이 벌어지는 상황에서 직면하는, 종국적이고 최종적인 결정에만 영향을 미친다. 달리 말하면, 자아가 부분적으로 폐기된 상태에서 고통 받는 방관자가 되어 결정을 전혀 내리지 못하고, 그의 내면 중에서 보다 높고 보다 포괄적인 어떤 "수호신" 같은 것이 내리는 결정을 무조건적으로 따르게 된다는 뜻이다. 그러므로 개성화 과정의 심리학적인 측면을 기독교 전통에 비춰가며 조심스럽게 검사하는 것도 바람직하다. 기독교 전통을 이용하면 개성화 과정을 정확히, 그러면서도 아주 인상적으로 설명할 수 있다. 자기의 기독교 이미지인 예수 그리스도에겐 자기에 당연히 따르게 마련인 그림자가 없긴 하지만 말이다.

이미 암시한 바와 같이, 이렇게 된 원인은 '최고선'(Summum Bonum)이라는 교리에 있다. 이레네오(Irenaeus: A.D. 130-202)는 영지주의자들에 반박하면서 "그들의 아버지의 빛"에 이의를 제기해야 한다고 말한다. 이유는 영지주의자들이 그 빛이 "빛 안에 있는 것들을 다 밝히지도 못하고 심지어 채우지도 못한다고 했기 때문"이다. 여기서 말하는 "그 빛 안에 있는 것들"이란 그림자와 빈 공간을 뜻한다. 이레네오가 보기에, 빛의 충만 안에 "어둡고 형태가 없는 허공"이 있을 수 있다고 가정하는 것은 비난 받아 마땅해 보였다. 기독교인에겐 신도 모순일 수 없고 예수 그리스도도 모순일 수 없다. 신과 예수 그리스도는 단 하나의 의미를 가져야 하기 때문이다.

이 교리는 지금도 그대로 통하고 있다. 아무도 이론적인 지성의 오만이 고대인들로 하여금 대담하게도 신에 대한 정의를 철학적으로 내리도록 했다는 사실을 깨닫지 못했으며, 지금도 모르긴 마찬가지이다. 이런 식의 정의에서 신은 최고선이 될 수밖에 없었다. 어떤 프로테스탄트 신학자는 무모하게도 심지어 "신만이 선할 수 있다"고 말했다. 만약에 이 신학자 스스로가 자신의 지성이 신의 자유와 전능을 침범하고 있다는 사실을 깨닫지 못한다면, 여호와가 이 측면에서 그에게 한두 가지를 분명히 가르쳐줄 수 있었을 것이다. 영지주의자들이 이런 식으로 최고선을 강제로 빼앗게 된 데에는 다 그만한 이유들이 있으며, 그 이유들의 기원은 아득히 먼 과거로 거슬러 올라간다. 그럼에도, 최고선은 기독교에서 악의 실체를 무효로 하는 '선의 결핍'이라는 개념의 원천이다. 이 개념은 일찍이 대(大) 바실리우스(Basil the Great)(330-379)와 4세기 후반의 디오니시우스(Dionysius the Areopagite)에서도 발견되며 아우구스티누스에 와서 활짝 꽃을 피우고 있다.

"선한 모든 것은 신에게서 비롯되고, 악한 모든 것은 인간에게서 비롯된다."는 교리로 유명한 최초의 권위자는 "사악한 것 중에 신에 의해 창조된 것은 하나도 없다. 사악한 모든 것은 우리 인간이 만들어냈다."고 말한 티치아노(Tatian: 2세기)이다. 이 견해는 또한 안티오크의 테오필루스(Theophilus of Antioch)(2세기)의 논문 '아우톨리코스에게 보낸 편지'(Ad Autolycum)에서도 채택되고 있다.

바실리우스는 이렇게 말한다.

신을 사악한 것들을 만드는 존재로 여겨서는 안 된다. 또 악을 그 자체로 실체를 갖는 것으로 여겨서도 안 된다. 왜냐하면 악은 살아 있는 존재와 달리 존속하지도 못하고 또 우리가 악의 실질적 본질을 눈으로 보지도 못하기 때문이다. 악은 선의 결핍이다. … 따라서 악은 그 자체로 존재하지 않으며 영혼의 불구로 인해 생겨난다. 악을 선과 대등한 것으로 여기는 사악한 사람들의 주장과 달리, 악은 창조되지도 않았기 때문에 근절될 수 있는 것도 아니다. 모든 것이 신에서부터 비롯된다면, 어떻게 악이 선에서 생겨날 수 있단 말인가?

또 다른 구절은 이 같은 주장의 논리를 보여주고 있다. '6일간의 천지창조에 관하여'(Hexaemeron)의 두 번째 설교에서 바실리우스는 이렇게 말한다.

악이 신에서 비롯되었다고 말하는 것은 똑같이 불경스럽다. 왜냐하면 상반되는 것에서 상반되는 것이 나올 수 없기 때문이다. 생명은 죽음을 낳지 않고, 어둠은 빛의 기원이 아니며, 병은 건강을 만드는 것이 아니다. … 악이 신에 의해 창조되지도 않고 근절되지도 않는 것이라면, 악의 본질은 어디에서 오는가? 악이 존재한다는 것은 이 세상에 살고 있는 사람은 누구도 부정하지 못할 것이다. 그렇다면 앞의 질문에 우리는 어떻게 대답해야 하나? 악은 살아 있고 생기 있는 실체가 아니고 영혼의 한 조건, 즉 미덕에 반하는 조건이다. 이 조건은 경솔한 사람이 선을 멀리할 때 생긴다. … 우리 모두는 이 경솔한 사람이 자신의 내면에서 사악을 최초로 만든 존재라는 점을 인정해야 한다.

당신이 "높은"이라는 단어를 말할 때 그 사실 자체가 "낮은" 것을 전제한다는 완벽히 자연스러운 사실이 여기서 엉뚱하게도 인과관계로 왜곡되어 그만 부조리가 되고 있다. 왜냐하면 어둠은 절대로 빛을 낳지 못하고 빛은 절대로 어둠을 낳지 못한다는 뜻이 너무나 명백하게 전달되고 있기 때문이다. 그러나 선악 관념은 모든 도덕적 판단의 전제이다. 선과 악은 상반된 것들의 짝으로서 서로 논리적으로 동등하다. 선과 악은 그러한 것으로서 모든 인식의 필수조건이다. 경험주의적인 관점에서 보면, 이 이상의 말을 하지 못한다. 그리고 이 관점에서 우리는 선과 악은 어떤 도덕적 판단을 이루는 두 개의 반쪽이기 때문에 서로에게서 비롯되는 것이 아니라 언제나 거기에 함께 있다고 주장할 수 있어야 한다.

악도 선처럼 인간의 가치라는 범주에 포함되고, 우리는 도덕적 가치 판단을 내리는 주체이지만 어디까지나 우리의 도덕적 판단의 대상이 된 사실에 대해서만 제한적으로 판단을 내리게 된다. 판단의 대상이 되는 사실도 어떤 사람에겐 선이라 불리고 또 어떤 사람에겐 악이라 불린다. 중요한 예에서만 일반적인 합의 같은 것이 있다. 인간이 악의 창조자라는 바실리우스의 이론을 받아들인다면, 그것은 곧 인간이 선의 창조자라고 말하는 것이나 마찬가지이다. 그러나 인간은 단지 판단의 주체일 뿐이다. 판단의 대상이 된 사실을 놓고 인간의 책임을 결정하는 문제는 쉬운 것이 아니다. 인간의 책임을 결정하기 위해선 인간의 자유 의지의 범위에 대한 정의부터 확실히 세워야 할 것이다. 정신과의사는 이것이 정말로 어려운 과제라는 사실을 잘 알고 있다.

이런 이유들 때문에 심리학자들은 난해한 주장들을 피하곤 하지만 '선의 결핍'이라는 교리의 바탕에 대해 비판적으로 접근할 수 있어야 한다. 예를 들어 보자. 바실리우스가 악은 그 자체로 어떠한 실체도 갖지 않고 "영혼의 불구"에서 비롯된다고 주장하는 한편으로 악이 실제로 존재한다는 확신을 품었다면, 악의 상대적 실체는 영혼의 진짜 "불구"에 근거를 두게 된다. 이 영혼의 "불구" 역시 진정한 원인을 갖고 있음에 틀림없다. 만약에 영혼이 원래 선하게 창조되었다면, 그 영혼은 정말로 현실에 존재하는 무엇인가에 의해 타락되었을 것이다. 그 무엇인가가 그 사람 본인의 부주의나 무관심, 경솔 같은 것에 지나지 않을 수도 있지만 말이다.

그 무엇인가가 어떤 정신적 조건이나 정신적 사실로 거슬러 올라간다면, 그것은 무(無)로 환원되어 무효화되는 것이 아니라 '정신적 실체'라는 차원으로 이동하게 된다. 이 차원에서 악의 실체를 확인하는 일은 인간에 의해 발명되지도 않았고 또 인간이 존재하기 전에 이미 존재했던 교의 속의 악마의 실체를 확인하는 것보다 훨씬 더 쉽다. 만약에 악마가 자유 의지로 신으로부터 떨어져 나왔다면, 이는 먼저 인간이 있기 전부터 악마가 이미 세상에 있었다는 것을, 따라서 인간이 악의 유일한 창조자가 될 수 없다는 점을 증명하고, 그 다음으로는 악마가 이미 "불구가 된" 영혼을 갖고 있었다는 점을 증명한다.

바실리우스의 주장이 안고 있는 근본적인 결함은 그를 해결 불가능한 모순에 빠뜨리는 어떤 논리적 오류이다. 말하자면 증명의 과정을 거치지 않은 가운데서 어떤 전제를 진리라고 믿는 오류를, 즉 '페티티오 프린시피이'(petitio principii)를 범하고 있는 것이다. 교의가 확인하는 바와 같이 악이 엄연히 영원히 존재하고 있음에도, 악의 독립적인 존재를 부정해야 한다는 전제가 처음부터 제시되었다. 기독교가 이런 입장을 취하도록 만든 역사적 이유는 마니교의 이원론(페르시아 사산 왕조(226-651) 때에 일어난 종교로 현존하지 않는다. 마니교는 선하고 영적인 빛의 세계와 악하고 물질적인 어둠의 세계가 끝없이 갈등을 빚는다는 우주론을 가졌다/옮긴이)이 제기한 위협이었다. 그 같은 이유는 보스트라의 티투스(Titus of Bostra: 370년경 사망)의 논문 '마니교도에게 반대하여'(Adversus Manichaeos)에 아주 명확하게 나온다. 이 논문에서 티투스는 마니교의 교리에 반박하면서 실체에 관한 한 악 같은 것은 절대로 없다고 주장한다.

요한네스 크리소스토무스(John Chrysostom: 344년경-407년)는 '결핍' 대신에 '선으로부터의 이탈'이라는 표현을 쓴다. 그는 "악은 선으로부터 이탈하는 것에 지나지 않는다. 그렇기 때문에 악은 선과의 관계에서 부차적이다."라고 말한다.

디오니시우스는 '신명론'(De divinis nominibus) 4장에서 악에 대한 설명을 상세하게 제시하고 있다. 악은 선한 것에서 나올 수 없다고 한다. 이유는 악이 선한 것에서 나올 수 있다면 그것은 선일 것이기 때문이다. 그러나 존재하는 모든 것은 선한 것에서 나오기 때문에 어떻든 선하지만 "악은 절대로 존재하지 않는다"고 한다.

> 악은 본질적으로 사물도 아니며 아무것도 낳지 않는다.
> 악은 절대로 존재하지 않으며 선한 것을 낳지도 않는다.
> 존재하는 모든 것은 존재한다는 바로 그 사실 때문에 선하고 또 선에서 비롯된다. 그러나 선이 결핍되어 있는 것들은 선하지도 않고 존재하지도 않는다. 아예 존재하지 않는 것은 악이 아니다. 왜냐하면 절대적으로 존재하지 않는 것은 '초(超)본질적으로' 선 안에 있는 것으로 여겨지지 않을 경우엔 무(無)일 것이기 때문이다. 그렇다면 선은 절대적으로 존재하고 또 절대적으로 존재하지 않는 것으로서 가장 높고 가장 중요한 곳

에 서 있을 것이다. 반면에 악은 존재하는 것에도 없을 것이고 존재하지 않는 것에도 없을 것이다.[7]

이 인용들은 악의 실체가 교회의 아버지들에 의해 부정당했다는 점을 보여주고 있다. 앞에서 언급한 바와 같이, 이는 마니교의 이원론을 대하는 교회의 태도와 연결되어 있다. 이런 태도는 성 아우구스티누스에게서도 쉽게 확인된다. 마니교도와 마르키온파(Marcionites: 마르키온(A.D. 85년경-160년경)이 이끈 기독교의 한 종파/옮긴이)에 반대하여 쓴 글에서, 그는 다음과 같은 선언을 한다.

이런 이유로, 모든 것은 선하다. 어떤 것은 다른 것에 비해 더 낫고, 덜 훌륭한 것의 선은 더 나은 것의 영광을 더한다. … 그렇다면 우리가 악이라고 부르는 것은 선한 것에서 빠져나간 것이며 선한 것의 밖에서 자신의 힘만으로는 존재하지 못할 것이다. … 그러나 바로 그 결함이 사물들의 타고난 선을 증명한다. 왜냐하면 어떤 결함 때문에 악인 것도 원래는 선했을 것이기 때문이다. 결함은 본성에 반하는 무엇이고, 사물의 본성에 해를 입히는 무엇인데, 결함은 그 사물의 선을 약화시킴으로써만 그렇게 할 수 있기 때문이다. 따라서 악은 선의 결핍에 지나지 않는다. 또 악은 선한 것들의 안이 아닌 다른 곳에서는 절대로 존재하지 못한다. … 세상에는 어떠한 악도 갖지 않은 상태에서 선한 것들이 있을 수 있다. 신 같은 존재와 천상의 존재들이 바로 그런 예이다. 그러나 선을 갖지 않은 악한 것들은 절대로 있을 수 없다. 왜냐하면 악이란 것이 그 어떤 것에

....
7 Migne, P. G., vol. 3. cols, 716-18

도 피해를 입히지 않는다면, 그것은 악이 아니기 때문이다. 악이란 것이 무엇인가에 피해를 입힌다면, 그 악은 그 무엇인가의 선을 축소시킬 것이다. 그리고 악이란 것이 피해를 더 많이 입힌다면, 그 무엇인가가 악이 축소시킬 선을 여전히 갖고 있기 때문이다. 악이 그 무엇인가를 다 삼켜버린다면, 무엇인가의 본질 중에서 피해를 입을 것이 전혀 남지 않게 될 것이다. 그렇게 되면 더 이상 줄어들 본질이 없을 것이기 때문에 악도 더 이상 존재하지 않게 된다.

'리베르 센텐티아룸 엑스 아우구스티노'(Liber Sententiarum ex Augustino)는 이렇게 적고 있다. "악은 실체가 없다. 왜냐하면 악은 그 창조자로 신을 두고 있지 않고 또 존재하지도 않기 때문이다. 그래서 타락이라는 결점은 방향을 잘못 잡은 의지의 욕망 또는 행위에 지나지 않는다." 아우구스티누스는 "칼은 나쁘지 않다. 다만 칼을 범죄의 목적으로 사용하는 사람이 나쁠 뿐이다."라고 말하면서 이 같은 의견에 동의한다.

위의 인용문들은 디오니시우스와 아우구스티누스의 관점을 분명히 보여주고 있다. 악은 그 자체로 실체나 존재를 전혀 갖지 않는다는 것이다. 이유는 악이란 것은 단지 그 자체로 실체를 갖는 선의 감소에 지나지 않기 때문이다. 악은 하나의 실수이며, 의지의 그릇된 결정의 결과(사악한 욕망에 따른 맹목 등) 사물들을 잘못 사용하게 된 것을 일컫는다. 위대한 기독교 신학자인 토마스 아퀴나스(Thomas Aquinas: 1225-1274)는 앞에 제시한 디오니시우스 인용문과 관련해 이렇게 말하고 있다.

어둠이 빛을 통해서 알려지듯이, 정반대의 것들 중 하나는 다른 하나를 통해 알려진다. 마찬가지로 악이 무엇인지는 선의 본성을 통해 알려져야 한다. 앞에서 우리는 선은 바람직한 모든 것이라고 말했다. 그렇다면 그 자체로 존재하길 바라고 완벽해지길 바라는 창조된 모든 것들은 근본적으로 선하다고 봐야 한다. 따라서 악이 어떤 존재를 의미하거나 어떤 형식의 실체를 의미한다는 말은 불가능하다. 그러므로 악이라는 이름은 선의 부재를 의미한다.

선은 하나의 존재인 반면에 악은 존재가 아니다.

모든 행위자가 명확한 무엇인가를 돌본다는 사실로부터 자연스레 모든 행위자가 어떤 목적을 추구한다는 주장이 나오게 된다. 그렇다면 어떤 행위자가 돌보는 바로 그것은 그 행위자와 어울리게 마련이다. 행위자가 자신에게 맞지 않는 것을 돌보려 하지는 않을 것이기 때문이다. 어떤 사물과 어울리는 것은 그 사물에 이롭다. 그러므로 모든 행위자는 어떤 선을 위해 움직인다.

토마스 아퀴나스는 "사물은 검은 것과 덜 섞일수록 희어지는 법이다."라는 아리스토텔레스(Aristootle)의 말을 떠올리면서도 정반대의 명제, 즉 "사물은 흰 것과 덜 섞일수록 검어진다."는 말에 대해서는 언급하지 않는다. 이 명제도 앞의 명제만큼 타당할 뿐만 아니라 논리적으로 동등한데도 말이다. 아니 어쩌면 토마스 아퀴나스는 어둠은 빛을 통해 알려질 뿐만 아니라 거꾸로 빛도 어둠을 통해서 알려진다는 것에 대해서도 언급했을지 모른다.

토마스 아퀴나스에 따르면, 작동하는 것만이 현실로 존재하는 것이기 때문에 "존재한다"는 의미에서 보면 선한 것만이 진짜이다. 그러나 그의 주장은 "편리하고, 충분하고, 적절한" 것과 동일한 그런 선을 소개하고 있다. 그래서 여기서 "모든 요소는 자신에게 적절한 것을 위해 움직인다."는 표현이 가능해진다. 그런데 우리가 잘 아는 바와 같이 악마가 하는 것도 바로 그런 것이다. 악마도 선한 방향이 아니고 사악한 방향이라서 그렇지 마찬가지로 완벽에 대한 욕망을 갖고 있고 또 그것을 추구하고 있다. 그렇다 할지라도, 이것을 바탕으로 우리는 악마의 노력도 "근본적으로 선하다"는 결론을 끌어내지는 못할 것이다.

분명히, 악을 선의 감소로 표현할 수도 있지만 그런 식의 논리라면 이런 말도 가능할 것이다. 우리의 귀와 코를 얼리는 북극 겨울의 기온은 적도의 열기보다 상대적으로 조금 낮은 것에 지나지 않는다는 식으로 말이다. 왜냐하면 북극의 기온도 절대영도(섭씨로는 −273.15도에 해당하고 화씨로는 −459.67도에 해당한다/옮긴이) 위 230도보다 더 떨어지는 예는 드물기 때문이다. 지구상의 어디에도 절대영도에 가까운 곳이 없다는 점에서 보면, 지구상의 모든 것은 "따스하다". 마찬가지로, 모든 것은 다소 "선"하다. 그리고 추위가 온기의 감소에 지나지 않는 것과 똑같이, 악도 선의 감소에 지나지 않는다. 악이 덜 선한 것으로 여겨지든 아니면 창조된 것들의 한계에 따른 결과로 여겨지든, '선의 결핍' 주장은 '전제를 별다른 증명 없이 진실로 여기는' 오류, 즉 페티티오 프린시피이로부터 자유롭지 못하다.

"신은 최고선"이라는 전제로부터는 당연히 그릇된 결론이 나오게 되어 있다. 왜냐하면 완벽한 신이 악을 창조할 수 있다는 것은 생각조차 불가능하기 때문이다. 신은 단지 선한 것과 덜 선한 것을 창조했을 뿐이다. 우리가 절대영도보다 230도나 높은 온도에서도 치명적일 만큼 얼 수 있는 것과 똑같이, 신에 의해 창조되었음에도 불구하고 최소

한으로만 선하거나 최대한으로 나쁜 사람 또는 사물이 있는 법이다.

"선한 모든 것은 신에게서 비롯되고, 악한 모든 것은 인간에게서 비롯된다"는 격언도 아마 악의 실체를 어쨌든 부정하려는 경향에서 비롯되었을 것이다. 이 격언은 열기를 창조한 존재가 추위("덜 선한 것의 선함")도 창조했다는 진리와 모순된다. 그렇다면 모든 자연은 선하지만 자신의 나쁜 점이 두드러지지 않도록 막을 만큼 충분히 선하지는 않다는 가르침을 우리는 아우구스티누스의 덕으로 돌릴 수 있다.

*

독재 국가들의 수용소에서 일어났거나 지금도 일어나고 있는 일들을 놓고 "완벽의 우발적 결핍"이라고 불러서는 곤란하다. 이 같은 표현은 조롱으로 들린다.

심리학은 선과 악 자체가 어떤 것인지에 대해서는 잘 모른다. 심리학은 선과 악을 관계들에 대한 판단으로만 알고 있다. "선한 것"은 어떤 관점에서 적절하고, 용인할 수 있고, 소중한 것이고, 악은 그 반대이다. 만약에 우리가 선이라고 부르는 것들이 "진정으로" 선하다면, "진정으로" 나쁜 것들도 반드시 있어야 한다.

심리학은 다소 주관적인 판단을 내리는 데에, 말하자면 가치 관계들을 결정하는 데에 반드시 필요한 어떤 정신적 대립물에 관심을 두고 있는 것이 확실하다. 이 가치 관계에서 "선한"것은 나쁘지 않은 무엇인가를 뜻하고, "나쁜" 것은 좋지 않은 무엇인가를 뜻한다. 어떤 관점에서 보면 지극히 나쁜 것들, 말하자면 위험한 것들이 있다. 또한 인간의 본성에도 사선(射線)에 선 누구에게나 사악하게 보일 매우 위험한 것들이 있다. 이런 사악한 것들을 대충 얼버무리고 넘어가는 것은 적절하지 못하다. 그럴 경우에 사람들을 무디게 만들고 엉터리 안전감을 느끼게 하기 때문이다. 인간의 본성도 악을 무한히 저지를 수 있으며, 인간의 경험에 관한 한, 그리고 정신이 사악한 행동과 선한 행동을 놓고 판단하는 한, 사악한 행동도 선한 행동만큼이나 현실적이다. 오직 무의식만 선한 것과 악한 것을 구별하지 않는다.

심리학적 영역 안에서 솔직히 말하자면, 선한 것과 악한 것 중에서 어느 것이 이 세상을 지배하고 있는지 잘 모른다. 우리는 단지 선이 세상을 지배해 줬으면 하고 바랄 뿐이다. 다시 말해 선이 우리에게 더 적절해 보인다는 뜻이다. 어느 누구도 일반적인 선이 어떤 것이라는 식으로 확언하지 못한다. 도덕적 판단의 상대성과 오류 가능성에 대한 통찰이 아무리 깊어져도, 인류를 그런 결함으로부터 결코 구해내지 못한다. 대체로 보면 자신이 선과 악을 초월했다고 생각하는 사람들이 인류 최악의 고문자들이다. 왜냐하면 그런 사람들이야말로 자기 자신의 병에 따른 고통과 두려움 때문에 심하게 뒤틀려 있기 때문이다.

인간 존재들이 자신의 내면에 도사리고 있는 악의 위험을 간과하지 않는 것이 과거 그 어느 때보다 지금 더 중요하다. 불행하게도 악의 위험이 지나치게 현실적이다. 심리학이 악의 현실성을 주장해야 하고 악을 무의미하거나 존재하지 않는 것으로 여기는 정의(定義)를 부정해야 하는 이유가 바로 거기에 있다.

심리학은 경험 과학으로서 현실을 다룬다. 따라서 나는 심리학자로서 형이상학적인 문제를 다룰 뜻도 없고 능력도 없다. 다만 형이상학이 경험을 침해하면서 그것을 경험적으로 정당하지 않은 방향으로 해석할 때, 나는 논쟁을 벌여야 한다. '선의 결핍'에 대한 나의 비판은 심리학적 경험이 뒷받침하는 한에서만 이뤄질 것이다. 과학적 관점에서 보면, 누구에게나 분명하게 드러나듯이 '선의 결핍'은 '페티티오 프린시피이'에 근거하고 있다. 이 오류가 작용하는 곳에선 처음에 투입한 것이 그대로 최종적 결과로 나오게 마련이다. 이런 종류의 주장은 설득력을 전혀 발휘하지 못한다. 그런데도 그런 주장이 제기되었을 뿐만 아니라 의심의 여지없이 믿어지고 있다.

이 같은 사실을 그냥 보아 넘겨서는 안 된다. 이 사실은 "선한" 것을 중요시 여기려는 경향이 처음부터 존재했을 뿐만 아니라, 적절하건 부적절하건 불문하고 온갖 수단을 다 동원해서 그런 경향을 지켜나가려 했다는 점을 증명하고 있다. 그래서 만약에 기독교 형이상학이 선의 결핍에 집착한다면, 그것은 선을 증대시키고 악을 축소시키려는 경향을 표현하는 것일 뿐이다. 그러므로 '선의 결핍'은 형이상학적 진리일 수는 있다. 나는 이 문제에 대해서는 절대로 판단을 내리지 않을 것이다. 단지 나는 경험 분야에서는 백과 흑, 빛과 어둠, 선과 악이 언제나 서로 연결된 상반된 짝들로 서로 대등한 자극으로 존재한다는 점을 강조해야 한다.

이 같은 기본적인 사실은 A.D. 150년경에 쓴 영지주의 기독교의 글을 모은 소위 '클레멘스 설교집'(Clementine Homilies)에서 제대로 평가되었다. 이름이 알려지지 않은 저자는 선과 악을 신의 오른손과 왼손으로 이해하고, 천지창조를 시저지, 즉 상반된 짝의 차원에서 보고 있다. 마찬가지로, 마리누스(Marinus)라는 이름을 가진 바르데산네스(Bardesanes: 154-222)의 추종자도 선한 것을 "빛"이고 오른손에 속하는 것으로, 악을 "어둠"이고 왼손에 속하는 것으로 보고 있다. 왼쪽은 또한 여성성과 통한다. 그래서 이레네오의 책에서 '짐을 진 소피아'(Sophia Prounikos)가 '시니스트라'(Sinistra: 왼손이란 뜻/옮긴이)라 불린다. 클레멘스는 이것이 신의 단일성이라는 관념과 조화를 이룬다고 보고 있다. 모든 신의 형상은 다소 묘한 방법으로 의인화되는데, 만약에 의인화된 신의 형상을 갖고 있는 사람이라면, 클레멘스의 견해의 논리와 자연스러움에 이의를 제기하지 못한다.

어쨌든 앞에 제시한 인용들보다 200년이나 더 오래된 이 견해는 악의 실체를 인정한다고 해서 반드시 마니교의 이원론으로 이어지는 것은 아니며, 따라서 신의 형상의 단일성을 위태롭게 하지도 않는다는 점을 입증하고 있다. 사실, 이 견해는 여호와 신앙의 견해와 기독교 견해의 결정적 차이를 뛰어넘는 차원에서 단일성을 보장하고 있다. 여호와는 불공평하기로 악명이 높으며, 불공평은 선한 것이 아니다. 반면에 기독교의 신은 오직 선하기만 하다. 클레멘스의 신학이 심리학적 사실들과 부합하는 방향으로 이 모순을 극복하도록 돕는다는 점을 부정하는 것은 불가능하다.

그러므로 여기서 클레멘스의 사고의 흔적을 보다 가까이서 추적해 보는 것도 충분히 가치 있는 일일 것이다. 그는 "신은 두 개의 왕국과 두 개의 시대를 정했다. 현재의 세상은 작고 빨리 지나가기 때문에 악에게 넘기기로 했다. 그러나 미래의 세상은 위대하고 영원하기 때문에 그 세상을 선에게 맡기기로 했다."고 말한다. 클레멘스는 더 나아가 이런 식으로 왕국과 시대를 두 개로 구분한 것은 인간의 구조와 일치한다고 말하고 있다. 육체가 감상성을 가진 여자에게서 오고, 정신이 합리성을 대표하는 남자에게서 오듯이 말이다. 클레멘스는 육체와 정신을 "두 개의 트리아드"라고 부른다.

사람은 두 가지 요소, 즉 여자의 요소와 남자의 요소가 섞인 혼합물이다. 그런 까닭에 인간 앞에는 두 가지 길이 놓여 있다. 법에 복종하는 길과 불복하는 길이 있는 것이다. 또 두 개의 왕국이 확립되어 있다. 하나는 천국의 왕국이라 불리고, 다른 하나는 이 땅을 통치하는 자들의 왕국이다. … 이 두 개의 왕국은 서로에게 폭력을 행사한다. 게다가 두 통치자는 신(神)의 민첩한 두 손이다.

이 대목은 '신명기' 32장 39절에 관한 언급이다. "나는 죽이기도 하고 살리기도 한다." 신은 왼손으로 죽이고 오른 손으로 살린다.

이 두 가지 교리는 신의 밖에서는 아무런 실체를 갖지 않는다. 신의 밖에는 다른 중요한 원천이 전혀 없기 때문이다. 이 교리들은 동물로서도 신에게서 나오지 않았다. 왜냐하면 교리들이 신과 똑같은 마음이기 때문이다. … 그러나 신으로부터 4가지 최초의 원소들이 나왔다. 더운 것과 차가운 것, 습한 것과 마른 것이 그 원소들이다. 그 결과 신은 모든 물질의 아버지이지만 이 원소들의 결합에서 생겨나는 지식의 아버지는 아니다. 이 원소들이 밖에서 결합될 때 선택이 하나의 아이로서 그 원소들 안에 생겨나 있었기 때문이다.

말하자면, 4가지 원소들의 결합을 통해서 불평등이 생겨났으며, 이 불평등 때문에 불확실성이 생겨났고, 따라서 결정, 즉 선택 행위가 필요하게 되었다. 4가지 원소들은 육체의 4가지 물질과 악의 물질을 형성한다. 이 물질은 "조심스럽게 구별되어 신으로부터 나왔으나 그것을 보낸 신의 의지에 따라 밖에서 결합될 때 그 결합의 결과로 악을 선

호하는 성향이 생겨나게 되었다".[8]

마지막 문장은 이런 식으로 이해되어야 할 것이다. 4가지 물질은 영원하고 신의 자식이다. 그러나 밖에서 신의 의지에 따라 혼합한 결과 거기에 악의 성향이 더해지게 되었다. 따라서 악은 신이나 다른 누군가에 의해서 창조된 것도 아니고, 신에서 나온 것도 아니고, 그 자체로 생겨난 것도 아니다. 이런 생각에 잠겨 있었던 베드로는 세상의 이치가 어떻게 돌아가는지 확실히 간파하지 못하고 있었다.

마치 신이 의도하지 않았는데도 4가지 원소들의 결합이 잘못된 것처럼 보인다. 이는 신의 두 손이 "서로에게 피해를 입힌다"는 클레멘스의 생각과 맞아떨어지지 않는다. 분명히 대화를 소중히 여기는 지도자인 베드로는 악의 원인을 창조주에게로 돌리는 것이 어렵다는 사실을 발견한다.

'클레멘스 설교집'의 저자는 분명히 베드로의 기독교를 "고교회"(High Church: 형식을 중요시 여기며 현대화에 저항하는 신학의 믿음과 관행을 일컫는다/옮긴이) 혹은 의례적인 교회로 신봉하고 있다. 이 신봉은 신의 이원적인 측면에 관한 교리와 함께 이 저자를 초기 유대인 기독교 교회와 매우 가깝도록 만든다. 에피파니우스(Epiphanius: A.C. 310-403)의 증언에 따르면, 유대인 기독교 교회에는 신이 두 아들을 두었다는 에비온파의 개념이 있었다. 이 개념에 따르면 신의 큰 아들이 사탄이고, 작은 아들이 예수 그리스도였다. 대화의 화자로 등장하는 미카(Micah)는 선과 악이 똑같은 방법으로 태어났다면 그 둘은 형제임에 틀림없다는 식으로 말한다.

....

8 The Clementine Homilies and the Apostolical Constitutions, trans. by Thomas Smith et al., pp. 312ff.

'이사야 승천기' 중간 부분에 보면, 이사야(Isaia)가 넋을 놓고 바라보았다는 7개의 천국의 환상에 관한 이야기가 나온다. 가장 먼저 그는 사마엘(Samaël)과 그의 무리를 보는데, 그때 이들을 상대로 창공에서 "대격전"이 벌어지고 있었다. 그때 천사 사마엘이 이사야를 창공 밖으로 가볍게 옮겨 첫 번째 천국으로 들어가서 옥좌 앞으로 안내했다. 옥좌의 오른쪽에는 왼쪽의 천사들보다 더 아름다운 천사들이 서 있었다. 오른쪽에 선 천사들은 "모두 한목소리로 노래를 부르며 찬양하고 있지만", 왼쪽의 천사들은 오른쪽 천사들의 뒤를 이어 노래를 불렀으며 노래도 왼쪽 천사들의 노래와 달랐다.

두 번째 천국에 이르자 모든 천사들이 첫 번째 천국의 천사들보다 더 아름다웠고, 천사들 사이에 차이가 전혀 없었다. 이보다 더 높은 천국들에도 천사들 사이에 차이가 없긴 마찬가지였다. 첫 번째 천국의 천사들 중에서 왕좌의 왼쪽에 선 천사들이 오른쪽의 천사들만큼 아름답지 않은 것을 보면, 사마엘이 첫 번째 천국에서 영향력을 행사하고 있는 것이 분명하다. 또한 낮은 천국들은 높은 천국만큼 눈부시지 않았다. 악마는 영지주의의 아르콘(archon: 인간과 초월적인 신 사이에 있는 데미우르게(Demiurge)를 섬기는 존재들로 기독교 성경 속의 천사와 비슷한 역할을 맡는다/옮긴이)처럼 창공에 거주하고 있으며, 악마와 그의 천사들은 아마 점성술의 신들과 그 신들의 영향력에 해당할 것이다. 맨 꼭대기 천국으로 올라갈수록 영광이 점진적으로 더 커지는 것은 악마의 영역이 삼위일체의 신성한 영역과 서로 관통하고 있다는 것을 보여주고 있다. 당연히 삼위일체의 빛도 가장 낮은 천국까지 최대한 깊이 비추게 되어 있다.

이 그림은 마치 오른손과 왼손처럼 서로의 균형을 잡아주면서 보완의 관계에 있는 상반된 것을 보여주는 것 같다. 매우 의미 있는 것은 이 환상이 '클레멘스 설교집'처럼 기독교가 아직 마니교 경쟁자들과 싸울 필요가 전혀 없던 때인, 마니교 이전 시대(2세기)의 일이라는 점이다. 이 환상은 어쩌면 '선의 결핍'보다 실제 진실에 더 가까운 그림인 음과 양의 관계를 묘사한 것일 수도 있다. 더욱이, 그 관계는 일신교에 전혀 아무런 피해를 입히지 않는다. 그것은 서로 반대되는 것을 결합시키기 때문이다. 음과 양이 도(道)로 결합되는 것과 똑같다(예수회 수사들은 상당히 논리적으로 도를 "신"으로 번역했다). 마니교의 이원론이 교회의 아버지들로 하여금 자신들이 명확히 깨닫지도 못한 상황에서 그때까지 언제나 악의 실재성을 믿어왔다는 사실을 자각하게 만들었던 것 같다. 이 같은 돌연한 깨달음 때문에 교회의 아버지들이 인간이 결합시킬 수 없는 것은 신도 결합시키지 못한다는 위험스런 의인관(擬人觀)을 갖게 되었을 것이다. 초기의 기독교인들은 무의식이 더 컸던 덕에 이 같은 실수를 피할 수 있었다.

아마 여기서 우리는 감히 '욥의 서' 이래로 인간들의 마음에 각인된 여호와 신앙의 신의 형상이 계속해서 영지주의자들의 집단 안에서, 그리고 일반적으로 통합적인 유대교 안에서 논의되었을 것이라고 짐작할 수 있다. 이 같은 물음에 대한 기독교의 대답, 즉 신의 선을 옹호하는 만장일치의 결정이 보수적인 유대인들을 충족시키지 못한 만큼, 그런 논의는 더욱더 뜨거웠을 것이다. 그러므로 이 점에서 신의 대조적인 두 아들이라는 원칙이 팔레스타인에 살고 있던 유대인 기독교인들에서 시작되었다는 것은 중요한 의미를 지닌다. 기독교 내부에서 이 원칙은 보고밀파(Bogomils: 10세기부터 15세기 사이에 발칸 지역을 중심으로 퍼진 종파/옮긴이)와 카타리파(Cathars: 12세기에서 14세기 사이에 남부 유럽에 성행했던 이원론적 기독교 종파/옮긴이) 신자들 사이에 퍼졌으며, 유대교 안에서 이 원칙은 종교적 고찰에 영향을 미쳤으며 히브리 신비주의의 '생명의 나무'의 양쪽에서 오랫동안 그 모습을 뚜렷하게 드러냈다. 이 나무의 한쪽은 '사랑'이라 불리고, 다른 한쪽은 '정의'라 불린다. 율법학자 베르블로스키(Zwi Werblowsky: 1924-2015)는 친절하게도 나를 위해 히브리 문헌 중에서 이 문제와 관련 있는 대목을 다수 모아주었다.

조지프(R. Joseph)는 이렇게 가르쳤다. "'아침까지 한 사람도 자기 집 밖으로 나가지 말라.'('출애굽기' 12장 22절)는 대목의 의미는 무엇인가? 허가가 내려지기만 하면, 파괴자는 옳은 것과 사악한 것을 구분하지 않는다. 정말로, 파괴자는 옳은 것부터 먼저 건드리기 시작한다."[9] '출애굽기' 33장 5절("내가 한 순간이라도 너희들에게 이른다면, 너희들은 전멸하리니.")에 대해 논평하면서, 고대 유대인의 성서 주해서는 이렇게 말한다. "여호와는 격노로 한 순간에 너희들을 죽일 수 있다는 뜻이다. '이사야서' 26장 20절에 "분노가 지나갈 때까지 잠시 숨어라."라고 했듯이, 한 순간은 여호와가 격노하는 시간의 길이이기 때문이다." 여기서 여호와는 자신의 고삐 풀린 분노에 대해 경고한다. 만약에 신의 분노가 일어나는 순간에 저주의 말이 나온다면, 그 말은 분명히 실천될 것이다. 그것이 "가장 높은 곳에 계신 분의 생각들을 아는" 발람(Balaam)이 발락(Balak)으로부터 이스라엘을 저주하라는 요청을 받았을 때 아주 위험한 적이 되었던 이유이다. 그가 여호와가 분노하는 순간을 알았기 때문이다.

....
9 Nezikin Ⅰ, Baba Kamma 60

신의 사랑과 자비는 신의 오른손으로 불리지만 신의 정의와 정의의 실현은 신의 왼손으로 불린다. 그래서 우리는 '열왕기상' 22장 19절에서 "내가 보니 여호와께서 권좌에 앉으셨고, 하늘의 만군이 그의 좌우편에 서 있는데."라는 내용을 읽게 된다. 주해서는 이렇게 설명한다. "높은 곳에 오른쪽이 있고 왼쪽이 있느냐? 이것은 중재자가 오른쪽에 서 있고 비난자가 왼쪽에 서 있다는 의미이다."[10] '출애굽기' 15장 6절("여호와여, 주의 오른손이 권능으로 영광을 나타내시니이다. 여호와여, 주의 왼손이 원수를 부수시니이다.")에 대한 해석은 이렇게 되어 있다. "이스라엘의 자손들이 신의 의지를 수행할 때, 그들은 왼손을 그의 오른손으로 만든다. 그러나 이스라엘의 자손들이 신의 의지를 수행하지 않을 때, 그들은 오른손까지도 그의 왼손으로 만든다."[11] "신의 왼손은 박살을 내고, 신의 오른손은 구원으로 영광을 발한다."[12]

여호와의 정의가 안고 있는 위험한 측면은 다음 단락에 드러난다. "신은 이렇게 말했다. 만약에 내가 자비만을 근거로 세상을 창조한다면, 세상의 죄들은 클 것이다. 그러나 정의만을 근거로 세상을 창조한다면, 세상은 존재하지 못한다. 그래서 나는 정의와 자비를 근거로 세상을 창조할 것이며 그리하여 세상은 존재할 수 있으리라!"[13] '창세기' 18장 23절(아브라함이 소돔을 구하기 위해 노력하는 대목)에 대한 주석은 이렇게 되어 있다. "주께서 세상이 계속 존재하길 원한다면,

....

10 Midrash Tanchuma Shemoth 17.

11 Cf. Pentateuch with Targum Onkelos

12 Midrash on Song of Sol. 2:6

13 Bereshith Rabba XII, 15

절대 정의는 있을 수 없지만 주께서 절대 정의를 원한다면 세상이 존재할 수 없다. 그러니 주께서는 세상과 정의를 모두 바라시어 균형을 잘 잡으셔야 한다. 주께서 조금 앞서 나가시지 않으면, 세상은 지속되지 못한다."[14]

여호와는 정직한 사람들보다 회개하는 죄인들을 더 좋아하며 그들을 손으로 가려주거나 권좌 밑으로 숨겨줌으로써 자신의 정의로부터 보호한다.

'하박국서' 2장 3절("이 묵시는 정한 때가 있으니. … 더딜지라도 기다려라.")과 관련해, 조너선(R. Jonathan)은 이렇게 설명한다. "우리가 그의 도래를 기다려도 그는 오지 않을 것이라고 말해야 할 것이다. 쓰여 있는 바 그대로('이사야서' 30장 18절), '그러나 여호와께서 기다리시니, 이는 너희에게 은혜를 베풀려 하심이요.' … 하지만 우리가 기다리고 있는 때에 그도 기다리고 있으니, 그의 도래를 늦추고 있는 것이 무엇인가? 여호와의 도래를 늦추고 있는 것은 신성한 정의이다."[15] 우리가 조카난(R. Jochanan)의 다음과 같은 기도를 이해해야 하는 것도 바로 이런 의미에서다. "우리의 신이신 주여, 그대의 의지가 우리의 수치심을 보시고 우리의 역경을 굽어보게 하소서. 그대 자신을 자비로 두르시고, 그대 자신을 그대의 힘으로 가리시고, 그대 자신을 사랑의 친절로 감싸시고, 그대 자신을 정중으로 두르시고, 선과 관대함이 그대 앞에 오게 하소서."[16] 신에게 자신의 선한 특성을 기억해 달라고 정

....

14 Bereshith Raba X X X IX, 6(p. 315)

15 Nezikin VI, Sanhedrin II, 103 (BT, pp. 698ff.)

16 Zera'im I, Berakoth 16b(BT, p. 98)

중히 권하고 있다. 신이 자신에게 이런 식으로 기도하는 전통도 있다. "나의 자비가 나의 분노를 억누르게 해 주고, 나의 연민이 나의 다른 속성들을 누르게 해 주오."[17] 이 같은 전통은 다음 이야기에 의해서 뒷받침되고 있다.

> 엘리사(Elisha)의 아들 R. 이스마엘(Ishmael)이 이런 이야기를 들려주었다. "언젠가 나는 향을 바치기 위해 아주 깊은 지성소로 들어간 적이 있다. 그런데 거기서 만군의 주가 높은 권좌 위에 앉아 있는 것을 보았다. 그는 나에게 '이스마엘, 나의 아들이여, 나를 축복해주게!' 그래서 나는 그에게 이렇게 대답했다. '그대의 자비가 그대의 분노를 진압하고, 그대의 연민이 그대의 다른 속성을 지배하길. 그리하여 그대가 그대의 자식들을 자비의 속성에 따라 다루고 엄격한 정의의 한계에서 벗어날 수 있기를!' 그러자 그가 나에게 머리를 끄덕여 보였다.[18]

이 인용문들을 바탕으로 욥이 신의 형상을 모순되게 그린 효과가 어떤 식으로 나타나는지를 확인하는 것은 어려운 일이 아니다. 그 문제는 유대교 안에서도 종교적 고찰의 주제가 되었으며 또 히브리 신비주의를 통해서 야콥 뵈메(Jakob Böhme: 1575-1624)에게 영향을 미쳤음에 틀림없다. 뵈메의 글에서 우리는 이와 비슷한 양면 가치를 발견한다. 말하자면 신의 사랑과 "분노의 불"이 있고, 이 불 속에서 마왕이

....

17 Zera'im I, Berakoth 7a(p. 30)

18 Zera'im I, Berakoth 7(BT, p. 30)

영원히 타고 있다.[19]심리학은 형이상학이 아니기 때문에, 반대되는 것들의 동등한 가치에 관한 심리학의 주장으로부터는 형이상학적 이원론 같은 것은 나올 수 없다. 또 그런 가치에 대한 심리학적 주장을 형이상학적 이원론이라고 부르는 것도 있을 수 없는 일이다. 심리학은 상반되면서도 가치가 대등한 것들이 인식 행위에 반드시 필요한 조건이라는 사실을 알고 있다. 또 그런 것들이 없으면 어떠한 식별도 불가능하다는 사실도 알고 있다.

나는 '선의 결핍' 교리에 대해 아주 길게 논했다. 이유는 어떻게 보면 이 교리 때문에 우리가 인간 본성에 있는 악에 대해 지나치게 낙관적으로 인식함과 동시에 인간의 영혼에 대해 지나치게 비관적으로 인식하게 되었기 때문이다. 이를 상쇄하기 위해, 초기 기독교는 정확한 논리로 적그리스도를 내세워 예수 그리스도의 균형을 맞춰주었다. 만약에 "낮은 것"이 없다면 "높은 것"에 대해 어떤 식으로 말할 것이며, "왼쪽"이 없다면 "오른쪽"에 대해 어떤 식으로 말할 것인가? 또 "나쁜 것"이 없다면 "좋은 것"에 대해 어떤 식으로 말할 것인가? 오직 예수 그리스도의 도래와 함께, 어떤 악이 신의 진정한 카운터파트로 세상 속으로 들어왔으며, 초기 유대인 기독교 집단 안에서는 앞에서 이미 언급한 대로 사탄이 예수 그리스도의 형으로 여겨졌다.

그러나 내가 '선의 결핍' 교리를 비판적으로 강조해야 하는 이유는 한 가지 더 있다. 일찍이 바실리우스 시대에 이미 악을 영혼의 성향으로 보고 동시에 "비(非)존재"의 성격을 부여하려는 경향이 있었다는 것을 우리는 확인하고 있다. 이 저자에 따르면, 악은 인간의 천박함에

....
19 Aurora, trans. by John Sparrow, p. 423

서 비롯되고 따라서 인간의 태만 때문에 존재하게 된다. 그렇다면 악은 심리학적 부주의의 부산물로서만 존재하고 이 부산물이 '무시해도 좋은 양(量)'이기 때문에 악은 쉽게 연기 속으로 사라진다는 뜻이다.

악의 원천으로서 경솔함은 분명히 심각하게 받아들여야 할 요소이지만 태도 변화를 통해 제거할 수 있는 요소이기도 하다. 우리는 자신이 원하기만 하면 행동을 달리할 수 있다. 심리학적 인과관계는 쉽게 눈에 잡히지 않고 또 얼핏 보기에 비현실적인 것처럼 보인다. 그러다 보니 심리학적 인과관계가 있는 것으로 드러나는 모든 것들은 그런 식으로 노력해봐야 별 소용이 없다는 감정을 느끼게 만들고, 따라서 최대한 간과된다. 현대가 정신을 과소평가하고 있는 것이 이 편견의 영향을 어느 정도 받았는가 하는 문제는 아직 연구 대상으로 남아 있다. 이 편견이 생각보다 훨씬 더 심각한 이유는 그 때문에 정신이 모든 악의 출생지라는 의심을 받는다는 사실에 있다.

교회의 아버지들은 자신들이 영혼에게 얼마나 치명적인 권력을 안겨주고 있는지에 대해 거의 고려하지 못했을 것이다. 악이 세상에서 하고 있는 엄청난 역할을 보지 않으려는 사람은 누구나 아주 맹목적인 사람이 되어야 한다. 정말로, 인간을 악의 저주로부터 구하기 위해선 신의 간섭이 필요했다. 신의 간섭이 없었다면 인간은 아마 길을 잃고 말았을지 모른다. 만약에 이처럼 막강한 악의 권력이 영혼에게 주어진다면, 그 결과는 아마 어떤 부정적인 팽창으로 나타났을 것이다. 말하자면, 무의식이 권력을 행사하고 나서면서 그 권력을 더욱 위험하게 만들었을 것이라는 뜻이다. 이런 불가피한 결과는 적그리스도의 형상에서 예견되고 있고 또 현대에 일어나고 있는 사건들의 흐름에도 반영되고 있다. 현대의 사건들의 성격은 물고기자리의 기독교 시대와 일치를 보이며 지금 그 끝을 향해 달리고 있다.

기독교 관념의 세계에서, 예수 그리스도는 틀림없이 자기를 상징한다. 자기는 개성의 극치로서 독특함만 아니라 때가 되어야만 일어나는 그런 속성을 갖고 있다. 그러나 심리학적 자기는 의식과 무의식의 전체성을 표현하는 초월적인 개념이기 때문에, 이 자기의 초월적인 상황을 제대로 이해하려면 상위의 속성을 하위 속성으로 보완하는 그런 식의 접근이 필요하다. 상반된 것들을 콰테르니오 형식으로 제시하면 이해가 한결 쉬워진다.

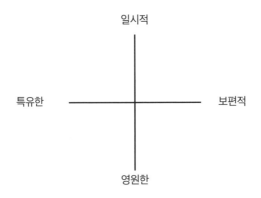

이 공식은 심리학적 자기뿐만 아니라 예수 그리스도의 독단적인 인물도 표현하고 있다. 역사적인 인물로서 예수 그리스도는 일시적이고 특유하며, 신으로서 예수 그리스도는 보편적이고 영원하다. 자기도 마찬가지이다. 개성의 핵심으로서 자기는 일시적이고 특유하며, 원형적 상징으로서 자기는 신의 형상이고 따라서 보편적이고 영원하다. 지금 만약에 신학이 예수 그리스도를 단순히 "선하고 영적인" 존재로만 묘사한다면, "사악하고 물질적인" 무엇인가, 혹은 "땅 속"의 무엇인가는 반대쪽에서 일어나면서 적그리스도를 나타내게 되어 있다. 여기서 생기는 상반된 짝들의 콰테르니오는 자기는 전적으로 "선하고 영적인" 것으로만 여겨지지는 않는다는 사실에 의해서 심리학적 차원에서 서로 연결된다. 따라서 자기의 그림자는 훨씬 더 검은 것으로 드러난다. 이에 따른 추가적인 결과는 "선한 것"이나 "영적인 것"과 반대되는 것들은 더 이상 전체에서 분리될 필요가 없어진다는 점이다.

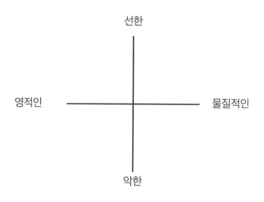

이 콰테르니오는 심리학적 자기를 특징적으로 보여주고 있다. 심리학적 자기는 하나의 전체성이기 때문에 정의상 밝은 측면과 어두운 측면을 포함해야 한다. 자기가 남성적인 것과 여성적인 것을 포용하는 것과 똑같다. 그러기에 자기는 '결혼 콰테르니오'를 빌려 상징적으로 그려질 수 있다. 결혼 콰테르니오는 결코 새로운 발견이 아니다. 히폴리토스(Hippolytus: A.D. 170-235)에 따르면, 그것은 이미 나세네스파(Naassenes: A.D. 100년경에 있었던 영지주의 종파로 히폴리토스의 글을 통해서 그 존재가 알려졌다/옮긴이) 사이에 알려져 있었다. 따라서 개성화는 '융합의 신비'이다. 이때 자기는 상반된 반쪽들이 결혼하듯 결합하는 것으로 경험되고, 또 환자들이 무의식적으로 그리는 만다라에서 하나의 복합적인 전체로 묘사된다.

마리아의 아들인 인간 예수 그리스도는 '개성화의 원리'였다는 것이 아주 일찍부터 알려져 있었고 또 그런 식으로 언급되었다. 한 예로, 히폴리토스에 따르면, 바실리데스(Basilides: A.D. 117년에서 138년까지 사람들을 가르치는 활동을 폈다)가 이런 말을 했다. "이제 예수는 본성의 구별이라는 점에서 최초의 희생이 되었다. 구성 요소들을 구별한다는 한 가지 이유만으로 예수의 수난이 시작되었다. 왜냐하면 이런 식으로, 형체가 없는 상태로 남아 있던 '하느님과의 부자관계'(sonship)가 구성 요소로 분리될 필요가 있었기 때문이다. 예수가 분리된 것과 똑같이…."

바실리데스의 다소 복잡한 가르침에 따르면, "비(非)존재"의 신이 삼중의 아들을 낳았다. 본성이 아주 섬세하고 예민했던 첫 번째 "아들"은 '아버지'와 함께 하늘에 남았다. 다소 상스러운 본성을 가진 두 번째 아들은 조금 아래로 내려와서 "플라톤(Plato)이 '파이드로스'(Phaedrus)에서 영혼에 달렸다고 한 그런 날개"를 받았다. 세 번째 아들은 순화의 필요성이 있던 본성으로서 "형태 없이" 깊이 떨어졌다.

이 세 번째 "아들"이 그 불순함 때문에 가장 상스럽고 가장 무겁다. 비존재의 신이 이런 식으로 3가지로 나타나는 현상에서, 정신과 영혼과 육체의 완전한 '삼분법'을 보는 것은 어렵지 않다. 정신이 가장 섬세하고 가장 높으며, 영혼은 물질과 정신을 잇는 인대(靭帶)로서 정신보다 상스럽지만 "천사의 날개"를 갖고 있기에 그 무게를 보다 높은 영역으로 높일 수 있다. 이 두 가지는 "섬세한" 본성을 갖고 있으며 창공과 독수리처럼 빛의 영역 안이나 근처에 거주하고 있다.

반면에 육체는 무겁고 어둡고 불순하고 빛을 박탈당하고 여전히 무의식이고 형태가 없을지라도 그래도 세 번째 아들의 신성한 씨앗을 내포하고 있다. 이 씨앗이 말하자면 예수 그리스도에 의해 일깨워져 정화되고, 예수의 내면에서 수난을 통해 상반된 것들이 분리됨으로써(즉, 4개로 분리됨으로써) 승천의 능력을 갖추게 된다. 따라서 예수 그리스도는 인간의 어둠 속에서 잠자고 있는 세 번째 아들을 일깨울 원형이다. 그는 "영적 속사람"이다. 그는 또한 자체로 완벽한 삼분법이다. 왜냐하면 마리아의 아들인 예수는 육체를 가진 인간이지만, 그의 직전 선임자는 '헤브도마드'(hebdomad: 대부분의 영지주의 종파에서는 7명의 아르콘이 천지를 창조했다고 보는데 바로 이 7명을 일컫는 표현이다/옮긴이) 중에서 가장 높은 아르콘의 아들인 두 번째 그리스도이고, 그의 첫 번째 원형은 '오그도아드'(ogdoad: '8개가 한 벌'을 이루는 것을 뜻한다. 영지주의에서 이 개념은 아주 중요했다. 영지주의는 7개의 하늘 그 위에 '오그도아드'라 불리는 더 높은 하늘이 있다고 믿었다/옮긴이)를 지배하는 창조신 여호와의 아들 그리스도이기 때문이다. 안트로포스(Anthropos: '사람'을 뜻하는 그리스어로 종종 '신약성경' 속의 사람의 아들로 옮겨진다/옮긴이)의 이런 삼분법은 비존재인 신의 삼중 아들과 정확히 맞아떨어지고 또 인간 본성을 세 부분으로 나누는 것과도 일치한다. 따라서 우리는 3개의 삼분법을 갖게 된다.

I	II	III
첫 번째 아들	오그도아드의 그리스도	정신
두 번째 아들	헤브도마드의 그리스도	영혼
세 번째 아들	마리아의 아들 예수	육체

우리가 "형태가 없는 것"을 찾아야 하는 곳은 어둡고 무거운 육체의 영역이다. 여기엔 세 번째 아들이 숨어 있다. 앞에서 암시한 바와 같이, "형태가 없는 것"은 사실상 "무의식"과 동일한 것 같다. 퀴스펠(Gilles Quispel: 1916-2006)은 에피파니우스(Epiphanius: A.D. 310-403)와 히폴리토스의 개념 중에서 "무의식"으로 번역될 수 있는 개념이 있다는 사실에 주목할 것을 요구했다. 이들의 개념은 모두 사물들의 원래 상태에, 그리고 무의식적인 내용물의 잠재력에 대해 언급하고 있다.

세 번째 아들을 그린 그림은 물질 속에서 잠자고 있는 세상의 영혼을 상징하는 중세의 '철학자의 아들'(filius philosophorum)이나 '대우주의 아들'(filius macrocosmi)과 비슷한 점이 있다. 바실리데스에게서도 육체는 뜻밖의 특별한 의미를 얻는다. 왜냐하면 육체 안에, 그리고 육체의 물질성 안에 신의 3분의 1이 들어 있기 때문이다. 이것은 곧 물질은 그 자체로 상당한 광휘를 갖는다는 점을 암시한다. 나는 이것을 "신비주의적" 중요성을 예고하는 것으로 본다. 결과적으로 물질은 연금술에서, 그리고 훗날에는 자연과학에서 정말로 그런 중요성을 확보하게 된다.

심리학적 관점에서 보면, 예수가 세 번째 아들과 부합하고 "일깨우는 존재"의 원형이라는 사실이 특별히 중요하다. 왜냐하면 반대되는 것들이 수난을 통해서 그리스도의 내면에서 분리됨으로써 의식이 되는 한편, 상반된 것들이 세 번째 아들 안에서 "일깨우는 존재"가 분화되지 않은 채 형태가 없는 상태로 있는 한 무의식으로 남을 것이기 때문이다. 이는 곧 무의식적인 인간의 내면에 예수의 원형에 해당하는 씨앗이 잠자고 있다고 말하는 것이나 마찬가지이다. 인간 예수가 보다 고귀한 그리스도에게서 나오는 빛을 통해서만 의식적인 존재가 되고 내면에서 본성들을 분리시켰던 것과 똑같이, 무의식적인 인간의 내면에 있는 씨앗은 예수에게서 나오는 빛에 의해 일깨워지고 그렇게 함으로써 상반된 것들을 구별하게 된다. 이 견해는 자기의 원형적 이미지가 꿈에 나타난다는 심리학적 사실과 완전히 일치한다. 꿈을 꾼 사람의 의식에 그런 개념들이 전혀 존재하지 않을 때에도 자기의 원형적 이미지는 꿈에 나타난다.

*　　　*　　　*

　지금 논의하고 있는 자료가 워낙 중요하기 때문에 이 장을 끝내기 전에 추가로 몇 가지 사항에 대해 언급하고 싶다. 정신의 현상을 주제로 다루는 심리학의 관점은 틀림없이 이해가 쉽지 않을 것이며 그런 까닭에 오해를 받는 경우가 자주 있다. 따라서 여기서 반복의 위험을 안더라도 근본적인 것들로 다시 돌아간다면, 그것은 순전히 나의 말에서 받을 수 있는 그릇된 인상을 사전에 막기 위한 것이다. 또한 나의 독자들이 불필요한 어려움을 느끼지 않도록 하기 위해서이기도 하다.
　여기서 내가 그리스도와 자기를 비교한 것은 심리학적 비교 그 이상은 절대로 아니다. 물고기와의 비교가 신화학적인 것과 꼭 마찬가지이다. 형이상학의 영역, 즉 신앙의 영역을 건드릴 생각은 조금도 없다. 인간의 종교적 공상이 투영되는 신과 그리스도의 형상은 의인화를 피할 길이 없으며, 또 의인화가 용납되어야 한다. 따라서 신과 그리스도의 형상도 다른 상징처럼 심리학적 설명이 가능하다. 고대인들이 물고기 상징을 갖고 자신들이 그리스도에 관해 중요한 무엇인가를 말했다고 믿었던 것과 똑같이, 연금술사들에게는 돌과의 비유가 그리스도의 형상의 의미를 잘 보여주고 그 의미를 더욱 깊게 하는 것처럼 보였다.

세월이 흐름에 따라, 물고기의 상징은 완전히 사라졌다. '철학자의 돌'의 상징도 마찬가지이다. 그러나 후자의 상징을 특별한 관점에서 보여주는 문헌들이 아주 많다. 이 돌에 중요성을 부여하는 관점이나 사상이 정말 많기 때문에 사람들은 돌의 상징으로 받아들여진 것이 다른 것이 아니라 예수 그리스도였지 않았나 하는 궁금증을 품기 시작했다. 따라서 요한과 바오로의 서간에 담긴 사상에 힘입어 그리스도는 내면적 경험의 영역에 포함되면서 완전한 인간의 형상으로 비치기에 이르렀다.

이 같은 전개는 그리스도 형상의 모든 특징들을 다 갖춘 어떤 원형적인 내용물이 고대와 중세의 형식으로 존재했다는 점을 뒷받침하는 심리학적 증거와 직접적으로 연결된다. 따라서 현대 심리학은 연금술사들이 직면했던 질문과 아주 비슷한 질문에 봉착하고 있다. 자기가 그리스도의 상징인가, 아니면 그리스도가 자기의 상징인가?

지금 나는 후자가 맞는 말이라고 생각한다. 나는 전통적인 그리스도의 형상이 어떤 원형, 말하자면 자기의 원형의 특징들에 집중되고 있다는 점을 보여주려고 노력했다. 나의 목표와 방법은 원칙적으로 미술 사학자가 그리스도의 구체적인 어떤 형상의 형성에 기여한 다양한 영향을 찾아 거슬러 올라가는 그런 노력 그 이상은 절대로 아니다. 그래서 언어학과 원문 비평뿐만 아니라 미술의 역사에서도 원형 개념을 발견한다. 심리학적 원형은 단 한 가지 측면에서만 다른 분야의 원형과 다르다. 심리학적 원형은 살아 있고 어디서나 작동하는 정신적 사실에 대해 언급하고, 그러다 보니 자연히 전체 상황을 다소 다른 각도에서 보여주게 된다.

이런 식으로 접근하다 보면, 예수 그리스도라는 역사적 관념보다 즉시적이고 살아 있는 원형의 현존에 더 큰 중요성을 부여하고 싶은 마음이 일어날 것이다. 이미 밝힌 바와 같이, 일부 연금술사들 사이에도 그리스도보다 돌을 우선시하려는 경향이 있다. 나는 선교와는 거리가 아주 멀기 때문에 신앙 고백에는 관심이 없고 입증된 과학적 사실에만 관심을 두고 있다는 점을 공개적으로 밝혀야 한다.

만약에 자기의 원형을 진정한 요소로 여기고 그리스도를 자기의 상징으로 받아들이려 한다면, 먼저 완벽과 완전 사이에 상당한 차이가 있다는 점을 명심해야 한다. 그리스도의 형상은 완벽하지만(적어도 그런 의미로 받아들여진다), 원형은 완전성을 뜻할 뿐 완벽과는 거리가 멀다. 이 말은 묘사 불가능하고 초월적인 무엇인가에 대한 진술로, 하나의 모순이다. 따라서 논리적으로 자기의 우월성을 인정하는 것에서 시작하는 자기의 실현은 근본적인 갈등으로, 이어 상반된 것들 사이의 진정한 정지(靜止)(두 명의 도둑 사이에 십자가형에 처해 있는 그리스도를 떠올리게 한다)로, 또 더 나아가 완벽에 조금 못 미치는, 전체성에 가까운 상태로 이어진다.

완벽을 추구하는 것은 합당할 뿐만 아니라 사람이 선천적으로 타고나는 버릇이기도 하다. 이 버릇이 문명에 가장 강력한 뿌리를 제공하고 있다. 이 노력은 매우 막강하기 때문에 쉽게 열정으로 바뀐다. 그러면 사람은 모든 것을 쏟아 부으며 문명에 이바지하게 된다. 이런저런 방식으로 완벽을 추구하는 것은 너무나 자연스런 일이기 때문에, 원형도 완전성을 성취하게 된다. 원형이 지배하는 곳에선, 우리의 의식적 노력을 불문하고 원형의 케케묵은 본질에 맞춰 완전성이 강요된다. 그러면 개인은 완벽을 추구하려고 노력할 것이지만("하늘에 계신 너희

아버지의 온전함과 같이, 너희들도 온전하라."('마태복음' 5장 48절) 자신의 완전성을 위해서 의지와 반대되는 것들로 인한 고통을 감수해야 한다. "그래서 내가 한 가지 법을 깨달았느니, 선을 행하길 원하는데 악이 나와 함께 있느니라."('로마서' 7장 21절)

그리스도의 형상은 이 상황과 완벽하게 일치한다. 그리스도는 십자가에서 처형된 완벽한 인간이다. 도덕적인 행동의 목표로 이보다 더 진정한 그림을 그리기가 어렵다. 여하튼 심리학에서 하나의 작업가설로 여겨지고 있는 자기라는 초월적인 관념은 그리스도 형상과 결코 같지 않다. 왜냐하면 자기가 하나의 상징일지라도 거기엔 계시적인 역사적 사건의 성격이 부족하기 때문이다. 동양의 '아트만'(atman: 인도 철학에서 가장 중요한 개념으로 생명의 핵심 혹은 근원을 뜻한다/옮긴이)과 '도'(道)라는 개념처럼, 자기라는 개념도 적어도 부분적으로는 인식작용의 산물로서, 신앙에도 근거를 두지 않고 형이상학적 고찰에도 근거를 두지 않고 있다. 대신에 자기라는 개념은 경험에, 말하자면 어떤 조건에서 무의식이 자동적으로 전체성의 어떤 원형적인 상징을 제시한다는 경험에 바탕을 두고 있다.

이를 근거로 우리는 그런 일부 원형은 보편적으로 일어나고 있고 거기엔 어떤 광휘가 부여된다는 식으로 결론을 내려야 한다. 실제로 이를 입증할 자료로 현대의 것만 있는 것이 아니라 역사적 증거도 상당히 있다. 그 상징을 그린 그림들을 보면, 그것이 상반된 것들의 결합을 의미한다는 이유로 아주 중요하게 여겨진다는 사실이 쉽게 확인된다. 당연히 그 결합은 하나의 모순으로 이해될 수 있다. 왜냐하면 반대되는 것들의 결합은 곧 서로의 소멸로 이해되어야 하기 때문이다. 역설은 모든 초월적인 상황의 특징이다. 이유는 역설만이 묘사 불가능한 그 상황의 본질을 적절히 표현하기 때문이다.

　자기의 원형이 지배할 때마다, 불가피하게 나타나는 심리학적 결과는 십자가 처형이라는 기독교 상징들이 생생하게 보여주고 있는 갈등 상태이다. '다 이루어졌다'(consummatum est)라는 말이 있어야만 끝이 나는, 속죄 받지 못한 상태 말이다. 그러므로 원형을 인정한다고 해도 기독교 신비에는 아무런 훼손이 일어나지 않을 것이다. 원형을 인정할 경우에 오히려 "속죄"가 의미를 지니게 되는 그런 심리적 전제조건들이 형성될 것이다. "속죄"는 어떤 사람이 결코 짊어질 생각이 없었던 짐을 그 사람의 어깨에서 내려준다는 뜻이 아니다. 오직 "완전한" 사람만이 인간이란 존재가 자기 자신에게 얼마나 참을 수 없는 존재인지를 안다. 내가 아는 한, 자연이 우리에게 요구하는 개성화 과제를 받아들이고 우리의 완전성 혹은 전체성을 개인적 목표로 인정하는 것에 대해 기독교 관점에서도 반대 의견을 제기할 이유가 하나도 없다. 만약에 이 과제를 의식적으로 수행한다면, 그 사람은 개성화 과정이 억압된 데 따를 불행한 결과를 모두 피할 수 있을 것이다. 달리 말하면, 완전성을 이루는 부담을 스스로 지고 나서는 사람은 그 과정이 자신의 의지에 반하게 부정적인 방향으로 '일어나는' 것을 그냥 지켜보고만 있어야 하는 사태를 피할 수 있을 것이란 뜻이다. 이는 곧 깊은 구덩이로 내려가게 될 운명을 타고난 사람이라면 뒷걸음질 치다가 자기도 모르게 빠지는 위험을 감수하느니 차라리 필요한 준비를 사전에 하는 것이 바람직하다는 뜻이다.

　기독교 심리학에서 상반된 것들이 타협 불가능한 성격을 갖게 되는 것은 그것들이 도덕을 강조하기 때문이다. 역사적으로 보면 도덕을 강조하는 것이 법의 눈으로 올바른 것을 강조한 '구약성경'의 유산인데도, 그 강조가 우리에게 자연스러워 보인다. 그런 식의 영향력은 동양에는, 그리고 인도와 중국의 철학적 종교에는 놀랄 정도로 약하다. 이 대목에서 상반된 것들을 이런 식으로 자극하는 것이 오히려 고통을 증대시킬 것이기 때문에 결국에는 고차원의 진리와 부응하지 않는 것이 아닌가 하는 문제가 제기될 수 있다. 그래도 나는 이 문제에 대해 논의하는 것보다 현재의 세계 상황을 앞에서 설명한 심리학적 원칙에 비춰볼 수 있을 것이라는 희망을 먼저 표현하고 싶다.

오늘날 인류는 서로 화해 불가능한 반쪽으로 전에 없이 심하게 찢어져 있다. 심리학적 법칙에 따르면, 어떤 내적 상황이 의식이 되지 못할 경우에 그 상황은 운명처럼 반드시 밖으로 일어나게 되어 있다. 말하자면, 개인이 분화되지 않은 상태로 남아 있어서 내면의 반대를 의식하지 못할 때, 세상은 필연적으로 그 갈등을 밖으로 드러내면서 두 개의 반쪽으로 나뉘어 대립하게 될 것이란 뜻이다.

6장

물고기 상징

그리스도의 상징은 생각하는 것만큼 간단하지도 않고 분명하지도 않다. '공관(共觀)복음서'('신약성경' 중에서 '마테복음'과 '마르코복음', '누가복음'을 일컫는다. 이런 이름으로 불리는 이유는 진술이 거의 똑같을 뿐만 아니라 복음서를 해석하는 데 서로 대조할 수 있는 장점을 지니고 있기 때문이다/옮긴이)의 그리스도와 '요한복음'의 그리스도의 비교에서 비롯되는 엄청난 어려움에 대해 언급하는 것이 아니다.

교회의 아버지들이 성경을 해석한 글은 원시 기독교 시대까지 거슬러 올라가는데, 그 글들을 보면 그리스도는 악마와 공유하는 상징 혹은 "비유"를 다수 갖고 있다. 그 중 몇 개를 보면, 사자와 뱀, 새, 까마귀, 독수리와 물고기가 있다. 마왕, 즉 샛별도 악마뿐만 아니라 그리스도를 의미했다는 사실에도 주목할 필요가 있다. 뱀을 제외한다면, 물고기가 가장 오래된 비유일 것이다.

오늘날엔 이런 것들을 상징이라고 부르길 좋아하는 것 같다. 물고기 상징에서 특별히 분명하게 확인되듯, 이 동의어들이 단순한 비유 그이상의 무엇인가를 포함하고 있기 때문이다. (다른 글에서 종종 지적했듯이, 나는 상징을 하나의 비유나 표시로 보지 않고 상징의 고유 의미를 그대로 받아들여서 완벽하게 아는 것이 불가능한 어떤 대상을 묘사하고 설명하는 가장 좋은 방법으로 여기고 있다.)

물고기 상징을 보면, 특히 근동과 중동에서 바빌론의 물고기 신 오아네스(Oannes)와 물고기 가죽을 옷으로 입었던 그의 성직자들에서부터 페니키아의 여신 데르케토-아타르가티스(Derceto-Atargatis) 숭배에 쓰인 신성한 어죽(魚粥), 아베르키우스(Abercius: 167년경 사망) 비문의 불명확한 내용까지, 그 역사가 길고 화려하다. 물고기 상징은 멀리 인도의 마누의 속죄 물고기에서부터 로마 제국에서 "트라키아 기수들"이 축하했던 감사의 물고기 축제에 이르기까지 다양했다. 우리의 목적을 위해서라면, 이처럼 방대한 자료를 깊이 파고들 필요가없다. 프란츠 될거(Franz Dölger: 1891-1968)를 비롯한 전문가들이 보여주었듯이, 기독교 관념의 세계 안에도 물고기 상징은 아주 많다. 세례를 받은 사람이 물고기처럼 헤엄을 치는 세례반 안에서의 재생에 대해 언급하는 것만으로도 충분할 것이다.

물고기 상징이 이처럼 광범위하게 분포하고 있다는 점에서 본다면, 세계의 역사에서 특별한 장소나 특별한 시기에 물고기 상징이 등장하는 것은 전혀 놀랄 만한 일이 아니다. 그러나 물고기 상징이 돌연 확산되었다는 점과 초기 교회에 이미 그리스도와 물고기의 동일시가 이뤄졌다는 점은 두 번째 원천을 짐작하도록 만든다. 이 원천은 바로 점성술이다. 물고기 상징과 관련해 점성술에 최초로 관심을 주었던 사람은 프리드리히 뮌터(Friedrich Münter)였다. 예레미아스(Jeremias)도 똑같은 견해를 채택하면서 14세기에 쓰인, '다니엘서'에 대한 어느 유대인의 해설이 물고기 자리에서 메시아의 도래를 예측했다고 언급한다. 이 해설은 그 후에 나온 뮌터의 책에서, 1437년에 리스본에서 태어나 1508년에 베네치아에서 죽은 아바르바넬(Don Isaac Abarbanel)에서 비롯된 것으로 언급되고 있다. 이 자료를 보면, 물고기들의 집은 정의와 영광의 집으로 설명되고 있다. 더 나아가 '천지창조 후(anno mundi) 2365년'에, 토성과 목성이 같은 황경(黃經)에 놓이는 위대한 '컨정션'(conjunction: 합(合)으로 번역된다/옮긴이)이 물고기자리에서 일어났다. 이 두 개의 행성은 세상의 운명에, 특히 유대인의 운명에 아주 중요하다고 아바르바넬은 말한다. 이 컨정션은 모세가 태어나기 3년 전에 일어났다. (물론 이것은 전설이다.)

아바르바넬은 토성과 목성의 컨정션이 물고기자리에서 일어날 때 메시아의 도래를 예상한다. 그런 기대를 표현한 사람이 그가 처음은 아니었다. 그보다 400년 전에 이와 비슷한 선언이 발견된다. 예를 들어, 1136년경에 죽은 랍비 아브라함 벤 히야(Abraham ben Hiyya)는 물고기자리에서 위대한 컨정션이 이뤄질 1464년에 메시아가 도래할 것으로 예상된다고 선언했다. 가비롤(Solomon ben Gabirol: 1020-70)도 같은 내용의 예언을 했다. 토성이 이스라엘의 별이고, 목성이 "왕"을 의미한다는 사실을 고려한다면, 점성술을 바탕으로 한 이런 생각들은 충분히 이해가 된다.

물고기들이 지배한 영토 중에서 목성의 집은 메소포타미아와 박트리아(Bactria: 중앙아시아의 일부 지역을 일컫는다. 조로아스터교의 발상지였다/옮긴이), 홍해와 팔레스타인이다. '아모스서' 5장 26절을 보면 토성이 "당신의 신의 별"로 언급되고 있다. 사룩의 주교 제임스(James of

Sarug: 521년 사망)는 이스라엘 사람들은 토성을 숭배했다고 말한다. 시바인들은 사투르누스(Saturn)를 "유대인들의 신"이라고 불렀다. 안식일은 토성의 날인 토요일이다. 알부마사르(Albumasar)는 토성은 이스라엘의 별이라고 증언한다.

중세의 점성술에서 토성은 악마의 집으로 믿어졌다. 영지주의의 창조신이자 최고의 아르콘인 이알다바오트(Ialdabaoth: 영지주의 종파인 세트파(Sethians)가 물질세계의 창조주를 부른 이름/옮긴이)와 토성은 사자의 얼굴을 가졌다. 오리게네스는 켈수스(Juventius Celsus: A.D. 67-130)의 도형으로부터 창조주의 최초의 천사 미카엘은 "사자의 몸"을 가졌다고 추론한다. 오리게네스가 지적하는 바와 같이, 미카엘은 분명히 토성과 동일시되는 이알다바오트의 자리에 서 있다. 나세네스파의 창조신은 "숫자로 네 번째이며 불같은 신"이다. 마르키온(Marcion: A.D. 85-160)과 연결되는 아펠레스(Apelles)의 가르침에 따르면, "모세에게 말을 걸었던, 불 같은 신인 세 번째 신이 있고, 악의 창조자인 네 번째 신이 있다". 나세네스파의 신과 아펠레스의 신 사이에 분명히 밀접한 관계가 있으며 또한 '구약성경'의 창조주 여호와와도 관계가 있는 것 같다.

토성은 "검은" 별이고, 고대에는 "사악한 별"로 유명했다. "용과 뱀, 전갈, 독사, 여우, 고양이, 쥐 등은 토성의 운명이다."라고 르클레르크(Bouché-Leclercq: 1842-1923)는 말한다. 정말 흥미롭게도, 토성의 동물엔 당나귀도 포함되는데, 이 때문에 토성은 짐승의 모습을 한 유대인 신으로 여겨진다. 이 신을 시각적으로 표현한 것이 바로 팔라티누스 언덕에서 행해진 그 유명한 가짜 십자가 처형이다. 이와 비슷한 전통은 플루타르코스(Plutarch: A.D. 45-120)와 디오도로

스(Diodorus: B.C. 90- B.C. 30), 요세푸스(Josephus: A.D. 30-100),
타키투스(Tacitus: A.D. 56년경-117년 이후) 등의 글에도 보인다. 일
곱 번째 아르콘 사바오드(Sabaoth)는 당나귀의 모습을 하고 있다. 테
르툴리아누스가 "당신은 우리의 신이 당나귀의 머리라고 착각하고 있
군."이라든가 "우리는 오직 당나귀에만 경의를 표한다."라고 할 때 바
로 이런 풍문에 대해 언급하고 있다. 앞에서 이미 암시한 바와 같이, 당
나귀는 이집트 세트(Set)에게 바쳐진다. 그러나 초기의 기록을 보면,
당나귀는 태양신의 속성이었으며 훗날로 내려와서야 지하 세계의 아
펩(Apep) 신과 악마(세트)의 상징이 되었다.

중세의 전통에 따르면, 유대인의 종교는 목성과 토성의 컨정션에,
이슬람은 목성과 금성의 컨정션에, 기독교는 목성과 수성의 컨정션에,
그리고 적그리스도는 목성과 달의 컨정션에 그 기원을 두고 있다. 토
성과 달리, 목성은 유익한 별이다. 이란인의 관점에서, 목성은 생명을
의미하고 토성은 죽음을 의미한다. 따라서 두 행성의 컨정션은 '극단
적인 반대들의 결합'을 의미한다.

B.C. 7년에, 이 유명한 컨성션이 물고기자리에서 3번이나 일어났다.
두 행성의 컨정션이 가장 가까이 일어난 것은 그해 5월 29일이었으며,
그때 두 행성 간의 거리는 달의 지름에도 못 미치는 겨우 0.21도 차이
에 지나지 않았다. 이 컨정션은 "물고기자리의 별들이 휘어지면서 연
결되는 곳", 즉 이음매 가운데 부분에서 일어났다. 점성술의 관점에서
보면, 이 컨정션은 특별히 의미 있어 보일 수밖에 없다. 왜냐하면 두 행
성 사이의 거리가 예외적일 만큼 가까워 보이고 따라서 행성들이 특별
한 인상을 남길 것이기 때문이다. 게다가, 태양을 중심으로 보면 그 컨
정션이 분점(分點) 가까운 곳에서 일어나는데, 이때 분점은 양자리와

물고기자리 사이에, 즉 불과 물 사이에 위치한다.

이 컨정션의 특징은 그때 반대편에 화성이 있었다는 사실이다. 이는 점성학적으로 본능과 관련 있는 화성이 토성과 목성의 연결에 적대적인 입장을 보이고, 이런 관계가 바로 기독교의 기이한 특징이라는 것이다. 이 컨정션이 B.C. 7년 5월 29일에 일어났다는 게르하르트(Gerhardt)의 계산을 정확한 것으로 받아들인다면, 예수 그리스도가 탄생할 당시에 사람의 출생에 특별히 중요한 태양의 위치는 쌍둥이자리 안이었을 것이다.

이 대목에서 고대 이집트의 적대적인 형제로 제물을 바치고 제물로 바쳐진 호루스(Horus)와 세트가 저절로 떠오른다. 이 형제는 어떤 의미에서 보면 기독교 신화의 드라마를 예고한다. 이집트 신화에서 "노예의 기둥"에서 희생된 것은 악한 존재이다. 그러나 이 형제들의 짝은 가끔 머리는 두 개이고 몸통은 하나인 그런 모습으로 그려진다. 수성은 세트와 연결되어 있는데, 기독교가 목성과 수성의 연결에서 기원했다는 전통의 측면에서 보면 이 점이 아주 흥미로워진다. 고대 이집트 신(新)왕국(19대 왕조)에서, 세트는 나일 삼각주에 수테크(Sutech)로 등장한다. 람세스 2세(Ramesses Ⅱ)에 의해 건설된 새로운 수도에서, 한 지역은 아몬(Amon)에게 봉헌되고 다른 한 지역은 수테크에 봉헌되었다. 유대인들이 노예 노동을 한 것으로 짐작되는 곳이 바로 여기이다.

예수 그리스도의 이중적인 측면을 고려할 때, 역시 이집트에서 시작된 피스티스 소피아(Pistis Sophia: 1773년에 발견된 영지주의 텍스트를 일컫는다. A.D. 3세기와 4세기 사이에 쓰인 것으로 짐작된다. 예수와 마리아에 관한 내용이 들어 있다/옮긴이)의 전설에 대한 언급이 있어야 한다. 마리아가 예수에게 이렇게 말한다.

정신이 너에게 내려오지 않아 네가 아직 아이였을 때의 일이란다, 네가 요셉과 함께 포도밭에 있을 때, 정신이 높은 곳에서 내려와 마치 너인 것처럼 집에 있는 나에게로 왔어. 나는 그를 몰라봤지만 그가 네가 아닌가 하고 생각했어. 그런데 그가 나에게 말하더군. "나의 형제, 예수 어디 있어? 어딜 가야 그를 볼 수 있지?"라고. 그가 나에게 이런 말을 할 때, 나는 의심을 하면서 나를 유혹하는 유령이라고 생각했어. 그래서 나는 그를 붙잡아 침대에 묶었어. 그런 다음에 나는 너와 요셉을 찾으러 들판으로 나갔어. 너는 포도밭에 있었고, 요셉은 포도나무를 받칠 막대기들을 박고 있더군. 내가 이 일에 대해 요셉에게 말하는데 네가 그 말을 들었어. 너는 즉시 그 말의 뜻을 이해하고는 기쁨에 겨워하며 "그가 어디에 있어요? 그를 만나야겠어요."라고 하더군. 요셉이 너의 말을 듣고는 당혹스러워 하더구나. 우리는 함께 집으로 들어가서 그 정신이 침대에 그대로 묶여 있는 것을 확인했어. 우리는 너와 그를 응시하면서 네가 그와 닮았다는 사실을 깨달았어. 침대에 묶여 있던 그는 풀려나자마자 너를 끌어안고 입을 맞추더군. 너도 그와 입을 맞추고, 그러면서 너는 하나가 되었어.

이 단편적인 글의 맥락에서 보면, 예수는 "땅에서 싹을 틔운 진리"인 반면에 그를 닮은 정신은 "천상에서 굽어보고 있는 정의"인 것 같다. 이 텍스트는 이렇게 말하고 있다. "진리는 네가 카오스의 낮은 영역에 있을 때 너에게서 나온 권력이야. 바로 그런 이유 때문에 너의 권력은 다윗을 통해서 '진리는 땅에서 싹터 나왔도다.'라고 말했어. 네가 카오스의 낮은 영역들에 있었기 때문이지." 따라서 예수는 이중적인 인격으로 인식되고 있으며, 이 이중적인 인격의 일부는 카오스로부터 일어나고 다른 부분은 하늘로부터 프네우마(정신)로 내려온다.

영지주의 구세주의 특징으로 꼽히는 본성의 구분이 점성술의 시간 구분에서만큼 생생하게 이뤄지는 곳도 없다. 고대의 점성술 관련 기록들은 한결같이 이 특별한 시간에 일어난 출생의 이중적인 측면을 강조하고 있다. 영지주의자들이 활동하던 시기에 그들이 그리스도와 적그리스도의 신화를 점성술을 바탕으로 해석한 것을 보면 상당한 설득력을 지닌다는 생각이 들 것이다. 반대쪽으로 향하려는 물고기자리의 성격에 관해 증언하고 있는 6세기 이전의 문헌은 '탈무드'(Talmud)이다. 거기에 이런 내용이 있다.

'천지창조 후 4291년'(A.D.530년)에 세상은 고아가 될 것이다. 바다 괴물들의 전쟁과 곡(Gog)와 마곡(Magog: 곡과 마곡은 히브리 경전에서 신에게 반대한 나라로 나온다/옮긴이)의 전쟁이 벌어진 다음에, 메시아의 시대가 올 것이다. 7,000년 후에나 성스러운 분이 자신의 세상을 새로 세울 것이다.

탈무드 해설자 라쉬(Solomon Isaac Rashi: 1039-1105)는 바다 괴물 '탄니님'이 물고기라고 말한다. 그가 이것을 자신의 의견으로 제시하지 않는 것으로 봐서, 아마 그 전의 자료를 근거로 하고 있는 것 같다. 이 견해가 아주 중요하다. 첫째, 물고기들의 전투를 (베헤모스와 리바이어던의 싸움처럼) 종말론적인 사건으로 보고 있기 때문이고, 두 번째는 그것이 반대 방향으로 나가려는 물고기들의 천성을 말한 가장 오래된 증거이기 때문이다. 11세기인 이때쯤, '요한의 창세기' 같은 미심쩍은 텍스트가 나왔는데, 거기엔 틀림없이 점성술적 의미를 지니는, 두 마리의 물고기에 대한 언급이 있다. 이 두 문서는 기독교의 두 번째 밀레니엄 시대와 함께 시작한 '결정적 시기'에 나온 것이다. 이 시기에 대해선 앞으로 설명하게 될 것이다.

531년은 천문학적으로 목성과 토성이 쌍둥이자리에서 컨정션을 이룬 것이 특징으로 꼽힌다. 쌍둥이자리 기호는 한 쌍의 형제를 의미하며, 이 형제들은 다소 서로 반대되는 본성을 갖고 있다. 그리스인들은 이 형제를 디오스쿠로이(Dioscuri: '제우스의 아들들')로, 백조에게서 알로 태어난 레다(Leda)의 아들들로 해석했다. 폴룩스(Pollux)는 불멸이었지만 카스토르(Castor)는 인간의 운명을 공유했다. 또 다른 해석은 그들을 아폴론(Apollo)과 헤라클레스, 혹은 아폴론과 디오니소스(Dionysus)를 대표하는 것으로 받아들인다. 두 가지 해석 모두 어떤 정반대를 암시하고 있다. 천문학적으로 보면, 어쨌든 공기 별자리인 쌍둥이자리가 사각형 안에 서 있고, 따라서 B.C. 7년에 일어났던 컨정션에 불길한 측면을 더한다. 쌍둥이자리의 내적 양극성은 아마 라쉬가 물고기로 해석하는 탄닌님의 전쟁에 관한 예언의 성격을 어느 정도 밝혀줄 것이다. 앞에서 말한 바와 같이, 그리스도가 탄생한 날부터 태양이 쌍둥이자리에 있었던 것 같다. 형제라는 주제는 그리스도와 관련해서 아주 일찍부터 발견된다. 예를 들면, 유대인 기독교인들과 에비온파 사이에서도 그런 주제가 확인되고 있다.

이 모든 것을 근거로 우리는 감히 '탈무드'의 예언은 점성술의 전제들을 근거로 하고 있다고 짐작할 수 있다.

세차운동(歲差運動: 지구의 자전축 기울이가 바뀌는 현상/옮긴이)은 고대의 점성가들에게 잘 알려진 사실이었다. 오리게네스는 히파르코스 (Hipparchus: B.C. 190- B.C. 120)의 관찰과 계산의 도움을 받아, 실제의 별자리를 근거로 한 점성술에 맞서 설득력 있는 주장을 펴는 데 이 세차운동을 이용한다.

만약에 '탈무드'의 예언이 언급한 7,000년을 '천지창조 후 7,000년'으로 받아들인다면, 그 해는 A.D. 3239년에 해당할 것이다. 그때까지 춘분점이 현재의 위치에서 그 다음 시대인 물병자리 안으로 18도 이동할 것이다. 2세기 혹은 3세기의 어느 점성가가 세차운동을 잘 알았기 때문에, 우리는 이 날짜들이 점성술을 근거로 했을 것이라고 짐작할 수 있다. 피에르 다이(Pierre d'Ailly: 1351-1420)와 지롤라모 카르다노(Jerome Cardano: 1501-1576)를 통해 알 수 있듯이, 어쨌든 중세는 행성의 컨정션을 계산하는 일에 관심이 지대했다. 피에르 다이는 천지창조 후 최초의 컨정션은 B.C. 5027년에 일어났다고 계산했다. 반면에 카르다노는 열 번째 컨정션을 A.D. 3613년으로 미뤘다. 두 사람은 같은 별자리 안에서 컨정션이 일어나는 시간적 간격을 지나치게 길게 잡았다. 천문학적으로 정확한 간격은 약 795년이다. 따라서 카르다노가 말하는 컨정션은 A.D. 3234년에 일어날 것이다. 점성술의 측면에서 보면, 이 날은 당연히 엄청난 중요성을 지니게 마련이다.

5,000년을 따른다면, 그 날짜는 A.D. 1239년이 된다. 이때는 정신적 불안정과 혁명적 이단, 천년왕국에 대한 기대로 유명한 시기였으며, 동시에 이 시대는 수도원 제도에 새로운 생명을 불어넣을 탁발 수도 종단들의 설립을 목격했다. "영성의 새로운 시대"의 도래를 선언한 목소리 중에서 가장 강력하고 영향력 있었던 사람은 피오레의 요아킴(Joachim of Fiore: 1202년 사망)이었으며, 그의 가르침은 1215년에 제4차 라테

란 공의회에서 비판을 받았다. 그는 가까운 미래에 제7의 봉인이 개봉되고 "영원한 복음"의 강림과 "영적 이해"의 지배, 성령의 시대 등을 예상했다. 이 세 번째 시대는 베네딕토회의 창설자인 성 베네딕토(St. Benedict: A.D. 480-547)로 이미 시작되었다고 그는 말한다(최초의 수사 단체는 529년보다 몇 년 뒤에 세워진 것으로 추정되었다).

요아킴의 추종자로 프란체스코회의 수사였던 보르고 산 돈니노 출신의 제라르드(Gerard)는 1254년 파리에서 출간된 '영원한 복음 입문'(Introductorius in evangelium aeternum)에서 요아킴의 3가지 주요 논문이 사실 영원한 복음이라고 선언하고, 1260년에 이것이 예수 그리스도의 복음을 대체할 것이라고 예상했다. 모두가 알고 있듯이, 요아킴은 수도원 생활을 성령의 진정한 매개로 보았으며, 바로 이런 이유 때문에 성 베네딕토의 생애에서 새로운 시대의 은밀한 시작을 보았다. 성 베네딕토가 베네딕토회를 창설한 것이 계기가 되어 서양에서 수도원 생활이 부활할 수 있었다.

피에르 다이가 보기엔, 교황 이노첸시오 3세(Innocent Ⅲ)의 시대(1198-1216)는 이미 의미 있어 보였다. 1189년경에, 토성의 공전이 다시 한 번 마무리되었다고 그는 말한다. 그는 교황이 요아킴 대수도원장의 논문과 알마리쿠스(Almaricus: 12세기)의 이교적인 교리를 비판한 것에 대해 불평을 털어놓았다. 알마리쿠스는 그 시대에 널리 퍼졌던 성령 운동에 참여한 신학 철학자 베나의 아말릭(Amalric of Bena)이다. 기독교 교회에 아주 경이로운 존재인 탁발 수도자들의 모임인 성 도미니크회와 성 프란체스코회가 생긴 것도 이때였다. 따라서 피에르 다이는 현대인에게도 그 시대의 특징으로 강한 인상을 남기는 현상을 강조하면서 더 나아가 이 시기를 점성술에서 예견한 시대로 보왔다.

몬테 카시노 수도원이 설립된 날짜는 우리를 '탈무드'가 결정적인 해로 예언한 530년 가까운 시기로 안내한다. 요아킴의 관점에서 보면, 새로운 시대는 그때 시작되었을 뿐만 아니라 세계의 새로운 "상태"도, 말하자면 수도원 제도와 성령의 지배도 그때 시작되었다. 새로운 상태의 시작은 여전히 '삼위일체의 제2의 위격인 성자'의 영역에 속하지만, 요아킴은 심리학적으로 옳은 방법으로 새로운 상태, 혹은 흔히 말하는 대로 새로운 태도는 우선 다소 잠재적인 예비 단계로 나타날 것이지만 이어 꽃과 열매를 맺는 시기가 올 것이라고 요약한다.

요아킴의 시대엔 여전히 결실이 거둬지지 않고 있었지만, 사람들의 영혼에 특이한 동요와 소란이 일어나고 있는 것이 광범위하게 확인되었다. 모두가 프네우마의 광풍을 느꼈다. 그것은 선례가 없는 새로운 관념의 시대였다. 세계 곳곳에서 카타리파, 파타린파, 콘코리치파, 왈덴스파, 리용의 빈자들, 자유로운 정신의 형제애, "신을 통한 빵" 등 온갖 이름의 모임들이 온갖 사상을 들고 나왔던 것이다. 이 단체들이 눈에 보이기 시작한 것은 11세기 초 몇 년 동안이었다. 울리히 한(Ulrich Hahn)이 모은 동시대의 문서들은 이들 사이에 떠돌았던 사상들이 어떤 것인지를 보여주었다.

> 그들은 아무 구별 없이 스스로를 본래부터 신이라고 믿는다. … 그리고
> 그들은 자신들이 영원하다고 믿는다.
> 그들은 신이나 신성의 필요성을 전혀 느끼지 않는다.
> 그들은 하늘의 왕국을 이루고 있다.
> 그들은 새로운 반석 안에서 불변하며, 그들은 무(無) 안에서 기뻐하며

아무것에도 거리낌이 없다.

사람들은 매일 설교되는 복음의 진리보다 자신의 내면의 본능을 따라야
한다. … 사람들은 복음이 진리가 아닌 것을 이상화하는 내용을 담고 있
다고 믿는다.[20]

어떤 종류의 정신이 이런 운동을 고무했는지는 이런 몇 가지 예만으
로도 충분히 이해할 수 있다. 그들은 자신을 신과 동일시하는 사람들
이고, 또 자신을 초인이라고 생각하고, 복음에 비판적으로 접근하고,
속사람의 영감을 따르며 자기 안에 있는 하늘의 왕국을 이해했던 사람
들이다. 따라서 어떤 면에서 보면 그들은 관점은 현대적이었지만 우리
시대의 고통거리인 합리적이고 정치적인 정신이상 대신에 종교적 허
풍을 갖고 있었다.

요아킴이 그 같은 거대한 정신운동에 참여했고 또 두드러진 인물 중
한 사람이었음에도, 우리는 이런 극단적인 사상들을 그의 탓으로 돌려
서는 안 된다. 그러기에 앞서 요아킴과 그의 추종자들이 기독교 메시
지를 "영원한 복음"으로 대체하겠다거나 삼위일체의 제2의 위격인 성
자를 새로운 시대를 지배할 제3의 인물로 교체하겠다는 그런 과감한
기대를 품도록 만든 심리학적 충동이 무엇이었는지를 먼저 물어야 한
다. 이 같은 생각이 너무나 이단적이고 너무나 파괴적이었기 때문에,
만약에 요아킴이 그 시대의 혁명적인 흐름의 뒷받침을 받고 있다고 느
끼지 않았더라면 아마 그런 생각은 그에게 절대로 떠오르지 않았을 것
이다. 그는 그것을 어떤 교회도 막지 못하는 그런 생명력과 출산력을

....

20 Hahn, geschichte der ketzer im, Mittelalter, II, pp. 779f

지닌 성령의 계시라고 느꼈다.

　이런 감정이 발휘하는 광휘는 당시에 우연적으로 일어나고 있던 사건, 즉 물고기자리에서 "적그리스도적인" 물고기의 영역이 시작된 것으로 인해 더욱 고조되었다. 따라서 사람들은 성령 운동과 요아킴의 핵심적인 사상을 그때 막 모습을 드러내고 있던 적그리스도의 심리를 직접적으로 표현한 것으로 여기고 싶은 유혹을 느꼈을 것이다. 어쨌든 교회의 비난은 충분히 이해할 수 있다. 왜냐하면 예수 그리스도 교회를 대하는 그의 태도가 여러 면으로 노골적인 배교는 아니더라도 공개적인 반역에 아주 가까웠기 때문이다. 그러나 만약에 이 혁신자들이 성령에 의해 움직였다고 믿는다면, 또 다른 해석이 가능해질 뿐만 아니라 그럴 듯해 보인다.

　바꾸어 말하면, 요아킴이 성 베네딕토를 시작으로 성령 현상이 은밀히 시작되었다고 주장한 것과 똑같이, 우리는 새로운 현상이 요아킴 본인의 내면에서 은밀히 예측되었다고 짐작할 수도 있다. 물론 그는 의식적으로 자신이 성령 현상을 현실로 끌어내고 있다고 생각하고 있었다. 성 베네딕토가 교회를 확고한 기반 위에 올려놓고 수도원 생활을 통해서 기독교적인 삶의 의미를 더욱 깊게 하겠다는 생각밖에 하지 않았을 게 틀림없는 것과 똑같다. 그러나 무의식적으로 요아킴은 정신의 원형에 사로잡혀 있었을 수도 있다. 실제로 그에게 심리학적으로 일어나고 있던 일은 이런 것이었을 가능성이 더 크다.

　그의 활동이 어떤 신비한 경험에 근거하고 있었다는 점에는 의문의 여지가 전혀 없다. 어떤 원형에 사로잡히는 사람들 모두에게 나타나는 특징이 바로 신비 경험이지 않는가. 그는 그 정신을 교리의 차원에서 삼위일체 중 제3의 위격으로 이해했다. 그 외에 달리 해석할 길이 없었기 때문이다. 그러나 경험적인 원형의 차원에서 이해한 것은 아니었다. 이 원형은 동일한 의미를 가진 원형이 아니고 원래부터 모호하고 이원론적인 형상이다. 이 형상은 성령 운동 자체 안에서 대단히 모순적인 모습을 드러낸 다음에 정신의 연금술이라는 개념을 낳았다.

영지주의자들은 자신들이 활동하던 시대에 이미 이런 이원론적인 형상에 대해 알고 있었다. 따라서 두 번째 물고기, 그러니까 적그리스도의 성격을 지닌 물고기자리의 시대가 시작되고 따라서 다소 혼란스러운 때, 성령을 옹호하고 지지하는 기독교 운동이 성령의 원형을 깨뜨리며 양면성을 드러내는 것은 지극히 자연스러운 일이었다. 요아킴 같이 매우 소중한 인물을, 성령 운동이 많은 지역에서 일으켰던 혁명적이고 무질서한 소란을 옹호한 존재로 보는 것은 부당할 수 있다. 그보다는 그 자신이 본의 아니게 새로운 "상태"에, 말하자면 11세기의 그리스도와 적그리스도 사이에 더욱 벌어져 있던 간극 위로 다리를 놓으려던 종교적 태도에 휩쓸려 들었다고 보는 것이 타당할 것 같다.

적그리스도 시대는 당연히 정신이 비정신적인 것으로 변했고, 생기를 북돋우는 원형이 점진적으로 합리주의와 주지주의, 교조주의로 퇴화하고 있다는 비난을 듣게 되어 있다. 합리주의와 주지주의, 교조주의야말로 지금 우리의 머리 위에 다모클레스(Damocles)의 칼(B.C. 4세기 전반에 시칠리아 참주 디오니시오스 2세는 측근 다모클레스를 연회에 초대하여 한 올의 말총에 매단 칼 아래에 앉혔다. 참주의 권력이 그 칼처럼 언제 떨어질지 모르는 불안 속에서 유지되고 있다는 점을 깨닫게 하기 위해서였다. 로마의 연설가 키케로에 의해 인용된 후로 일촉즉발의 위기 상황을 강조할 때 쓰이는 표현이 되었다/옮긴이)처럼 대롱대롱 매달려 있으면서 현대의 비극을 낳고 있지 않는가. 요아킴도 잘 알고 있었듯이, 옛날의 삼위일체 공식에는 독선적인 악마의 형상이 결여되어 있다. 왜냐하면 지금이나 마찬가지로 그때도 악마는 신학적 형이상학의 언저리 어딘가에서 '죄악의 신비'(mysterium iniquitatis)로 의문스런 존재를 이어가고 있었기 때문이다.

다행히도, 악마의 도래를 우려하는 내용이 '신약성경'에 이미 나와 있다. 악마는 사람들이 알아보지 못할수록 그만큼 더 위험한 존재가 된다. 공공복지나 평생 안전 보장, 국가들 사이의 평화 같은, 악마를 일컫는 멋진 이름들 아래에 악마가 숨어 있다고 누가 의심하겠는가? 악마는 이상주의 아래에 숨고, 일반적으로 '이즘' 아래에 숨는다. 악마가 몸을 숨기고 있는 '이즘' 중에서 가장 치명적인 것은, 정신적 표현 중에서 가장 비정신적인 용어인 교조주의이다. 현대는 시대가 안고 있는 사실들을 과감히 받아들여야 한다. 세계를 정치적으로 찢어놓을 뿐만 아니라 인간의 가슴에 분열의 씨앗까지 심어놓은 절대적 반대도 과감히 인정해야 한다. 우리는 원래의 살아 있는 정신으로 돌아갈 길을 발견할 필요가 있다. 그 양면 가치 때문에 중재자도 되고 상반된 것들을 통합하는 역할도 하는 그런 정신으로 돌아가야 한다는 뜻이다. 수 세기 동안 연금술사들을 사로잡았던 그런 사상으로 말이다.

만약에 물고기자리의 시대가 서로 적대적인 형제라는 원형적인 모티프의 지배를 받는다면, 그러면 다음번 '플라톤 월'(Platonic month: 분점(分點)이 황도를 한 바퀴 도는 데 걸리는 '플라톤 년'(Platonic year)은 약 25,800년이다. 그러면 '플라톤 월'은 2,150년이란 계산이 나온다/옮긴이), 즉 물병자리의 접근은 상반된 것들을 결합시키는 문제에 집중할 것이다. 그러면 악을 단순히 선의 결핍으로 여기는 것이 더 이상 가능하지 않을 것이고, 악이 공존한다는 사실에 대한 인정이 따를 것이다. 이 문제는 철학으로도 풀리지 않고, 경제학으로도 풀리지 않고, 정치학으로도 풀리지 않는다. 오직 개별 인간 존재에 의해서, 살아 있는 정신을 직접 경험함으로써만 풀릴 수 있다. 이 정신의 불꽃이 요아킴에게 내려왔으며, 이 불꽃은 동시대의 온갖 오해에도 불구하고 미래로 넘겨졌다. 우리가 이 시대에 경험한 '성모승천'이라는 경건한 선언은 상징들이 시대를 내려오면서 발달하는 방법을 보여주는 한 예이다. '성모승천'의 뒤에서 작용하고 있는 강력한 동기는 그 선언을 거의 100년 동안 미루면서 망설이는 모습을 보인 교회의 권위에서 나온 것이 아니라 성모승천을 더욱 열성적으로 주장한 가톨릭 집단에서 나온 것이었다. 가톨릭 집단의 그런 주장이 바로 스스로를 실현하려는 원형의 충동이 아닐까.

성령 운동의 영향은 그 후 몇 년 사이에 미래에 엄청나게 중요한 의미를 지닐 4명에게 전파되었다. 알베르투스 마그누스(Albertus Magnus: 1198-1280)와 그의 제자로 교회의 철학자이며 연금술에 밝았던 토마스 아퀴나스(알베르투스 마그누스도 마찬가지로 연금술에 밝았다), 영국의 귀납적 과학의 선구자 로저 베이컨(1214년경-1294년경), 마지막으로 독립적인 종교 사상가로 600년 동안 빛을 보지 못하다가 이제야 부활하고 있는 마이스터 에크하르트(Meister Eckhart: 1260년경-1327년)가 그들이다. 일부 사람들은 성령 운동을 종교개혁의 전조로 제대로 보았다.

12세기와 13세기에, 우리는 라틴 연금술이 시작된 것을 발견한다. 라틴 연금술의 철학적 및 영적 요소에 대해서 나는 '심리학과 연금술'(Psychology and Alchemy)에서 상세히 밝히려고 노력한 바 있다. 앞에서 제시한 "새로운 바위 속의 불변성"이라는 이미지는 철학적 연금술의 핵심적인 개념을, 즉 그리스도와 유사한 것으로 여겨지는 '철학자의 돌'을 놀랄 정도로 많이 닮았다. 프리스킬리안(Priscillian: 4세기)은 "우리는 하나의 기반으로 그리스도를, 하나의 초석으로 예수를 두고 있다."라고 말한다. 연금술에 관한 어느 텍스트는 "모세의 지팡이에 세 번 맞아 물이 넘쳐흐르게 된 바위"에 대해 이야기한다. '철학자의 돌'은 "신성한 바위"로 불리고 4개의 부분을 가진 것으로 묘사되고 있다.

성 암브로시우스(St. Ambrose: A.D. 337-397)는 바위에서 흘러나오는 물은 그리스도의 옆구리에서 흘렀던 피의 원형이라고 말한다. 또 다른 연금술 텍스트는 "바위에서 흐른 물"을 '영원한 물'로 언급하고 있다. 나세네스파 사이에 아담은 "바위"와 "초석"으로 불렸다. 예수 그리스도를 "바위"와 "초석"으로 비유하는 예는 에피파니우스와 피르미쿠스 마테르누스(Firmicus Maternus)의 글에서도 확인되고 있다. 교회 언어와 연금술 언어에 공통적으로 나타나는 이 형상은 '고린도전서' 10장 4절과 '베드로전서' 2장 4절까지 거슬러 올라간다.

그렇다면 영원한 복음이 그리스도의 메시지를 대신할 것으로 여겨졌던 것과 똑같이, 새로운 바위는 그리스도를 대신한다. 성령의 강림과 내재(內在)를 통해서, '하느님과의 부자 관계'가 모든 개인의 내면으로 스며든다. 그러면 성령을 가진 모든 사람이 새로운 바위가 되어 '베드로전서' 2장 5절처럼 될 것이다. "너희도 살아 있는 돌처럼 신령한 집으로 세워지고…." 이것은 '누가복음' 6장 35절("지극히 높으신 이의 아들이 되리니.")과 '요한복음' 10장 34절("율법에 기록된 바, 내가 너희를 신이라 하였노라 하지 아니하였느냐?")에 나오는, 성령과 하느님 아버지와 자식의 관계에 관한 가르침의 논리적인 결과이다. 잘 알고 있는 바와 같이, 나세네스파 사람들은 이미 앞에 말한 내용을 이

용해 어떤 역사적 전개를 예측했다. 수도원 생활을 통해서 성령 운동으로, 또 다시 독일 신학을 통해 직접 루터(Martin Luther)로, 그리고 연금술을 통해 현대 과학으로 이어지는 그런 전개를 예측한 것이다.

여기서 물고기로 상징되는 그리스도로 되돌아가도록 하자. 프란츠 될거에 따르면, 기독교의 물고기 상징은 A.D. 200년경 알렉산드리아에서 처음 나타났다. 마찬가지로, 세례반은 꽤 일찍부터 "물고기 연못"으로 묘사되었다. 이는 실제로 복음서(예를 들면, '마태복음' 4장 19절)가 암시하듯이 신자들이 물고기라는 것을 전제로 하고 있다. '마태복음'의 그 부분에서 그리스도는 베드로와 안드레아를 "사람을 낚는 어부"로 만들기를 원하고, 기적적으로 물고기들을 많이 잡은 것 ('누가복음' 5장 10절)이 그리스도 본인에 의해 베드로의 전도 활동의 예로 제시되고 있다.

그리스도 탄생의 점성술적인 측면에 대한 내용은 '마태복음' 2장 1절에 직접 제시되고 있다. 동방에서 온 박사들은 특이한 별자리를 보면서 똑같이 특이한 존재의 출생을 추론한 천문학자들이었다. 이 일화는 그리스도가 아마 사도들의 시대에 이미 점성술의 관점에서 고찰되었거나 적어도 점성술의 신화와 연결되었다는 점을 보여주고 있다. 성 요한이 계시와 관련해서 한 말을 고려한다면, 그리스도가 점성술 신화와 연결된 것이 확실하다. 대단히 복잡한 이 문제는 나보다 더 많은 자격을 갖춘 사람들에 의해 논의되었기 때문에, 구세주의 세속 삶과 내세의 삶에 관한 이야기들의 뒤를 보면 점성술적 신화가 확인된다는 사실을 근거로 우리는 그 같은 주장을 뒷받침할 수 있다.

무엇보다, 물고기 상징에 의해서 입증되는 것은 물고기자리 시대와의 연결이다. 이 물고기 상징은 복음 자체에도 나타나고("사람들의 어부", 최초의 사도들을 어부로 묘사한 예, 빵과 물고기의 기적) 그 뒤 사도 후 시대에도 나타난다. 이 상징은 그리스도와 그를 믿는 사람들을 물고기로, 물고기를 신자들이 모이는 사랑의 잔치에서 먹은 음식으로, 세례를 물고기가 있는 연못에 잠기는 것으로 제시하고 있다. 첫눈에도 이 모든 것은 이미 존재했던 물고기 상징과 신화의 모티프가 구세주의 형상을 동화시켰다는 점을 보여주고 있다. 달리 표현하면, 그것은 그리스도가 당시에 지배하던 관념의 세계 속으로 동화되었다는 점을 보여주는 신호이다.

하지만 그리스도가 새로운 시대로 여겨졌다는 점에서 본다면, 점성술에 밝은 사람 모두에게 그가 물고기자리 시대의 첫 번째 물고기로 태어나서 쇠퇴하는 양자리 시대의 마지막 양으로 죽을 운명을 타고났다는 것이 분명하게 보일 것이다. '마태복음' 27장 15절은 이 신화의 모티프를 계절 신에 대한 제물로 묘사하고 있다. 정말 흥미로운 것은 그 의식에서 예수의 파트너가 "아버지의 아들"이란 뜻의 바라바(Barabbas)로 불린다.

초기 기독교 심리학에 나타난 상반된 것들 사이의 긴장과 물고기자리 기호가 서로 반대 방향으로 움직이는 두 마리의 물고기를 보여준다는 사실 사이에 어떤 비슷한 점을 찾는 것도 틀리지 않을 것이다. 그러나 거기엔 조건이 있다. 물고기들이 서로 반대 방향으로 움직인다는 인식이 기독교 시대 이전에 시작되었거나 적어도 그리스도와 동시대에 시작되었다는 점이 증명될 수 있어야 한다. 불행히도, 나는 물고기들의 위치에 관한 정보를 줄 수 있는 그 시대의 이미지에 대해 아는 것이 하나도 없다.

아테네의 리틀 메트로폴리스에 있는 황도십이궁을 새긴 작품을 보면, 물고기자리와 물병자리가 빠져 있다. 우리 시대가 시작될 즈음, 그러니까 기독교 영향력에서 확실히 벗어나 있던 시기의 것으로, 물고기자리의 상징은 하나 있다. 그것은 나폴리에 있는 조각상 파르네세 아틀라스가 짊어지고 있는 천체에 있다. 적도 북쪽에 묘사된 첫 번째 물고기는 수직으로 그려져 있다. 물고기의 머리가 천구의 극을 향하고 있다. 두 번째 물고기는 적도 남쪽에 수평으로 그려져 있다. 물고기의 머리가 서쪽을 향하고 있다. 그림은 천문학적 배열을 따르고 있기 때문에 아주 자연스러워 보인다.

이집트의 덴데라에 있는 하토르 신전(B.C. 1세기)의 황도십이궁은 물고기들을 보여주고 있지만 모두 같은 방향을 향하고 있다. 히파르코스가 언급한 건축가 티모카레스(Timochares)의 평평한 별자리 지도도 물고기자리가 있어야 할 곳에 물고기 한 마리를 표시하고 있다. 황제들의 시대에 제작된 주화와 보석들과 미트라교 기념물에도 물고기가 나타나는데, 같은 방향을 보고 있는 물고기도 있고 반대 방향으로 움직이는 물고기도 있다. 물고기가 훗날 양극성을 획득하게 된 것은 아마 별자리의 배열에서 첫 번째 물고기(북쪽)가 수직을 이루고 있고 두 번째 물고기(남쪽)가 수평을 이루고 있는 사실 때문일 것이다. 물고기들은 서로 거의 직각을 이루며 움직이고 따라서 십자가를 그린다. 오래된 자료의 대부분에서 보이지 않는 이 같은 대항 행동은 그리스도 시대에 많이 강조되었으며, 이 때문에 어떤 경향성이 있는 것이 아닌가 하는 궁금증을 낳고 있다.

그리스도라는 인물과 점성술적으로 물고기자리 시대가 시작되었다는 사실 사이에 어떠한 연결도 입증되지 않았다. 그럼에도 불구하고, 구세주의 물고기 상징과 새로운 시대의 점성술적 상징이 동시에 시작되었다는 사실은 내가 볼 때 아주 중요한 것 같다. 이 유사점을 신화학적으로 깊이 파고들면, 한편으로는 어떤 인격을 통해서 모습을 드러내고 또 한편으로는 그리스도의 탄생 이전에 정해진 어떤 시간에 모습을 드러내는 어떤 원형의 다양한 측면들을 밝혀내는 것도 가능할 것이다. 정말로, 그 일이 있기 오래 전에 이미 이 원형은 하늘로 투사되었다. 이 투사로 인해 하늘에 그려진 그림은 새로운 시대가 만들어내는 상징들과 일치하게 되어 있었다.

물고기자리는 물병자리와 염소자리처럼 겨울 우기에 해당한다. 그러므로 물고기자리는 십이궁의 하나로서 조금도 더 두드러지지 않다. 그러기에 분점의 세차운동을 통해서 춘분점이 물고기자리로 이동하고 따라서 "물고기"가 신의 한 이름으로 쓰이는 어떤 시대를 출범시킬 때에만, 물고기는 놀라운 것이 될 수 있다. 그때가 언젠가 하면, 한 사람의 인간이 되었고, 물고기로 태어나 양으로 희생되었고, 어부들을 사도로 두었고, 사도들을 사람들의 어부로 만들기를 원했고, 기적을 행해 물고기를 증식시켜 대중을 먹였고, 자신이 한 마리의 물고기로, "신성한 음식"으로 먹히고, 어린 물고기들을 추종자들로 두었던 그런 신의 이름으로 쓰이던 때였다.

여기서, 꽤 널리 퍼진 어떤 점성술 지식이 일부 영지주의 기독교 집단의 상징적 표현 중 적어도 어느 정도는 설명해준다고 가정하자. 하지만 공관복음서들의 내용과 관련해서는 이 가정이 통하지 않는다. 공관복음서에는 그런 것을 뒷받침할 증거가 전혀 없다. 그 이야기들이 위장한 점성술적 신화라고 생각할 이유도 전혀 없다. 반대로, 물고기 에피소드가 아주 자연스런 일이고 그 뒤를 파헤쳐볼 이유가 전혀 없다는 인상을 준다. 공관복음서의 내용은 "잘 정리된" 이야기이고, 꽤 단순하고 자연스럽다. 이런 이야기들을 읽는 사람은 기독교의 물고기 상징이 우연히, 고의가 개입되지 않은 상태에서 생겨난 것이 아닌지 궁금해 하게 된다. 따라서 이 상징과 새로운 시대의 이름이 우연히 일치하게 되었다고 보는 것이 타당하다. 또 물고기자리의 시대가 동양 문화에 뚜렷한 흔적을 전혀 남기지 않은 것 같기 때문에, 그런 관점이 더욱 설득력을 얻게 된다. 인도와 중국 점성술에 대해 아는 것이 거의 없는 나로서는 이런 주장을 강하게 펴지 못한다. 그럼에도 전통적인 물고기 상징이 '신약성경'에 제시된 어떤 예언과 맞아떨어진다는 사실은 나를 다소 불편하게 만든다.

우리 시대가 시작될 때 춘분점이 들어간 북쪽 혹은 동쪽의 물고기자리는 소위 이음매에 의해 남쪽 혹은 서쪽의 물고기와 연결된다. 이 이음매는 그 별자리의 중간 부분을 형성하는 흐릿한 별들로 이뤄져 있으며, 춘분점은 이 이음매의 남쪽 가장자리를 따라 점진적으로 이동했다. 황도가 두 번째 물고기의 꼬리에 있는 자오선(경선)과 교차하는 점은 모두가 잘 알고 있듯이 서양 상징의 역사에 특별히 중요한 종교개혁의 시대인 16세기와 대충 일치한다. 그 이후로 춘분점은 두 번째 물고기의 남쪽 가장자리를 따라 이동했으며 세 번째 천년 동안에 물병자리로 들어갈 것이다. 천문학적으로 해석하자면, 그리스도를 물고기들 중 하나로 볼 경우에 그리스도는 첫 번째 물고기, 수직으로 놓인 물고기와 동일시된다. 시간의 종말에, 그리스도의 뒤를 적그리스도가 따르게 된다. 그렇다면 '에난티오드로미아'(전향)의 시작은 논리적으로 두 마리의 물고기 사이의 어디가 될 것이다. 우리는 이미 일이 이런 식으로 돌아간다는 것을 보았다. 르네상스의 시대가 두 번째 물고기 가까운 곳에서 시작하고, 그 시대와 함께 현대에서 정점을 찍을 그 정신이 왔다.

7장

노스트라다무스의 예언

세차운동으로 분점이 물고기자리를 지나는 것을 바탕으로, 서양인의 정신적 발달의 근본적인 한 부분뿐만 아니라 종교적 역사의 과정까지도 시간과 내용에 관한 한 다소 정확하게 예언될 수 있었을지 모른다. 지금까지 보았듯이, 그 같은 예언은 실제로 있었고, 또 교회가 16세기에 분열을 겪은 사실과 일치한다. 그 이후, '에난티오드로미아' 과정이 시작되었으며, 이 과정은 위로만 향하던 "고딕식" 노력과 반대로 밖으로 향하는 수평적 움직임으로, 말하자면 발견의 항해와 자연의 정복으로 묘사될 수 있다. 수직선이 수평선에 의해 잘려지고, 인간의 영적 및 도덕적 발달은 적그리스도의 성향을 갈수록 더 강하게 띠는 방향으로 이뤄졌다. 그러다 오늘날 서구 문명이 위기에 직면하게 되었으며, 이 위기의 결과가 어떤 식으로 나타날지 자못 두렵다.

　이런 배경을 깊이 생각하면서, 나는 노스트라다무스(Michel de Nostradamus)가 프랑스의 앙리 2세(Henry Ⅱ)에게 보낸 1558년 6월

27일자 편지에서 밝힌 점성술적 예언들에 대해 언급하고 싶다. 특히 목성과 수성의 컨정선과 화성과 수성이 사분위각을 이루는 것이 특징인 어느 해에 대해 세세하게 설명한 뒤, 그는 이렇게 말하고 있다.

> 그렇다면 그 해가 시작되면 아프리카에서 기독교 교회에 대한 박해가 전례 없을 만큼 심하게 일어날 것입니다. 아마 1792년에 그런 일이 일어날 것입니다. 그때 모든 사람이 그 일을 그 시대의 혁신으로 생각할 것입니다. … 그리고 그때 그런 나라들에서 지옥의 힘이 예수 그리스도의 교회에 맞서 일어날 것입니다. 이것은 두 번째 적그리스도일 것이고, 이 적그리스도는 이승의 왕들의 권력을 이용해 예수 그리스도의 교회와 교회의 진정한 대리자를 박해할 것입니다. 그런데 이승의 왕들은 무지한 나머지 광인의 손에 쥐어진 어떤 칼보다도 더 예리한 혀에 넘어갈 것입니다. … 성직자에 대한 박해는 동쪽 왕들을 끌어들인 북쪽 왕들의 권력에서 시작될 것입니다. 그리고 그 박해는 북쪽의 중요한 왕이 실패할 때까지 11년 동안 지속될 것입니다.[21]

그러나 노스트라다무스는 "남쪽의 연합 왕"이 북쪽의 연합 왕보다 3년 더 오래 갈 것이라고 생각한다. 그는 이교도 사상의 복귀("성소가 이교도 사상에 의해 파괴되고")를 예상하고 있다. 또 성경이 불태워지고 대량살육이 일어날 것이라고 예언하고 있다. "기독교 교회가 최초로 창설된 이후로 지금까지 한 번도 겪지 않은 그런 재난"이 닥칠 것인데, 라틴 국가들 모두가 이 재난을 피하지 못할 것이란 예언이다.

....
21 The Complete Prophecies of Nostradamus, trans, and ed. by H. C. Roberts, pp. 231ff.

노스트라다무스가 새로운 시대의 시작으로 1792년을 지목하도록 한 역사적 요인들이 있다. 예를 들어, 피에르 다이 추기경은 자신의 저서 '일치'(Concordantia)에서 페르시아 점성가 알부마사르를 근거로 1693년으로 계산된 여덟 번째 컨정션에 대해 이렇게 쓰고 있다.

> 그 이후로 토성의 10번째 공전은 1789년에 마무리될 것이며, 이 일은 97년가량 걸리는 그 과정에서 앞에서 말한 컨정션이 있은 뒤에 일어날 것이다. … 그러므로 우리는 이런 식으로 말할 수 있다. 만약에 세상이 그때까지 신만이 알고 있는 일들을 견뎌내야 한다면, 틀림없이 중대하고 경이로운 변화가 많이 일어날 것이다. 특히 법의 집행과 종파와 관련하여 큰 변화가 있을 것이다. 왜냐하면 그 컨정션과 토성의 공전이 상위의 궤도, 즉 여덟 번째 천체(eighth sphere: 신비주의에서 일반적으로 지옥으로 여겨진다/옮긴이)의 공전 또는 역전과 일치할 것이다. 이런 것들과 다른 전제들을 바탕으로 하면, 종파들의 변화도 알려질 것이다. … 이를 바탕으로, 이때가 적그리스도가 자신의 법과 나쁜 종파들을 이끌고 올 때라고 결론을 내려도 무방할 것이다. 이 적그리스도의 종파들은 그리스도의 법과 정반대일 것이다. 그래도 인간인 우리는 적그리스도가 오는 시간과 순간을 절대로 확실히 알 수 없다. … 적그리스도가 올 때를 정확히 아는 것은 불가능하지만, 그래도 점성술이 암시하는 바와 일치하는 가설을 세우고 짐작하는 일은 가능할 것이다. 그러므로 만약에 점성가들이 종파의 변화가 그 시기에 일어날 것이라고 말한다면, 사악하고 이상한 법을 내세울 어떤 막강한 존재(Mighty One)가 마호메트(Mahomet)에 이어 나타날 것이라는 뜻이다. 그렇다면 마호메트 종파 뒤로 올 것은 적그리스도의 법밖에 없다고 봐도 무방할 것이다.

1693년이라는 해를 계산한 것과 관련해, 피에르 다이는 알부마사르가 토성과 목성의 최초의 위대한 컨정션이 '천지창조 후 3200년'에 일어났다고 말한 것으로 인용하고 있다. 이 해에다가 알부마사르는 960년을 더했다. 그러면 여덟 번째 컨정션이 일어나는 해가 A.D. 1693년이라는 계산이 나온다. 피에르 다이는 자신의 책 17장에서 이 같은 견해를 비판하면서 그것을 "엉터리 추론"이라고 폄하하고 있다. 그는 1410년에 "미신적인 점성가들"에 반대해 쓴 논문에서 기독교는 점성술을 따라서는 안 된다고 주장하고 있다. 그는 특히 기독교는 수성의 영향을 받고 있다는 이론을 부활시킨 로저 베이컨을 겨냥했다. 피에르 다이는 미신과 이단적인 의견만 점성술의 영향을, 특히 적그리스도의 도래의 영향을 받는다고 주장했다.

그렇다면 1789년을 수정해 1792년을 제시한 노스트라다무스도 이 계산법을 잘 알고 있었을 것이라고 짐작해도 무방할 것이다. 1789년과 1792년은 똑같이 암시적인 해이다. 노스트라다무스 이후에 일어난 사건들을 보면, 그 즈음에 일어난 일들은 우리 시대에 전개되고 있는 일들의 전조라는 것이 확인된다. "이성(理性)이라는 여신"에게 왕관을 씌워준 것은 사실 그 이후로 줄곧 추구되었던 적그리스도적인 경향을 예고하는 것이었다.

"시대의 혁신"은 새로운 시대를 의미할 수도 있으며, 이는 새로운 날짜 계산법, 즉 1792년 9월 22일부터 시작하고 또 적그리스도적인 성격을 분명히 지닌 혁명력의 등장과 놀라운 방향으로 일치한다. 오래 전부터 끓고 있던 것이 그때 하나의 사건으로 터져 나왔다. 프랑스 혁명 동안에 사람들은 르네상스로 시작되어 점성술의 물고기 상징과 나란히 달려온 '에난티오드로미아'를 목격했다. 그때는 여러 가지 이유로 점성술적으로 의미 있는 때처럼 보였다. 우선, 세차운동으로 춘분점이 두 번째 물고기의 꼬리에 닿던 때였다. 그렇다면 1791년에 토성은 격한 성격의 양자리에 있었다. 그것 외에도, 일부 사람들은 대(大)컨정션 이론을 이용하면서 여덟 번째 컨정션이 일어난 1693년을 미래의 출발점으로 여겼다. 이 결정적인 해는 한 번 공전하는 데에 300년이 걸리는 토성의 열 번째 공전 기간에 근거를 둔 또 다른 전설과 결합되었다. 피에르 다이는 알부마사르가 '대컨정션'(Magnae coniunctiones)에서 한 말을 인용한다. "토성의 10번째 공전이 끝날 때 그 변화가 일어날 것이다. 이때 토성의 배열 변화는 활동궁(양자리, 염소자리, 천칭자리, 게자리)에 특별히 적절하다."

피에르 다이에 따르면, 토성의 주기는 B.C. 11년에 끝났는데, 그는 이 주기의 끝과 그리스도의 출현을 연결시킨다. 또 다른 주기는 A.D. 289년에 끝났는데, 이것은 마니교의 이원론과 연결된다. 589년은 이슬람을 예고하고, 1189년은 교회의 분열을 선언하고, 1789년은 적그리스도의 도래를 암시한 것으로 여겨진다. 원형이 오래 전부터 준비된 상태에서 시간이 무르익기만을 기다리고 있었기 때문에, 어떤 공상이든 가능했을 것이다. 적그리스도가 지옥의 무엇인가이고, 악이거나 악의 아들이고, 따라서 북쪽에 불타는 거주지를 가진 티폰(Typhon)이나 세트라는 점을 고려한다면, 북쪽의 강탈자가 권력을 잡는다는 것이 무슨 뜻인지 쉽게 이해된다. 티폰의 권력은 동쪽과 남쪽에 동맹을 각각 하나씩 두고 있는 일종의 트리아드이다. 이 권력은 "저차원의 트리아드"에 해당한다.

학식이 높은 의사이자 점성가였던 노스트라다무스는 악마나 신앙 없는 사람 혹은 사악한 모든 것들의 영역으로서 북쪽이라는 개념을 분명히 잘 알고 있었을 것이다. 리옹의 성 에우케리우스(St. Eucherius: 380년경-449년경)가 언급한 바와 같이, 이 개념은 '예레미야서' 1장 14절("사악한 바람이 북방에서 일어나 이 땅의 모든 거주자들에게 불게 될 것이니라.")이나 '이사야서' 14장 12절과 같은 다른 부분으로까지 거슬러 올라간다. '이사야서' 14장 12절을 보자.

> 아침의 아들 루시퍼여, 어떻게 하늘에서 떨어졌으며, 국가들을 멸망시킨 너 어찌하여 땅으로 처박히게 되었는가! 네가 네 마음에 이르기를, 내가 하늘로 올라가 하느님의 별들 위로 내 자리를 높이리라, 내가 북극 집회의 산 위에 앉으리라.

베네딕토회 수사 라바누스 마우루스(Rhabanus Maurus: 856년 사망)는 "북풍은 가장 엄한 박해이며 오래된 적의 형상"이라고 말한다. '욥기' 26장 7절("하느님이 북쪽 하늘을 허공에 펼쳐놓으시고 이 땅을 빈 곳 위에 매달아 놓았다.")에서 보듯, 북풍은 악을 의미한다. 마우루스는 이를 "하느님이 악마가 하느님의 은총을 받지 않은 사람들의 마음을 지배하도록 허용한다."는 뜻으로 해석하고 있다. 성 아우구스티누스는 이런 말을 한다. "북쪽 하늘 높은 곳으로 올라가서 가장 높은 존재처럼 될 거야, 라고 말하는 것이 북풍이 아니라면 누가 북풍이겠는가? 악마가 사악한 것을 지배하고 국가들을 소유했느니라."

성 빅토르 수도원의 수도사 가르네리우스(Garnerius)는 "사악한 정신"이 아퀼로, 즉 북풍이라 불렸다고 말한다. 북풍의 차가움은 "죄인의 냉혹함"을 의미했다. 아담 스코투스(Adam Scotus: 1140년경-1212년경)는 모든 악이 비롯되는 북쪽에 무서운 용의 머리가 있다고 상상했다. 이 용은 입과 코로 3가지 성격의 연기를, 말하자면 "삼중의 무지, 즉 선과 악, 진실과 허위, 적절한 것과 부적절한 것에 대한 무지"의 연기를 뿜어냈다. 아담 스코투스는 "그것은 예언자 에스겔이 북쪽에서 오는 것을 보았다"는 그 연기이고, 이사야가 말한 "연기"이다. 신앙심 깊은 스코투스는 예언자 에스겔이 본 하느님의 환상이 3중의 무지라는 사악한 연기를 두른 북풍의 날개를 타고 얼마나 크게 부풀려질 수 있는지에 대해서는 결코 생각하지 않는다.

연기가 나는 곳에는 불이 있다. 그렇듯 "엄청나게 큰 구름"도 가장자리는 밝다. 북풍은 불의 영역에서 오며, 그 바람은 차가움에도 불구하고, 그레고리오 1세(Gregory the Great: 540년경-604년) 교황이 '욥기' 27장 21절을 언급하면서 쓴 표현 그대로 "불타는 바람"이다. 이 바람은 사악한 정신으로, "가슴에 육욕의 불꽃을 피우고" 모든 살아 있는 것들이 죄를 짓도록 부추긴다. "북풍은 세속적인 쾌락을 자극함으로써 사악한 이들의 심장이 불타도록 만든다." '예레미야서' 1장 13절은 이렇게 적고 있다. "내가 끓는 가마를 보는데, 그 윗면이 북에서부터 기울어졌나이다." 그레고리오 1세 교황의 글에서 따온 이 인용문들에서, 우리는 북쪽의 불이라는 고대의 관념의 희미한 반향을 듣는다. 이 관념이 에스겔의 내면에 상당히 강하게 남아 있으며, 이 불의 구름은 북쪽에서 나타나고, 거기서부터 "악이 이 땅의 모든 거주자들에게 닥쳐올 것이다".

이런 환경에서 노스트라다무스가 적그리스도의 도래를 예견하면서 북쪽의 강탈자에 대해 경고하는 것은 별로 놀라운 일이 아니다. 15세기 후반부에 나온, 적그리스도에 관한 수많은 책들이 보여주듯이, 적그리스도는 종교개혁 이전에도 민간의 이야기에서 아주 인기 있는 주제였다. 이 같은 현상은 코앞으로 다가오고 있는 정신적 사건들을 고려하면 충분히 이해 가능하다. 루터는 즉각 적그리스도라는 비판에 직면했으며, 노스트라다무스가 1792년 이후에 나타날 것이라고 한 적그리스도를 "두 번째 적그리스도"라고 부르는 것도 가능하다. 첫 번째 적그리스도가 독일 개혁가를 위장해 이미 나타났거나 그것보다 훨씬 전에 네로(Nero)나 모하메드로 나타났을 수도 있기 때문이다. 우리는 이 맥락에서 히틀러(Adolf Hitler)가 루터가 반만 성공시킨 채 남겨놓은 개혁 작업을 계속 추구한다는 명분을 얼마나 철저히 이용했는지에 대해 반드시 언급하고 넘어가야 한다.

그러므로 기존의 점성술 자료와 그것을 해석할 수 있는 폭을 바탕으로 고려한다면, 노스트라다무스가 기독교 시대의 '에난티오드로미아'가 급박했음을 예언하는 것은 그다지 어렵지 않았다. 정말이지, 그는 이런 예언을 함으로써 자신이 적그리스도의 위치에 서서 적그리스도의 대변자 역할을 맡았다.

여기까지 가벼운 '유람'을 즐겼으니, 이젠 물고기의 상징으로 다시 돌아가도록 하자.

8장

물고기의 역사적 의미

'그리스도 물고기' 외에, 모두가 잘 알고 있듯이, 목자와 양도 기독교 비유에서 그 못지 않은 큰 역할을 하며, '양을 짊어진 헤르메스' (Hermes Kriophoros)는 "선한 목자"의 원형, 즉 양떼들의 수호신이 되었다. 목자의 능력을 가진 또 다른 원형은 오르페우스(Orpheus)였다. 양치기로서의 이런 측면은 신비주의 종파에도 이와 비슷한 이름의 형상을 하나 낳았다. 이 형상은 헤르마스의 "목자"로 널리 알려졌다(2세기). 아베르키우스의 비문에 언급된 "거대한 물고기"처럼, 목자도 아마 시기적으로나 지역적으로나 아티스(Attis) 신과 연결되어 있을 것이다.

라이첸슈타인(Richard August Reitzenstein: 1861-1931)은 더 나아가 헤르마스의 "목자"는 그야말로 이교도에 기원을 두고 있는 문서인 '포이만드레스'(Poimandres: '헤르메스 전서'(Corpus Hermeticum)에 들어 있는 어느 장의 제목/옮긴이)에서 나왔다고 추측하고 있다. 목자와 양, 어린 양의 상징은 끝나가는 양자리 시대와 일치한다. 우리 시대의 첫 세기에 두 시대가 서로 겹치며, 이 시기의 가장 중요한 두 신인 아티스와 그리스도는 똑같이 목자와 양, 물고기가 특징으로 꼽힌다. 목자 상징은 라이첸슈타인에 의해 워낙 철저히 분석되었기 때문에, 나는 이 측면에서 뭔가를 더할 수 있는 입장이 절대로 아니다. 목자 상징은 물고기 상징과 다소 다르다. 목자 상징의 경우 그 원천이 더욱 풍부할 뿐만 아니라 상징의 본질 자체가, 특히 상징의 이중적인 측면이 분명히 심리학적 질문을 몇 가지 던지도록 만든다. 나는 이 질문을 조금 더 깊이 파고들 생각이다.

모든 영웅과 마찬가지로, 그리스도도 위험한 어린 시절을 보냈다(무고한 사람들을 대량으로 학살하는 사건과 이집트로의 도망가는 고난 등). 이에 대한 점성술적 "해석"은 '요한계시록' 12장 1절에서 발견된다. "해를 옷으로 걸친 여자가 있는데, 그녀의 발밑에 달이 있고 머리에 12개의 별로 된 관을 썼더라." 그녀는 출산의 통증을 느끼는 상황에서 용에게 쫓기고 있다. 그녀는 "철장(鐵杖)으로 만국을 다스릴" 인간 아이를 낳을 것이다. 이 이야기는 동양과 서양에서 무수히 많이 나타나는 비슷한 모티프를 반향하고 있다. 이런 유의 이야기로는 레토(Leto) 여신과 피톤(Python)이라는 뱀이 있고, 추격을 받다가 유프라테스 강으로 뛰어들어 물고기로 변신했다는 아프로디테와 그녀의 아들이 있고, 이집트의 이시스(Isis)와 호루스가 있다. 시리아의 그리스인들은 데크레토-아타르가티스와 그녀의 아들 익투스(Ichthys)를 물고기자리와 동일시했다.

어머니 여신과 '요한계시록'에 별의 관을 쓰고 나오는 여자는 같은 존재로 생각되는데, 이 여자는 언제나 처녀로 여겨진다. 크리스마스 메시지, 즉 '처녀가 아이를 낳고, 빛이 훤해졌네.'라는 메시지는 이교도적이다. 알렉산드리아에서 소위 코리온 신전에 대해 이야기하면서, 에피파니우스는 '주의 공현(公現) 대축일'(1월 5/6일) 밤에 이교도들이 큰 축제를 벌였다고 전하고 있다.

> 그들은 노래를 부르고 피리를 불고 신들의 형상 앞에 이런 것들을 바치면서 밤을 꼬박 새웠다. 그러다 수탉이 꼬끼오 하고 울고 밤의 향연이 끝나면, 그들은 횃불을 들고 지하 성소로 내려가 나무로 깎은 형상 하나를 갖고 올라와서 짚 위에 놓았다. 형상의 이마에는 금으로 만든 십자가 표시가 있고, 양 손에는 똑같은 모양의 다른 표시가 있다. 무릎에 그런 표시가 2개 더 있다. 5개의 표시는 모두 금으로 만들어져 있다. 그들은 나무로 깎은 이 형상을 들고 피리와 탬버린과 찬송가 소리에 맞춰 신전 가운데를 일곱 바퀴 돌았다. 이 절차를 거친 뒤 그들은 형상을 다시 토굴로 갖고 내려갔다. 그러나 그들에게 이 신비의 의식이 무슨 의미냐고 물으면, 그들은 이렇게 대답할 것이다. '오늘, 바로 이 시간에, 코레, 즉 처녀가 시대를 낳았기 때문이야.'

에피파니우스는 자신이 기독교 종파의 의식(儀式)을 소개하는 것이 아니라 우상 숭배자들의 의식을 소개하고 있다는 점을 분명히 강조하고 있다. 그가 그 점을 굳이 강조하는 이유는 이교도들까지도 본의 아니게 기독교의 진리를 뒷받침하고 있다는 점을 보여주기 위해서다.

12궁의 하나인 처녀궁의 처녀는 밀 한 다발 혹은 아이를 하나 갖고 있다. 일부 권위자들은 이 처녀와 '요한계시록'의 "여자"를 서로 연결시킨다. 어쨌든, 이 여자는 시간의 종말 때 있을 메시아의 탄생에 관한 예언과 관계가 있다. '요한계시록'의 저자가 기독교인일 것이기 때문에, 여기서 이런 의문이 생긴다. 메시아의 어머니 혹은 그리스도의 어머니로 해석되는 그 여자는 도대체 누구인가? 그리고 (그리스어를 글자 그대로 옮기면) 이교도들을 철장(鐵杖)으로 방목할 그 여자의 아들은 도대체 누구를 가리키는가?

이 구절은 한편으로 '이사야서' 66장 7절에 나오는 메시아에 관한 예언을, 다른 한편으론 여호와의 분노('시편' 2장 9절)에 관한 내용을 담고 있기 때문에 어떤 식으로든 미래에 있을 메시아의 부활에 대해 언급하는 것 같다. 그러나 그런 생각은 기독교의 범위 안에서 거의 불가능하다. 볼(Franz Boll: 1867-1924)은 '요한계시록' 5장 6절에 나오는 "양"의 묘사에 대해 이렇게 말한다. "7개의 뿔과 7개의 눈을 가진 정말 이상하게 생긴 이 형상은 기독교 용어로는 설명되지 않는다." 또한 그 "양"은 예상하지 않았던 기이한 특성을 일부 보인다. 양은 싸우길 좋아하는 양이고, 정복자이다('요한계시록' 17장 14절). 땅의 힘센 양들도 그의 분노를 피해 숨어야 한다('요한계시록' 6장 15절). 그 양은 "유대족의 사자"와 비슷하다('요한계시록' 5장 5절). '시편' 2장 9절("네가 철장으로 그들을 깨뜨리고 질그릇처럼 부수리라.")을 떠올리게 하는 그 양은 악마 같은 양의 인상을 주며 온순하게 도살장으로 끌려가는 그런 양의 인상은 전혀 주지 않는다.

'요한계시록'의 양은 틀림없이 이 예언들에서 언급된 뿔 달린 괴물의 범주에 든다. 그러므로 여기서 '요한계시록'의 저자가 어떤 의미에서 보면 그리스도와 정반대인 어떤 관념의 영향을, 아마 심리학적인 그림자 형상, 즉 시간의 종말에 부활의 행위를 통해 의기양양한 그리스도와 결합된 그런 "그림자 예수"의 영향을 받지 않았을까 하는 의문이 생긴다. 이 가설은 출생 신화가 반복되는 이유를 설명하고 또 동시에 적그리스도의 도래 같은 대단히 중요한 종말론적 기대들이 '요한계시록'에서 좀처럼 언급되지 않은 이상한 사실에 대해서도 설명해준다. 7개의 뿔을 가진 양은 예수가 갖지 않았을 법한 것들을 두루 갖추고 있다.

이 양은 진정한 그림자 형상이지만 사탄의 창조물인 적그리스도로 묘사되어서는 안 된다. 왜냐하면 괴물이고 호전적인 양이 제물로 바쳐진 양의 카운터파트라는 점에서 그림자 형상이라 할지라도 적그리스도만큼 그리스도와 양립하기가 어렵지 않기 때문이다. 따라서 여기 나타나는 그리스도 형상의 복제는 그리스도와 적그리스도의 분열에 따른 것이 아니라 오히려 복수(復讐)의 신과 그 신의 호전적인 메시아에 의지했던 유대인 기독교인들이 느낀 반(反)로마 정서 때문이었다. '요한계시록'의 저자는 훗날 전설을 통해 우리에게 알려지게 된 유대인들의 사고를 잘 알고 있었을 것이다. 하다르샨(Moses ha-Darshan: 11세기)이 '창세기'를 해석한 '베레시트 라바티'(Bereshith Rabbati)를 보면, 엘리야가 베들레헴에서 어느 젊은 여인이 갓 태어난 아기를 피가 묻은 상태 그대로 자기 옆 땅바닥에 누인 채 자기 집 문 앞에 앉아 있는 것을 발견한다는 내용이 있다. 그녀가 자기 아들이 악의 시간에, 말하자면 신전이 파괴되던 때에 태어났다고 설명했다. 그러자 엘리야는 그녀를 나무라며 아이를 보살피라고 훈계했다.

엘리야는 5주 후에 다시 그곳을 찾아 그녀에게 아들의 안부를 물었다. 이에 여인은 "아이는 걷지도 않고, 보지도 않고, 말도 하지 않고, 듣지도 못하고 언제나 바위처럼 누워 있다."라고 대답했다. 그때 갑자기 이 땅의 네 귀퉁이에서 바람이 불어와 아이를 데리고 가서 바다에 던져넣었다. 그러자 엘리야는 이젠 이스라엘을 구할 수 없게 되었다면서 한탄했으나, 그때 어떤 목소리가 그에게 말했다.

> 그렇지 않단다. 그는 코라(Korah)의 아이들이 연기를 피어 올리는 480년 동안 넓은 바다 속에 그대로 있을 것이고, 80년은 로마의 성문 밑에 있을 것이고, 종말의 날이 올 때까지 나머지 세월은 큰 도시들을 떠돌게 될 것이다.

이 이야기는 베들레헴에서 태어났음에도 신의 개입으로 인해 '저 너머'(바다=무의식)로 가볍게 보내진 어느 메시아를 묘사하고 있다. 이 메시아의 어린 시절은 처음부터 매우 험난하다. 도저히 살아가지 못할 정도이다. 이 전설은 유대교에서 구세주의 요소가 크게 약화되었다는 점을 암시하고 또 메시아가 수반할 위험에 대해 경고하고 있다. 이는 메시아의 출현이 늦어지는 데에 대한 설명이 될 것이다. 560년 동안 메시아는 잠들어 있을 것이며, 그런 다음에야 그의 임무가 시작될 것이다. 이 '막간'은 '탈무드' 예언에서 언급한 530년과 크게 차이 나지 않는다.

이 전설을 예수 그리스도에 대해 이야기하는 것으로 받아들인다면, 두 숫자는 충분히 비교해 볼만하다. 유대교 사상이라는 무한히 넓은 바다에서, 이런 식의 상호 비교가 이뤄졌을 가능성이 크다. 그리하여 구세주에 대한 협박과 폭력에 의한 그의 죽음은 다른 이야기에도 거듭 나타나는 주제가 되었다. 훗날의 신비주의 전설은 두 명의 메시아, 즉 메시아 벤 요셉(ben Joseph)과 메시아 벤 다비드(ben David)를 거론하고 있다. 이들은 모세와 아론(Aaron), 그리고 두 마리의 사슴과 비교되었다. '아가서' 4장 5절에도 그런 내용이 나온다. "너의 두 유방은 어린 쌍둥이 사슴 같구나." '신명기' 33장 17절에 따르면, 메시아 벤 요셉은 "첫 수송아지" 같고, 메시아 벤 다비드는 당나귀를 타고 있다. 메시아 벤 요셉은 "여호와의 자손들을 위해 자신의 피로 속죄하기 위해" 죽어야 한다. 그는 곡과 마곡에 맞서 싸우다 떨어질 것이고, 그러면 아르밀루스(Armilus)가 그를 죽일 것이다.

아르밀루스는 사탄이 대리석 위에 낳은 적(敵)메시아이다. 그는 메시아 벤 다비드에게 때가 되면 살해될 것이다. 그런 다음에 벤 다비드는 새 예루살렘을 하늘에서 가져오고 벤 요셉을 다시 살려낼 것이다. 이 벤 요셉이 훗날의 전설에서 이상한 역할을 맡는다. '코란' 해설가 타바리(Tabari: A.D. 838-923)는 적그리스도가 유대인의 왕이 될 것이라고 언급하고 있고, 아바르바넬의 '구원 선언'(Mashmi'a Yeshu'ah)을 보면 메시아 벤 요셉은 실제로 적그리스도이다. 그렇다면 벤 요셉은 의기양양한 메시아와 정반대로 고통 받는 메시아일 뿐만 아니라 종국적으로 의기양양한 메시아의 적대자로 여겨진다.

이 전설들이 보여주듯이, 메시아적인 요소가 약화된 것은 최종적으로 양극성으로 이어진 어떤 분열 때문이다. 이 같은 전개는 페르시아의 종교적 문헌에, 기독교 이전에 있었던 '에난티오드로미아'라는 사상에, 그리고 선의 약화에서 이미 예고되었다. '바하만 야스트'(Bahman Yast)라는 텍스트는 네 번째 철기 시대를 "'분노'라는 종족의 헝클어진 머리카락을 가진 악마들이 사악하게 지배하는 시대"라고 부른다. 한편, 메시아가 둘로 나뉜 것은 여호와의 성격이 내적으로 동요하는 것을 표현한 것이다.

생각 있는 신자라면 욥의 시대 이후로 여호와의 불공평한 처사와 신뢰할 수 없는 점에 충격을 느끼지 않을 수 없었을 것이다. 욥은 이 문제를 모호하게 표현했고, 기독교도 마찬가지로 모호한 대답을 내놓았다. 그런 한편 유대 신비주의는 제 갈 길을 가고 있었으며, 그러면서 유대인 신비주의의 사색은 기독교 사상가들이 덮으려고 노심초사했던 것들을 오히려 더 깊이 파고들었다. 여기서 이 주제에 대해 길게 논하고 싶지 않지만, 이븐 에즈라(Ibn Ezra: 1089-1167)가 들려주는 이야기를 하나의 예로 언급하고 싶다. 그에 따르면, '시편' 89장의 내용이 자신을 슬프게 만든다는 이유로 그 대목을 읽지 못하는 위대한 현인이 스페인에 있었다. 문제의 구절은 이 부분이다.

> 흔들림 없는 나의 사랑을 그에게서 거두지 않고
>
> 또는 나의 성실에 거짓말을 하지 않을 것이로다.
>
> 나의 언약을 깨뜨리지 않을 것이고
>
> 내 입술에서 뱉어진 말은 바뀌지 않을 것이로다.
>
> 나의 거룩함으로 영원히 맹세하였느니
>
> 다윗에게 절대로 거짓말을 하지 않을 것이라고.
>
> 그의 후손은 영원할 것이고
>
> 그의 왕위는 해같이 언제나 내 앞에 있을 것이라.
>
> 하늘의 확실한 증인인 달처럼,
>
> 영원히 견고하리라. 셀라!
>
> 그러나 지금 주께서 기름 부음을 받은 자에게 노하셔 물리치셨으며
>
> 주의 종의 언약을 미워하셔서 그의 관을 땅에 던져 욕되게 하셨으며.
>
> 그의 모든 울타리를 파괴하시고
>
> 그의 요새를 무너뜨렸느니라.

이것은 욥의 내면에서 일어난 문제와 똑같다. 정신의 상하조직을 지배하는 가장 높은 가치로서, 신의 형상은 그 즉시 자기와 연결되거나 동일시된다. 그래서 신의 형상에 일어나는 모든 것은 자기에 영향을 미치게 되어 있다. 그리고 신의 형상에 관한 불확실성은 자기의 내면에 깊은 불안을 일으키며, 이 때문에 그 문제는 대체로 무시된다. 그러나 그렇다고 해서 그 문제가 무의식에서도 가만히 묻혀 있을 것이라는 뜻은 아니다.

이보다 더 중요한 것은 그 문제에 대한 대답이 전염병처럼 번지고 있는 물질주의나 무신론 같은 관점이나 믿음에서 나오고 있다는 사실이다. 합당한 대답을 기다렸는데도 그에 걸맞은 대답이 나오지 않는 때나 곳이면 어김없이 이런 관점과 믿음이 나타나게 되어 있다. 이 같은 대용품은 진짜 문제를 억눌러서 무의식 속으로 꾹꾹 집어넣으며 문명의 특징인 역사적 전통의 연속성을 파괴한다. 그 결과 당혹감과 혼란이 일어나게 된다.

기독교는 신의 선(善)이 애정 깊은 '하느님 아버지'라고 계속 고집하면서 악으로부터 실체를 빼앗으려고 온갖 노력을 다하고 있다. 적그리스도에 관한 초기의 기독교 예언과 유대교 신학에 담긴 사상들은 욥의 문제에 대한 기독교의 대답이 결과에 대한 언급을 배제했다는 점을 암시하고 있다. 이 필연적인 결과가 현실로 사악하게 나타나고 있는 것이 지금 우리 눈앞에 펼쳐지고 있는 바와 같이 세계의 분열이다. 이는 신의 형상이 파괴되면 인간의 인격이 폐기되기 때문에 자연스레 나타나는 현상이다.

유토피아 같은 괴물까지 갖고 있는 물질주의적 무신론은 합리주의를 추구하는 모든 운동의 종교가 되었으며, 이 합리주의 운동은 인격의 자유를 집단에게 위임하고 그리하여 인격을 소멸시켜 버렸다. 기독교 옹호자들은 단순히 물려받은 것만을 지키는 일에 에너지를 낭비하고 있을 뿐이며 기독교 정신 위에다가 자신의 집을 보다 자유롭게 짓는 문제에 대해서는 조금도 생각을 하지 않는다. 이 문제에서 주춤하게 되면, 기독교는 장기적으로 치명상을 입을 수 있다.

빌헬름 부세트(Wilhelm Bousset: 1865-1920)가 암시했듯이, '요한계시록'에 나오는 그리스도의 이중성은 유대인 영지주의자들의 고찰의 결과이며, 이 이중성의 반향을 우리는 앞에 언급한 전설에서도 듣는다. 영지주의자들이 악의 문제에 치열하게 매달렸다는 사실은 교회의 아버지들이 악의 문제를 폐지하는 데 전력을 다했다는 사실과 두드러진 대조를 이룬다. 영지주의자들의 이런 노력은 이 문제가 3세기 초에 이미 논의의 주제가 되었다는 점을 보여준다. 이 같은 맥락에서, 발렌티누스(Valentius: A.D. 100-160)의 견해, 즉 그리스도는 "그림자를 갖지 않은 채 태어난 것이 아니고 훗날 그림자를 벗어던질 수 있게 되었다"는 견해가 떠오른다.

발렌티누스는 2세기 전반기를 살았으며, '요한계시록'은 아마 도미티아누스(Domitian: A.D. 51-96) 황제 밑에서 쓰였을 것이다. 다른 영지주의자들과 마찬가지로, 발렌티누스는 복음에 대한 해석을 한 단계 더 넓혔으며, 그래서 그가 "그림자"를 그리스도가 태어날 당시의 여호와 신앙의 법으로 이해했을 가능성이 있다. '요한계시록'을 포함한 '신약성경'의 경전은 그가 쉽게 그런 견해를, 말하자면 빛과 그림자로 이뤄진 창조신과 최고의 오그도아드에 관한 동시대의 사상과 꽤 동떨어진 견해를 갖도록 만들었을 것이다.

악의 최종적 운명에 관한 오리게네스의 의문이 독창적이었는지는 확실하지 않다. 그래도 어쨌든 오리게네스의 의심은 악마가 신과 재결합할 수 있는지 여부가 아주 일찍부터 논의의 대상이 되었다는 점을 뒷받침한다. 이 대목에서 '선의 결핍' 이론이 지옥과 파문(破門)의 영원성을 파괴하지 않는다는 사실을 망각해서는 안 된다.

초기 교회에서 그리스도 단성론(單性論)(monophysitism: 어원이 그리스어로 '하나'를 의미하는 'mono'와 '본성'을 의미하는 'phisis'라는 사실에서 알 수 있듯, 육신을 갖고 태어난 예수는 신성과 인성을 단일한 성질로 갖고 있다는 주장이다/옮긴이)과 양성론(兩性論)(dyophysitism: 예수 그리스도는 신성과 인성을 모두 갖지만 두 가지 본질은 분리가 불가능하지 않은 상태에서 서로 조화를 이룬다는 주장/옮긴이) 사이의 논쟁이 보여주듯이, 신의 인간적 속성도 이중성을 표현하고 있다. 두 가지 본성의 완전한 통합을 지지하는 쪽의 결정이 지니는 종교적 의미야 어떻든, 나는 단성론자의 교리가 심리학적으로 주목할 만한 측면을 갖고 있다는 점을 강조하고 싶다. 단성론은 (심리학적인 어투로) 우리에게 그리스도는 한 사람의 인간으로서 자아에 해당하고 하나의 신으로 자기에 해당하기 때문에 자아이면서도 동시에 자기이고 부분이면서도 전체라는 이야기를 들려주고 있다. 경험적으로 말하면, 의식은 절대로 전체를 이해하지 못하지만, 전체가 자아 안에 무의식적으로 들어 있을 수 있다. 이것이 아마 최고 상태의 완전 혹은 완벽에 해당할 것이다.

나는 그리스도 형상의 이중적인 측면을 놓고 한동안 깊이 생각해보았다. 이유는 그리스도가 물고기 상징을 통해서 복음서와 크게 동떨어진 관념의 세계로 통합되었기 때문이다. 이 관념의 세계는 오늘날 우리의 생각으로는 상상이 안 될 만큼, 이교도에서 비롯된 사상과 점성술에 관한 신념으로 넘쳐났다. 그리스도는 물고기자리 시대가 시작될 때에 태어났다. 당시에 교육을 받은 기독교인들 중에 B.C. 7년에 쌍어궁에서 토성과 목성의 컨정션이 있었다는 것을 알았던 사람이 있었을 것이다. 복음서의 내용에 따르면, 그리스도의 출생지를 실제로 발견한 칼데아인들이 있었던 것처럼 말이다. 그러나 물고기자리는 이중적인 궁이다.

크리스마스이브 자정에, 그러니까 (옛날의 시간 계산법에 따르면) 태양이 염소자리로 들어갈 때, 처녀자리는 동쪽 지평선 위에 서 있다가 곧 뱀주인자리(Ophiuchus)에 잡혀 있던 '뱀'에게 쫓기게 된다. 내가 볼 때, 이 같은 점성술적 우연은 두 마리의 물고기가 어머니와 아들이라는 견해를 뒷받침하는 것으로서 충분히 언급할 가치가 있다. 어머니와 아들의 관계가 두 마리의 물고기가 원래 하나였다는 점을 암시하기 때문에, 두 마리의 물고기가 어머니와 아들이라는 사상은 특별한 의미를 지닌다. 실제로, 바빌론과 인도의 점성술은 한 마리의 물고기에 대해서만 알고 있다. 훗날, 이 어머니가 틀림없이 아들을 낳았을 것이고 이아들은 어머니를 닮은 물고기였을 것이다. 반(半) 물고기로서 익투스라는 아들을 가졌던 페니키아의 데르케토-아타르가티스에게도 똑같은 일이 벌어졌다.

그렇다면 "예언자 요나의 상징"도 그 기원을 더듬고 올라가면 밤에 있었던 영웅적인 바다 여행과 죽음의 정복에 관한 오래된 전설에 닿을 가능성이 있다. 이 전설에서 영웅은 물고기에게 삼켜졌다가 다시 태어난다. 구원이라는 뜻의 이름인 여호수아도 물고기와 연결되어 있다. 여호수아는 눈(Nun)의 아들이고, 눈은 '물고기'를 의미하기 때문이다. 키드르(Khidr: '쿠란'을 비롯한 각종 경전에서 지혜나 신비적인 지식을 많이 갖춘 인물로 등장한다/옮긴이) 전설 속의 여호수아는 일단 먹혔다가 생명의 샘의 물 한 방울에 의해 다시 소생하는 물고기와 관계가 있었다.

신화 속의 대모신(大母神)은 언제나 자기 아들에게 위험한 존재이다. '예레미야서'는 기독교 초기의 등잔에 새겨진 물고기 무늬에 대해 언급하고 있다. 한 물고기가 다른 물고기를 삼키고 있는 모습이다. 남쪽물고기자리로 알려진 별자리에서 가장 큰 별의 이름은 포말하우트, 즉 물고기의 입이라 불리는데, 이 별은 그런 의미에서 해석될 수 있을 것이다. 물고기 상징에서, 인식 가능한 온갖 형식의 삼키려는 욕망이 물고기들의 특성으로 돌려지는 것과 똑같이 말이다. 물고기들은 "야심적이고, 육욕적이고, 탐욕스럽고, 식욕이 강하고, 유혹적인" 것으로 여겨진다. 한마디로 말해, 물고기는 세속의 허영의 상징이고 세속적 쾌락의 상징이다.

물고기들이 이런 상징으로 통하게 된 것은 주로 사랑의 여신이자 어머니인 이슈타르(Ishtar)나 아스타르테(Astarte), 아타르가티스 혹은 아프로디테와의 관계 때문이다. 행성 금성으로서, 아프로디테는 쌍어궁에서 "최고 성위"의 자리를 차지한다. 따라서 상징의 역사뿐만 아니라 점성술의 전통에서도 물고기는 언제나 모욕적인 자질을 가진 한편으로 나름으로 특별한 의미를 지녔다. 이 같은 주장은 적어도 점성술에서만은 물고기자리로 태어난 사람은 어부나 선원이 되어서 탁월한 능력으로 물고기를 잡고 바다를 지배하게 될 것으로 여겨졌다는 사실에 근거한 것이다. 원시인들이 사냥꾼인 자신과 사냥감을 동일시했던 토템사상의 반향이 들리는 대목이다.

바빌로니아 문명의 영웅인 오아네스는 한 마리 물고기였으며, 기독교의 익투스는 사람들을 낚는 아주 탁월한 어부이다. 상징적으로 말하면, 익투스는 실제로 신의 낚싯대에 꽂힌 바늘이나 미끼이고, 이 바늘에 리바이어던, 즉 죽음이나 악마가 잡히게 된다. 유대인 전통에서, 리바이어던은 천국의 독실한 사람들을 위해 비축해 둔 일종의 성찬용 양식이다. 독실한 유대인들은 죽은 뒤에 물고기 옷을 입는다.

그리스도는 어부일 뿐만 아니라 "성찬"으로 먹히는 물고기이기도 하다. 아우구스티누스는 '고백록'(Confessions)에서 이렇게 말한다. "그러나 세상 사람들은 당신이 차려주는 식탁에 앉아서 깊은 곳에서 끌어올린 물고기를 먹는다. 그 물고기는 세상의 궁한 사람들을 먹이기 위해 깊은 곳에서 끌어내어졌다." 성 아우구스티누스는 지금 엠마우스에서 사도들이 물고기를 먹었던 식사에 대해 말하고 있다('누가복음' 24장 43절).

'토비트서'의 이야기에서 "치료하는 물고기"를 만난다. 어떤 물고기가 토비트를 잡아먹으려 들 때, 라파엘 천사가 나타나 토비트가 그 물고기를 잡도록 도와주고 또 그에게 물고기의 심장과 간에서 나올 사악한 정령을 막아줄 마법의 "연기"를 피우는 방법을 가르쳐주고 앞을 보지 못하는 아버지의 병을 답즙으로 치료하는 방법을 일러준다('토비트서' 6장 1절).

성 피터 다미안(St. Peter Damian:1007-1072)은 경건한 모든 사람들은 '위대한 어부'의 그물망으로 뛰어 들어오는 작은 물고기라는 이유로 수도사들을 물고기로 묘사한다. 펙토리오스 비문(Pectorios inscription:4세기 초)을 보면, 신자들은 "천상의 물고기의 신성한 후손"으로 불린다.

마누(Manu: 힌두 신화에서 이승의 통치자 등 다양한 역할을 맡는 인물/옮긴이)의 물고기는 전설에서 작은 황금 물고기의 형상을 한 비슈누

(Vishnu)와 동일시되는 일종의 구세주이다. 이 물고기는 마누에게 물의 괴물들에게 잡아먹힐까 두렵다며 자신을 집으로 데려가 달라고 간청한다. 그 뒤에 물고기는 꼬리가 튼튼하고 힘 있는 물고기로 자랐으며, 최종적으로 대홍수 때 마누를 구해준다. 인도력으로 첫 달 12일에 사람들은 황금 물고기를 물이 담긴 단지에 넣고 기도를 올린다. "물고기 신이시여, 오 케샤바여! 지하세계의 베다를 구해주시고 그리하여 저도 구해주소서!"

데 구베르나티스(De Gubernatis: 1840-1913)를 비롯한 일부 전문가들은 기독교의 물고기의 기원을 인도에서 찾으려고 노력했다. 인도와의 교류가 그리스도의 출생 전에도 이미 행해졌고 또 히폴리토스와 에피파니우스의 보고를 통해 알 수 있듯이 동양의 다양한 영적 흐름이 초기 기독교 안에서도 느껴졌기 때문에, 인도의 영향이 불가능한 것은 아니다. 그럼에도, 물고기를 군이 인도에서 끌어내야 할 이유는 전혀 없다. 서양의 물고기 상징도 아주 풍부하고 동시에 아주 오래되었기 때문에 물고기 상징을 서양에서 기원한 것으로 봐도 안전할 것이다.

물고기자리가 어머니와 아들을 상징하기 때문에, 아들의 이른 죽음과 부활이라는 신화적인 비극은 물고기자리에 이미 암시되어 있다. 황도십이궁 중에서 열두 번째 궁이기 때문에, 쌍어궁은 점성술적으로 한 시대의 종말과 새 시대의 시작을 의미한다. 이 같은 특징은 기독교가 모든 것의 종말이자 시작이라는 주장과도 일치하고 세속의 시대가 끝나고 신의 왕국이 도래한다는 기독교의 종말론적 기대와도 일치한다.

따라서 물고기의 점성술적 특징들은 기독교 신화의 근본적인 요소들을 두루 포함한다. 첫째, 십자가가 있다. 둘째, 도덕적 갈등과 그 갈등이 그리스도와 적그리스도로 분열되는 현상이 있다. 셋째로 처녀의 아들이라는 주제가 있고, 넷째로 어머니와 아들의 고전적 비극이 있다. 다섯째, 출생의 위험이 있다. 여섯 번째로 구원자이자 치료자가 있다. 그러므로 그리스도를 물고기로 나타내는 것을 그때 동터오고 있던 새로운 시대와 연결시키는 것도 요점에서 크게 벗어나지 않는다.

만약에 이 같은 연결이 고대에도 존재했다면, 그 관계는 암묵적 가설로 받아들여졌거나 고의로 비밀에 부쳐졌을 수 있다. 왜냐하면 내가 아는 한에는 옛 문헌에 기독교의 물고기 상징이 황도십이궁에서 나왔다는 점을 뒷받침할 만한 증거가 전혀 없기 때문이다. 더욱이, A.D. 2세기까지 나온 점성술적 증거는 그리스도와 적그리스도의 대조가 물고기자리의 양극성에서 비롯되었을 수 있다는 점을 뒷받침할 그런 증거가 절대로 아니다. 이후로, 앞에서 인용한 자료들이 보여주듯이, 그리스도와 적그리스도의 대조는 의미 있는 쪽으로 강조되지 않았다. 마지막으로, 프란츠 될거가 제대로 강조했듯이, 익투스는 언제나 한 마리의 물고기로 여겨졌다. 그러나 점성학적으로 해석한다면 그리스도는 사실 물고기들 중 하나일 뿐이고 다른 물고기의 역할은 적그리스도에게 주어지고 있다는 점이 강조되어야 한다. 요약하면, 물고기자리가 익투스의 원형 역할을 했을 것이라는 점을 뒷받침할 근거가 하나도 없다는 말이다.

기독교의 물고기 상징에 비하면, 이교도의 물고기 상징은 훨씬 더 큰 역할을 한다. 가장 중요한 것은 셰프텔로비츠(Isidor Scheftelowitz: 1875-1934)가 수집한 유대교 자료이다. 유대교의 "성배"(聖杯)는 간혹 물고기 그림으로 장식되었다. 이는 물고기가 천국에서 축복받은 자들이 먹는 음식이기 때문이다. 죽은 사람의 무덤에 일종의 장례 선물 같은 것으로 성배가 놓여졌다. 물고기들은 무덤의 상징물로 널리 이용되고 있다. 기독교의 물고기는 주로 이 맥락에서 나타난다. "교리의 파도 속에서" 살고 있는 독실한 이스라엘 사람들은 물고기에 비유된다. 이 비유는 A.D. 100년경엔 너무나 분명했다.

물고기는 또한 메시아의 의미도 갖고 있다. '바룩의 시리아 계시록' (Syrian Apocalypse of Baruch)에 따르면, 리바이어던은 메시아의 강림과 함께 바다에서 일어날 것이다. 이것은 아마 아베르키우스 비문의 "매우 큰 물고기"일 것이며, 사산 왕조(5세기)의 궁정에서 벌어진 종교 논쟁에서 언급된 "샘의 물고기"에 해당할 것이다. 여기서 샘은 바빌론의 헤라(Hera)를 가리키지만 기독교 언어로 바꾼다면 그것은 영지주의자들 사이에서만 아니라 정통 기독교인들 사이에도 '샘'으로 여겨져 온 마리아(Mary)를 의미한다. 그래서 우리는 시네시우스(Synesius: 373년경-414년경)의 찬가에서 "샘들 중의 샘이요, 원천들 중의 원천이요, 뿌리들 중의 뿌리요, 원소들 중의 원소는 그대이니라." 라는 내용을 보게 된다. 헤라의 샘은 또한 "신성의 낚싯바늘"에 잡혀서 "그 살점으로 온 세상을 먹이는" 한 마리의 물고기를 두고 있는 것으로 전해졌다.

보이오티아인의 어느 꽃병 그림에 "짐승들의 모습으로 그려진 여인"이 두 다리 사이나 몸에 물고기를 지닌 것으로 그려지고 있는데, 이는 아마 이 물고기가 그녀의 아들이라는 점을 암시할 것이다. 사산 왕조의 궁정에서 벌어진 종교 논쟁에서 마리아의 전설이 헤라의 전설로 바뀌었음에도, 낚싯바늘에 걸린 "한 마리의 물고기"는 기독교에서 통하는 상징과 일치하지 않는다. 왜냐하면 기독교 상징에서 십자가는 신이 죽음이거나 악마인 리바이어던을 잡는 데 쓰는 낚싯바늘 혹은 미끼이지 메시아를 유인하는 데 쓰는 것은 아니기 때문이다. 한편, 셰프텔로비츠가 말하는 바와 같이, 유대교 전통에서 '불사의 명약'은 "메시아 물고기" 리바이어던의 살점이다. '탈무드'는 "병자를 위해 물고기를 잡으려 하지만 끝내 한 마리도 잡을 수 없는 그런 날이 될 때까지" 메시아는 오지 않을 것이라고 말한다. '바룩의 계시록'에 따르면, 리바이어던만 아니라 베헤모스도 성찬용 음식이다. 그런데 이 점이 적극적으로 무시되고 있다. 내가 이전에 다른 곳에서 설명한 바와 같이, 여호와의 두 괴물은 서로 상반된 것들의 짝이었을 것이며, 하나는 두말할 필요도 없이 육지 동물이고 다른 하나는 수생 동물이었을 것이다.

아주 오랜 전부터 유대인뿐만 아니라 근동 사람들 사이에도, 두드러진 인간 존재들의 탄생은 별이 뜨는 것과 동일시되었다. 그 예로 발람의 예언들이 있다('민수기' 24장 17절).

> 내가 그를 보지만 지금의 일이 아니며
> 내가 그를 바라보아도 가까이 있는 일이 아니다.
> 한 별이 야곱에서 나오며 …

메시아에 대한 희망은 언제나 별의 등장과 연결되어 있다. 유대교 신비주의 경전 '조하르'(Zohar)에 따르면, 요나를 삼킨 물고기는 죽었다가 3일 후에 다시 살아나 그를 게워냈다. "물고기를 통해서 온 세상을 치료할 약을 발견할 것이다." 이 텍스트는 중세의 것이지만 신뢰할 만한 자료에서 나왔다. 아베르키우스 비문에 언급된, "샘에서 온 대단히 크고 순수한 물고기"는 '탈무드'의 내용을 연구한 셰프텔로비츠의 의견엔 크기도 할 뿐만 아니라 순수하기도 한 리바이어던에 다름 아니다. 이 연결에서, 우리는 (예수 그리스도가 탄생할 때) "페르시아에서 일어난 일들"에 기록된 "단 하나의 유일한 물고기"에 대해 언급할 수 있다.

9장

물고기 상징의 양면성

'바룩의 시리아 계시록'에 따르면(29장 1절), 메시아의 도래 이전의 시간은 12개의 부분으로 나뉜다. 메시아는 이 중에서 열두 번째 부분에서 나타날 것이다. 시간을 나누는 숫자로서 12는 황도십이궁 중 물고기자리를 가리킨다. 그때 리바이어던이 바다로부터 일어날 것이다. "내가 창조 시작 5일째 되는 날에 만들어 그 시간까지 지키고 있을 거대한 바다 괴물 두 마리는 그때 남은 이들의 음식이 될 것이다."[22] 베헤모스는 틀림없이 바다동물이 아니고 어느 미드라시(midrash: 성경 본문에 담긴 정신을 집중적으로 연구하는 행위 자체를 의미하기도 하고 거기서 나온 결과물을 뜻하기도 한다/옮긴이)에서 말한 바와 같이 "수많은 산에서 방목할" 동물이기 때문에, 두 마리의 "바다 괴물"은 리바이어던의 복제임에 틀림없다. 실은 리바이어던이 성별에 따라 둘로 나눠지는 것

....

22 Charles, R. H. (ed). The Apocrypha and Pseudepigrapha of the Old Testament in English, Oxford. 1913

같다. 종(種)에는 암컷도 있고 수컷도 있으니까.

'이사야서' 27장 1절에도 이와 비슷한 복제가 보인다. "그날, 여호와께서 견고하고 강한 칼로 날쌔고 꼬불꼬불한 뱀 리바이어던을 벌하시고 바다에 있는 용을 죽이시리라." 이 복제는 중세 연금술에 서로 물어 뜯으며 싸우는 두 마리 뱀이라는 개념을 낳았다. 뱀 한 마리는 날개가 달려 있고, 다른 한 마리는 날개가 없다. 리바이어던이 홀로 나타나는 '욥의 서'에서, 양극성은 그와 반대되는 베헤모스를 통해 드러난다. 마이르 벤 이사크(Meir ben Isaac: 1482년경-1565년)의 어느 시(詩)는 시간의 종말에 리바이어던과 베헤모스 사이에 벌어질 싸움을 그리고 있다. 이 작품에서 두 괴물은 서로 상처를 입히다 죽어간다. 그러자 여호와가 그들을 잘라서 독실한 사람들에게 음식으로 내놓는다.

이 같은 생각은 아마 물고기를 상징하는 달인 아드라 달에 축하했던 옛날의 유대교 유월절과 관계있을 것이다. 훗날의 텍스트를 보면 리바이어던이 명백히 복제되고 있음에도 불구하고, 시리아의 라스 샴라에서 발견된 우가리트 텍스트(B.C. 2000년)를 통해 확인되듯이 리바이어던이 원래는 하나였을 가능성이 매우 크다. 비로로드(Charles Virolleaud: 1879-1968)에 따르면, 이 시기부터 바알(Baal) 신과 뱀 로탄 사이의 싸움이 묘사된다. 이 싸움이 특이한 점은 훗날처럼 두 괴물의 싸움이 아니고 신과 괴물의 싸움이라는 점이다.

리바이어던의 예에서, 우리는 거대한 "물고기"가 정반대의 것으로 찢겨가는 과정을, 말하자면 처음에 가장 높은 신의 정반대 편에 섰다가 점점 신의 사악한 측면을 구현하면서 신의 그림자기 되어 가는 점진적 과정을 확인할 수 있다.

괴물이 이런 식으로 새로운 반대자로 찢기게 되면, 그 괴물이 원래

신에게 품었던 반대는 뒷자리로 밀려나게 된다. 그러면 괴물은 이젠 자기 자신과 갈등을 빚거나 대등한 어떤 괴물과 갈등을 빚게 된다(예를 들면, 리바이어던과 베헤모스). 이렇게 되면 신은 내적 갈등으로부터 자유로워질 것이다. 그 갈등은 이젠 신(神)의 밖에서 서로 적대적인 형제 괴물의 갈등으로 나타난다. 훗날의 유대인 전설을 보면, 여호와가 '이사야서'에서 싸웠던 리바이어던이 "순수해지는" 경향을 보이다가 "성찬" 음식으로 먹히게 된다. 그래서 이 이야기에서 익투스 상징을 끌어내길 원했다면, 그리스도가 한 마리 물고기로서 리바이어던 대신에 나타나고 전설 속의 괴물 동물들은 단지 죽음과 악의 속성으로 바뀌었을 것이다.

괴물이 이런 식으로 찢기는 것은 꿈에서 그림자가 종종 이중적으로 나타나는 현상과 일치한다. 꿈에 두 개의 반쪽이 서로 다르거나 반대되는 형상으로 나타나는 예가 이런 분열과 아주 비슷한 것이다. 의식적인 자아 인격이 포함 가능한 모든 내용물과 요소를 다 포함하지 않고 있을 때, 이런 분열이 일어난다. 그러면 인격의 일부는 분열된 채 남아서 평소 무의식이던 그림자와 섞이고, 이어 이 둘은 함께 작용하면서 어떤 이중의, 종종 적대적인 인격을 형성한다. 실용적인 심리학에서 얻은 이 경험을 지금 논의하고 있는 신화 자료에 적용한다면, 신의 형상이 불완전하고 또 논리적으로 포함해야 할 모든 것을 다 포함하고 있지 않기 때문에 신의 괴물 같은 적대자가 그림자를 만들어낸다는 해석이 가능해진다.

리바이어던은 물고기 같은 생명체이고 바다 깊은 곳에 사는 원시적인 냉혈 동물인 반면, 베헤모스는 아마 산속을 배회하는 수소처럼 생긴 온혈의 네발 동물일 것이다(적어도 훗날의 전설 속에선 이런 모습이다). 따라서 베헤모스와 리바이어던의 관계는 연금술의 날개 달린 용과 날개 없는 용의 관계처럼 보다 고차원적이고 우월한 생명체와 보다 저차원적이고 열등한 생명체의 관계이다.

날개를 가진 모든 존재는 증기와 공기처럼, 달리 말하면 프네우마처럼 "불안정"하다. 아우구스티누스의 마음속에서, 물고기 그리스도가 "깊은 곳에서" 나오는 것과 똑같이, '에스드라서' 2권 13장 2절에서 "사람"은 바람처럼 바다에서 나왔다. 사람의 등장에 관한 소식은 독수리와 사자에 의해 널리 퍼뜨러졌으며, 짐승의 모습을 한 이 상징들은 베헤모스가 욥의 내면에 주로 공포를 불러일으켰던 것과 똑같이 예언자 에스드라를 크게 두려워하게 만들었다. 깊은 곳에서 끌어낸 물고기는 리바이어던과 은밀히 연결된다. 이 물고기가 리바이어던이 유혹에 넘어가 덥석 문 미끼이기 때문이다. 이 물고기는 아마 그 거대한 물고기의 복제로 그 물고기의 영적 측면을 상징할 것이다.

리바이던이 그런 측면을 갖고 있는 것은 분명하다. 왜냐하면 리바이어던도 익투스처럼 성찬의 음식이기 때문이다. 이런 식으로 쌍을 이루는 것이 의식적 깨달음을 나타낸다는 것은 '욥기' 26장 12절에서 분명해진다. 여길 보면 여호와가 "지혜(tebûnâ)"로 라합을 죽인다는 내용이 나온다. 바다 괴물인 라합은 마르둑이 몸 안에 북풍을 불어넣어 찢은 티아맛의 사촌이다. 앞의 단어 'tebûnâ'는 '분리하다, 찢다, 조각내다'라는 뜻을 가진, 달리 말하면 의식적인 깨달음의 핵심인 '식별하다'라는 뜻을 가진 'bîn'이라는 단어에서 나왔다. 이런 의미에서 본다면, 리바이어던과 베헤모스는 의식 발달의 단계들을, 말하자면 그것들이 동화되고 인간화되는 단계를 나타낸다. 물고기는 온혈의 네발 동물을 거쳐 인간 존재로 변화하고, 기독교에서 메시아가 삼위일체 중 제2의 위격이 된다면, 물고기에서 떨어져 나온 인간 형상은 신의 화신임을 암시한다. 따라서 이전에 신의 형상에 없었던 것은 인간적인 요소였다.

유대교 전통에서 물고기의 역할은 아마 수로보니게(Syrophoenicia) 사람들이 아타르가티스 신을 믿으며 물고기를 숭배한 것과 어떤 식으로든 연결되었을 것이다. 아타르가티스 신전에는 신성한 물고기들이 헤엄치며 노는 연못이 있었으며, 누구도 이 물고기를 건드리지 못하게 되어 있었다. 그런 한편 그 신전에서 의식의 일부로 물고기 요리를 먹었다. "시리아에서 시작한 이런 숭배와 관습이 기독교 시대에 익투스 상징을 낳았을지도 모른다."라고 퀴몽(Franz Cumont: 1868-1947)은 말한다.

리키아에서 사람들은 미트라와 "신성한 돌" 키벨레(Cybele)의 아들인 신성한 물고기 오르포스(Orphos) 또는 디오르포스(Diorphos)를 숭배했다. 이 신은 이미 앞에서 언급한 셈 족의 물고기 신들, 말하자면 오아네스나 바빌론의 눈, 다곤(Dagon), 아도니스 등, 그리스인들이 익투스라고 부른 신들의 한 변형이다. 물고기 공물은 카르타고에서는 타니트(Tanit)에게, 바빌론에선 에아(Ea)와 니나(Nina)에게 바쳐졌다. 물고기 숭배의 흔적은 이집트에서도 발견된다. 이집트 성직자들은 물고기들이 티폰의 바다만큼이나 불결한 것으로 여겨졌기 때문에 물고기를 먹는 것이 금지되었다. 플루타르코스는 "모두가 바다 물고기를 자제한다."는 관찰을 전하고 있다. 알렉산드리아의 클레멘스에 따르면, 수에네와 엘레판티네, 옥시링쿠스의 거주자들도 어떤 물고기를 숭배했다. 플루타르코스는 첫 달 9일에 삶은 생선을 각자 집 문 앞에서 먹는 것이 관습이었다고 전하고 있다. 프란츠 될거는 이 관습이 기독교에 성찬 물고기가 등장할 길을 열어줬다는 견해를 보이고 있다.

물고기를 대하는 모호한 태도는 물고기의 이중적인 본성을 암시한다. 물고기는 한편으로 보면 깨끗하지 않고 증오의 상징이고, 다른 한편으로 보면 숭배의 대상이다. 헬레니즘 말기의 어느 석관(石棺)에 그려진 그림을 바탕으로 판단한다면, 물고기는 심지어 영혼의 상징으로도 여겨졌던 것 같다. 미라는 사자 모양으로 만든 관대 위에 눕고, 관대 밑에 카노푸스의 단지(고대 이집트에서 미라의 장기를 보관하는 데 사용한 단지를 일컫는다/옮긴이) 4개가 놓이고, 호루스의 네 아들을 상징하는 뚜껑 중 3개는 동물의 머리 형태이고 다른 하나는 사람의 머리 형태를 하고 있다. 미라 위로 흔히 그려지는 영혼의 새 대신에 물고기 한 마리가 떠다니고 있다.

이 그림을 근거로 보면 이 물고기는 옥시링쿠스라 불리는 물고기이거나 아니면 가장 혐오스런 물고기 세 종류 중 하나로 꼽히는 돌잉어인 것이 분명하다. 오시리스(Osiris)가 티폰(세트)에게 갈가리 찢겨졌을 때 오시리스의 남근을 삼킨 것으로 전해지는 물고기가 바로 이 돌잉어이다. 돌잉어는 티폰에게 바쳐졌으며, 티폰은 "영혼 중에서 열정적이고, 충동적이고, 비이성적이고, 잔혹한 부분"에 해당한다. 물고기들은 왕성한 식욕 때문에 중세에는 지옥으로 떨어진 자들의 상징으로 여겨졌다. 따라서 물고기가 이집트에서 영혼의 상징으로 그려진 것은 아주 특별한 예이다.

티폰/세트의 형상에도 이와 똑같은 모순이 발견된다. 나중에 티폰은 죽음과 파괴, 사막의 신이 되었으며, 그의 형제 오시리스를 배반하는 반대자가 되었다. 그러나 그 전에는 티폰은 호루스와 밀접히 연결되었으며 죽은 자들의 친구이자 조력자였다. 어느 피라미드 텍스트를 보면, 그와 헤루우르("형 호루스")는 오시리스를 도와 하늘로 올라가게 한다. 천국의 바닥은 철 들보 같은 것으로 되어 있고, 이 들보는 곳곳이 산꼭대기와 아주 가깝기 때문에 사다리의 도움만 받아도 천국에 올라갈 수 있다. 들보의 네 귀퉁이는 4개의 기둥으로 받쳐지고 있으며, 이 기둥은 사방을 가리킨다. 페피 1세(Pepi Ⅰ)의 피라미드 텍스트엔, "쌍둥이 신들의 사다리"에 바치는 찬가가 있으며, 우나스 텍스트는 "우나스는 자기 아버지 라가 만들어준 사다리를 타고 왔으며, 호루스와 세트는 우나스의 손을 잡고 그를 투아트로 안내한다."라고 적고 있다. 다른 텍스트들은 호루우르가 낮의 신이고 세트가 밤의 신이기 때문에 둘 사이에 원한이 있었다는 점을 보여주고 있다.

　세트를 위한 상형문자는 돌을 뜻하는 기호를 갖고 있으며, 긴 귀를 가진 정체불명의 세트 동물(세트 신을 상징하는 토템 동물을 뜻한다/옮긴이)도 있다. 헤루우르와 세트의 머리들이 하나의 몸에서 자라나는 것을 보여주는 그림도 있다. 이 그림을 바탕으로 우리는 헤루우르와 세트가 대표하는 상반된 것들의 동일성을 추론할 수 있다. 영국의 이집트 전문가 월리스 버지(Wallis Budge: 1857-1934)는 "헤루우르의 속성들은 초기 왕조 시대에 다소 변했으나 언제나 세트의 속성과 정반대였다. 우리가 헤루우르와 세트를 자연의 두 가지 파워, 즉 빛과 어둠, 낮과 밤, 코스모스와 카오스, 생명과 죽음, 선함과 악함 중 어느 것의 화신으로 보든, 두 신의 속성은 서로 반대였다."고 말한다.

　이 신들의 짝은 보다 높은 신인 오시리스에게 잠재되어 있는 상반된 것들을 나타낸다. 베헤모스와 리바이어던이 여호와와의 관계에서 여호와에 잠재되어 있는 것들을 나타내는 것과 똑같다. '하나'의 신 오시리스가 천국의 콰테르니오에 닿도록 도와야 할 때, 상반된 것들이 공동의 목표를 위해 함께 노력해야 한다는 점은 큰 의미를 지닌다. 이 콰테르니오는 호루스의 네 아들, 즉 "북쪽 하늘의 넓적다리 뒤에", 다시 말해 큰곰자리에 위치한 세트의 넓적다리 뒤에 거주하는 것으로 알려진 임세티와 두아무테프, 케베세누프, 하피에 의해 구체화되고 있다.

호루스의 네 아들은 세트의 적들이지만 한편으로 보면 세트와 밀접히 연결되어 있다. 호루스의 네 아들은 들보의 네 귀퉁이를 받치고 있는, 하늘의 네 기둥을 상징한다. 네 아들 중 셋은 종종 동물의 머리를 하고 있고 하나는 인간의 머리를 하고 나타나기 때문에, 우리는 에스겔의 환상에서 이와 비슷한 상황을 찾을 수 있다. 우리가 잘 알고 있는 4복음서의 저자들의 상징, 즉 3마리의 동물과 한 명의 천사도 바로 여기서 비롯되었다. 에스겔은 더 나아가 이렇게 말한다. "그 살아 있는 생명체의 머리 위로는 견고한 궁창의 형상이 있어서 수정처럼 빛나며 우리 머리 위로 펼쳐져 있었네."[23] "그 머리 위의 견고한 궁창 같은 것 위로 왕관의 형상이 있는데, 그 모양이 사파이어 같고 그 권좌에 앉은 형상은 사람 모양을 하고 있었네."[24]

이스라엘과 이집트 사이의 밀접한 연결을 고려한다면, 두 지역의 상징이 뒤섞이는 것은 전혀 이상한 일이 아니다. 그러나 놀라운 것은 아랍 전설에 천국의 극점(Pole) 주변 지역이 물고기의 형상으로 나타나고 있다는 점이다. 아레프 가즈비니(Aref Qazvini: 1882-1934)는 "극이 보일 수 있다. 극 주위에 보다 작은 별자리인 큰곰자리와 검은 별들이 있고, 이 별들은 서로 물고기의 그림을 그리고 있고 그 한 가운데가 극이다."라고 말한다. 고대 이집트에서 세트의 영역으로 통했고 동시

....

23 '에스겔서' 1장 22절

24 '에스겔서' 1장 26절

에 호루스의 네 아들의 거주지로 여겨졌던 극이 말하자면 물고기의 몸에 포함되었다는 뜻이다. 바빌론의 전설에 따르면, 아누(Anu)는 북쪽 하늘에 자리를 잡고 있었으며, 마찬가지로 마르둑은 최고의 신과 세계의 창조자, 세계가 지나가는 길의 통치자로서 '폴'(Pole)이다. '에누마 엘리쉬'(Enuma Elish: 바빌로니아의 창조에 관한 서사시로, 니네베의 도서관 유적지에서 발굴되었다/옮긴이)는 마르둑에 대해 "천국의 별들이 지나는 길을 관리하는 존재"라고 전하고 있다.

황도의 북쪽 끝 지점에 불의 영역(연옥과 아누 천국으로 들어가는 입구)이 있다. 따라서 니푸르에 탑을 둘러싸고 지은 신전의 북쪽 귀퉁이는 '키블라'(kibla: 방향을 가리키는 기준점)라 불린다. 마찬가지로 시바인과 만다야인은 북쪽을 향해 기도를 한다. 같은 맥락에서 미트라 전례에 대해 언급할 수도 있다. 마지막 장면에서 미트라가 "어린 수소의 황금 어깨를 잡은 채" 등장하는데, "이것은 하늘을 돌리고 있는 큰 곰자리를 형상화한 것이다". 옛날의 텍스트는 틀림없이 북쪽에서 호령했을 미트라 신에게 불 같은 속성을 무수히 많이 더하고 있다.

북쪽의 의미에 대한 이런 바빌로니아인들의 생각에 비춰보면, 에스겔이 본 신의 환상이 모든 악의 출생지로 알려진 그 지역에서 온 이유를 보다 쉽게 이해할 수 있다. 신에 대한 원초저인 인식에서는 반대되는 것들끼리의 일치도 지극히 정상적인 일이다. 왜냐하면 신이란 것이 고찰의 대상이 아니라 그저 주어지는 것으로 여겨지기 때문이다. 그러나 의식적 고찰의 차원에 이르면 반대되는 것들이 동시에 발생한다는 것은 심각한 문제가 될 수 있다. 그렇기 때문에 사람들은 그런 일을 피하기 위해 온갖 방법을 다 동원하게 된다. 기독교 교리 안에서 악의 위치가 그처럼 대단히 불편한 이유도 바로 거기에 있다.

집단적인 사상에, 그리고 의식이 지향하는 방향에 그런 간극이 있을 때, 무의식에서 보완적인, 더 정확히 말해 보상적인 전개가 이뤄진다고 자신 있게 말해도 좋다. 이런 보상적인 관념들은 연금술의 사고에서 발견된다. 그래도 전문가들의 경우라면 이런 종류의 관념들이 전적으로 무의식에만 남아 있을 것이라고 보기 어렵다. 전문가들이 목표로 잡고 있었던 것은 원초적인 신의 형상을 다소 의식적으로 복원하는 것이었다. 따라서 연금술 전문가들은 지옥의 불 한가운데서도 빛을 발하는 신의 사랑의 역설만큼이나 충격적인 역설들을 제안할 수 있었다. 여기서 말하는 신의 사랑의 역설은 지옥이 상징하는 모든 것들과의 새로운 관계 속에서 기독교인이 신을 어떤 식으로 인식했는지를 보여주는 것에 지나지 않는다. 역설적인 신의 형상을, 말하자면 선한 것과 악한 것을 두루 갖춘 그런 신의 형상을 제시하는 일에 적극적으로 나선 사람은 누구보다 연금술과 히브리 신비주의의 영향을 받은 야콥 뵈메였다. 뵈메의 접근 방식을 보면 교황 클레멘스 1세의 견해와 많이 비슷하다.

고대의 역사는 북쪽의 그림을 지금과 다른 모습으로 제시하고 있다. 북쪽은 최고의 신들이 자리하고 있는 곳이면서 동시에 적의 입장에 있는 신들이 자리하고 있는 곳이기도 하다. 그쪽을 향해 사람들은 기도를 올렸으며, 거기서부터 사악한 프네우마, 즉 북풍인 아퀼로가 불어오고, "아퀼로라는 이름은 사악한 정신으로 이해될 것이다". 마지막으로, 북쪽은 세계의 배꼽이고 동시에 지옥이다. 클레르보의 베르나르(Bernard of Clairvaux: 1090-1153)는 마왕에 대해 이렇게 말한다. "그래서 너는 심술궂게 북쪽으로만 가려 하는가? 네가 높이 올라가려고 서두를수록, 네가 정말로 가야 할 자리로 더 빨리 떨어지게 될 거야."

노스트라다무스에 나오는 "북쪽의 왕"은 이런 맥락에서 이해되어야
한다. 동시에 베르나르의 말을 근거로 하면 마왕이 노리는 권력의 정
점은 여전히 북쪽과 연결되어 있는 것이 분명하다.

10장

연금술의 물고기

1. 해파리

연금술을 행한 사람들이 주로 의사였기 때문에, 의사이자 점성가였던 미셸 노스트라다무스도 연금술을 잘 알았을 것임에 틀림없다. 그가 물고기가 불가사의한 물질과 철학자의 '돌'의 상징이라는 것을 알았는지 여부는 확실하지 않아도, 그가 연금술의 고전들을 읽었을 확률은 아주 높다. 당시 연금술 분야의 권위 있는 책들 중 하나가 바로 상당히 일찍이(11세기에서 12세기) 아랍어에서 라틴어로 번역된 '투르바 필로소포룸'(Turba philosophorum: '철학자들의 집단'이란 뜻/옮긴이)이다. 그와 동시 혹은 약간 늦은 시기에, 이 책의 부록들('Allegoriae super librum Turbae' 'Allegoriae sapientum supra librum Turbae XXIX distinctiones' 'Aenigmata ex Visione Arislei' 'In Turbam philosophorum exercitationes' 등)도 번역되었다. '투르바 필로소포룸'은 사고의 틀이 '타불라 스마라그디나'(Tabula smaragdina)와 같으며, 따라서 주로 아랍인들에 의해, 아마 11세기 초에 번창한 하란의 신플라톤 학파(사빗 이븐 쿠라(Thabit ibn Qurrah) 등)에 의해 유럽인에게 전파된 후기 헬레니즘의 산물 중 하나이다. 이 논문들에 담긴 사상은 곧 신플라톤주의를 창설한 "알렉산드리아 학파"의 사상이며, 그 비법은 '파리리 그라에카에 마기카'(Papyri Graecae Magicae)의 정신과 내용을 엄격히 따르고 있다.

앞에 소개한 문서들이 연금술의 물고기 상징을 보여주는 최초의 자료들이다. 이것을 근거로, 연금술에서 물고기의 역사가 아주 일찍이, 어쨌든 11세기 이전에 시작되었다고 말할 수 있다. 물고기 상징의 기원이 기독교라고 주장할 근거는 하나도 없다. 그러나 그렇다고 해서 물고기가 처음에 상징했던 그 불가사의한 물질의 변화를 통해서, 다시 '라피스'(돌)의 상징이 되지 말라는 법은 없다. 여기서 '라피스'라는 표현은 '근원적 물질'(prima materia)을 뜻할 뿐만 아니라 그 과정의 끝에 나오는 산물도 뜻한다. 이 산물은 '철학자의 돌' '불사의 영약'(elixir vitae), '우리의 금'(aurum nostrum), '어린이'(infans), '소년'(puer), '철학자의 아들', '헤르메스와 아프로디테의 아들'(Hermaphroditus) 등의 이름으로 불리고 있다.

내가 다른 곳에서 보여주었듯이, 이 '아들'은 그리스도와 비슷한 것으로 여겨졌다. 따라서 연금술의 물고기는 간접적으로 '세상의 구원자'(Salvator mundi)의 상징이라는 위엄을 얻게 된다. 연금술에서 물고기의 아버지는 신이지만 어머니는 '신의 지혜'(Sapientia Dei) 혹은 처녀자리로서의 메르쿠리우스이다. '철학자의 아들', 즉 '철학자의 돌'은 내가 그 속성과 특성을 다양한 각도에서 분석한 바와 같이 다른 것이 아니라 바로 자기를 의미한다.

물고기에 대해 일찍이 언급하고 있는 텍스트는 이런 내용을 담고 있다. "바다에 둥글게 생긴 물고기가 있다. 뼈도 없고 피질(皮質)도 없으나 몸에 지방을, 말하자면 경이로운 미덕을 갖고 있다. 이 물고기를 약한 불로 은근히 요리하면서 지방과 물기가 다 사라지기를 기다리면, … 지방이 바닷물에 절어지면서 빛을 발하기 시작할 것이다." 이 같은 비법은 아마 그보다 뒤에 나온 같은 종류의 다른 문서인 '철학자의 수수께끼'(Aenigmata philosophorum)에도 반복되고 있다. 이 문서에서 '물고기'는 '작은 물고기'가 되었고, '빛나는'이라는 표현은 '뜨거운'으로 바뀌었다. 두 논문의 공통점은 비법에 관해 다소 풍자적인 결론을 내리고 있다는 점이다. 노랗게 변하는 현상이 나타날 때, "철학자들의 속임수가 완성"되고, 철학자들이 노랗게 변한 걸 갖고 눈을 씻으면 철학의 비결을 쉽게 이해하게 된다는 것이다.

둥글게 생긴 이 물고기는 분명히 현대적 의미의 그런 물고기가 아니고 무척추 동물이다. 이 물고기는 뼈와 "피질"이 없는 상태에서 태어나며, 이 두 가지의 결여는 중세 라틴 세계에선 단순히 뼈 없는 동물, 즉 연체동물을 의미했을 것이다. 어쨌든 이 물고기는 둥글게 생긴 생명체이며, 바다에 살고 있다. 짐작건대 고대 세계의 바다에 많았던 해파리였을 것이다. 자유롭게 헤엄치는 해파리는 둥글고, 방사상(放射狀) 구조의 종(鐘) 혹은 원반 모양의 몸체를 갖고 있으며, 이 방사상 구조는 대체로 4개의 방사수관과 다른 4개의 관에 의해 8개의 부분으로 나뉜다. 해파리는 모든 자포(刺胞)동물과 마찬가지로 촉수를 갖고 있다. 촉수 안엔 실처럼 생긴 세포들이 들어 있으며, 이 세포로 먹잇감에 독을 주입한다.

앞의 텍스트는 "둥근 물고기"를 따뜻하게 데우거나 약한 불로 요리하면 물고기가 "빛을 내기 시작한다"는 점을 강조하고 있다. 달리 말하면, 물고기 안에 이미 들어 있는 열이 빛으로 보이게 된다는 뜻이다. 이는 이 비법의 저자가 플리니우스(Pliny)의 영향을 받았거나 아니면 같은 전통을 지키던 다른 사람의 영향을 받았다는 점을 암시한다. 플리니우스는 어떤 물고기를 '바다의 별'로 묘사하면서 그 물고기가 위대한 철학자 몇 사람을 당황하게 만들었다고 전한다. 이 물고기는 뜨겁게 불타면서 바다 속에서 건드리는 모든 것을 불태워버리는 것으로 여겨졌다. 플리니우스는 '바다의 별'을 바다 표면에서 자유로이 헤엄치며 다니는 '바다 해파리'와 함께 언급하면서 바다 해파리에 불 같은 본성을 부여하고 있다. 해파리의 본성이 얼마나 불 같은지, 횃불을 밝히고 싶으면 막대기로 그냥 해파리를 문지르기만 하면 되었다.

여기서 우리는 이 텍스트의 저자가 동물학적 구분에 세심하게 신경을 쓰지 않아 불가사리와 해파리를 혼동했을 수 있다고 결론을 내릴 수 있다. 이 문제야 어찌 되었든, 상징에 대한 열정이 뜨거웠던 중세는 "불가사리" 전설에 몰두하고 있었다. 니콜라 코생(Nicholas Caussin:1583-1651)은 그 "물고기"를 불가사리로 여기고 그런 식으로 묘사하고 있다. 이 동물은 너무나 많은 열을 발산하기 때문에 건드리는 모든 것에 불을 붙일 뿐만 아니라 자기 먹이까지 요리를 해서 먹는다고 한다. 따라서 이 동물은 "꺼뜨릴 수 없는 진정한 사랑의 힘"을 의미한다.

이런 해석이 현대인의 귀에는 틀림없이 매우 이상하게 들릴 것이다. 그러나 중세엔 "흘러가는 모든 것은 한낱 표상일 뿐이다."라는 말은 글자 그대로 진리였다. 일시적인 모든 것은 신이 펼치는 드라마의 한 상징일 뿐이라는 뜻인데, 이 말은 현대인에겐 거의 아무런 의미를 지니지 않게 되었다.

피치넬루스(Philippus Picinellus: 1604-1679)도 물고기를 똑같은 방식으로 해석한다. 유일한 차이가 있다면, 과장이 훨씬 더 세련되어졌다는 것밖에 없다. "이 물고기는 깊은 물속에서 영원히 빛을 발하며 건드리는 것마다 뜨겁게 태우며 불꽃으로 폭발하게 한다." 이 이글거림은 하나의 불, 성령의 불이다. 그는 그 근거로 '집회서' 48장 1절을 제시하며 오순절 기적의 불 같은 혀에 대해서 언급한다. '불가사리'의 불이 깊은 물에서도 꺼지지 않는다는 기적적인 사실은 그에게 '신성한 은총의 행위'를 상기시키며, "죄의 바다"에 빠져 있는 가슴에 불을 지핀다. 똑같은 이유로 물고기는 자비와 신성한 사랑을 의미한다. '아가서' 8장 7절이 "많은 물도 이 사랑을 끄지 못하고, 홍수도 이 사랑을 삼키지 못하니"라고 증언하는 그대로이다. 이 물고기는 삶을 시작하는 순간부터 자신을 중심으로 주위에 빛을 비추고 따라서 신앙인들이 삶의 등불로 여기는 종교의 상징이 된다고 텍스트의 저자는 주장한다.

'아가서'의 인용문이 보여주듯이, 불타는 불가사리에 대한 해석은 세속적인 사랑과의 연결 속에서 나온다. 피치넬루스조차도 불가사리는 "연인의 가슴을 뜻하는 상형문자"이며 사랑이야 세속적이든 신성하든 상관없이 연인의 열정은 바다를 몽땅 부어도 꺼지지 않는다고 말하고 있다. 그러다가 일관성 없이 저자는 이 물고기가 불을 태우긴 하지만 빛은 전혀 발하지 않는다고 말한다. 그는 성 바실리우스의 말을 빌린다. "그대의 마음에 깊은 구멍을 하나 그려보라. 어떤 것도 통과할 수 없는 어둠을, 밝음을 전혀 갖지 않은 그런 불을 말이다. 태우는 불의 힘은 고스란히 갖고 있지만 빛은 하나도 발하지 않는 그런 불을. … 그것이 바로 지옥의 불이다." 이 불은 "정욕"이고, "호색의 불꽃"이다.

상징의 통합은 곧 상반된 것들의 동일시를 암시할 수 있다는 위험성을 전혀 의식하지 않은 채, 중세의 상징주의자들이 똑같은 상징을 놓고 정반대의 해석을 내놓는 경우가 자주 있었다는 사실은 매우 흥미롭다. 그래서 우리는 연금술에서 신(神)이 직접 지하 혹은 바다 속의 불 속에서 "빛을 내고 있다"는 견해를 볼 수 있다. 예를 들어, '글로리아 문디'(Gloria mundi)에 이렇게 적혀 있다.

> 불을 붙여보라. 철학자들은 불이 나무에서 자라난다고 말한다. 이 불 속에서 신이 신성한 사랑으로 빛을 발하고 있다. … 마찬가지로 '자연의 주인'은 불의 기술에 대해 수성이 해체되었다가 … 끌 수 없거나 살아 있는 불로 변화하고, 그 불 안에서 신이 해와 더불어 만인을 위로하기 위해 신성한 사랑으로 빛을 발한다고 말한다. 이 불이 없으면 어떠한 예술도 완벽의 경지에 이르지 못한다. 그것은 또한 철학자들이 멀리 숨겨놓은 철학자들의 불이기도 하다. … 그것은 또한 신이 이 땅 위에 창조한, 수많은 미덕을 지닌 고귀한 불이다. 이런 것들에 대해 선생은 신이 불에게 너무나 많은 미덕과 효율성을 내렸기 때문에 신성 자체가 이 불과 뒤섞이고 있다고 말한다. 그리고 이 불은 정화한다. 연옥이 지하세계를 정화하듯이.

그 불은 "꺼뜨릴 수 없는" 불이다. "철학자들은 이 불을 성령의 불이라고 부른다." 이 불은 수성과 태양을 결합시킨다. 그러면 "이 3가지가 하나가 되고, 이 하나는 어느 인간도 깨뜨리지 못하는 것"이 될 것이다. "이 3가지 안에서 아버지 신과 아들 신, 성령 신이 3개의 위격으로 성 삼위일체로 결합하고, 그래서 단 하나의 진정한 신이 있게 되는 것과 똑같이, 불은 3가지, 말하자면 육체와 정신과 영혼, 즉 태양과 수성, 영혼을 결합시킨다." "눈에 보이지 않는 이 불 안에 예술의 신비가 봉인된다. 성부와 성자, 성령이 3개의 위격으로 하나의 핵심 안에 정말로 포함되기 때문이다." 이 불은 "불이면서 동시에 물"이다. 철학자들은 그것을 "살아 있는 물 안에서 스스로를 스스로와 섞는" 신에게 경의를 표하는 "살아 있는 불"이라고 부른다.

또 다른 논문은 물에 대해 "전체 보물이 숨고 거주하는 곳"이라고 말한다. 왜냐하면 물의 한가운데에 "세상을 돌아가게 하는 동력을 자체 안에 갖고 있는 "지옥의 불"이 있기 때문이다. 이 불은 "원동력"(primum mobile)에 의해 생기고 별들의 영향에 의해 점화된다. 이 불은 우주적인 운동을 절대로 멈추지 않으며 "천상의 힘들의 영향"을 통해서 지속적으로 점화되고 있다.

이 불은 "자연에 반하는" 부자연스러운 불이다. 이 불은 육체들을 고통스럽게 하며, 이 불은 그 자체로 "지옥의 불처럼 맹렬히 타는 용"이다. 자연 안에 거주하는 생령인 피톤에겐 이중적인 측면이 있다. 생령임에도 거기엔 지옥 같은 생령, 즉 지옥의 불이 있고 그 불로 지옥의 목욕을 준비할 수 있다. 아브라함 엘리자르(Abraham Eleazar: 18세기)는 피톤을 하나의 신으로 보기도 한다.

블레즈 드 비제네르(Blaise de Vigenère: 1523-1596)에 따르면, 그 불은 두 가지가 아니라 4가지 양상을 갖고 있다. 모두가 불인 지혜가 있고, 열과 불의 활동인 신성이 있고, 낮은 세상에 속하고 빛과 열과 열정으로 이뤄진 원소가 있고, 마지막으로 지혜와 정반대로 아무런 빛이 없이 불타기만 하는 지옥이 있는 것이다. 여기서 다시 우리는 고대인들이 불과 연결시켰던 콰테르니오를 만나고 있다. 고대 이집트인들이 세트에 대해 품었던 생각과 호루스의 네 아들, 그리고 에스겔이 북쪽의 불타는 지역의 환상에서 보았던 바로 그 콰테르니오를 다시 보고 있는 것이다. 그래도 비제네르가 에스겔을 이런 맥락에서 생각했을 가능성은 거의 없다.

17세기 연금술사 에레네우스 필라레테스(Eirenaeus Philalethes)의 '인트로이투스 아페르투스'(Introitus apertus)에서, 불가사의한 물질은 "칼립스"(chalybs:철)라 불린다. 이것은 "금의 근원적 물질"이며, "우리 작업의 진정한 열쇠로, 이것이 없으면 어떠한 기술로도 램프에 불을 붙이지 못하는 그런 물질"이다. 칼립스는 "더할 나위 없이 순수한 정신"이며, "은밀하고, 지독하고, 그러면서도 더없이 폭발적인 불"이고, 세상의 경이며 낮은 곳에 있는 보다 높은 권력 체계이다. "이런 이유로 전능한 신은 그 물질에 더없이 영광스러운 천상의 컨정션까지 허용했다. 지혜로운 동방의 박사들은 새 시대가 처음 열릴 때 이 컨정션을 보고 크게 놀라면서 곧바로 대단히 거룩하신 왕이 이 세상에 태어났다는 것을 알았다. 그의 별을 보게 되거든, 그 별을 따라 그의 요람까지 가보라. 그러면 거기서 티 없이 맑은 아이를 보게 될 것이다. 더러운 때를 털고 왕이 될 아이를 보라. 당신의 보물 주머니를 열고 황금의 선물을 주어라. 그러면 당신이 죽은 뒤에 그가 당신에게 육신과 피를, 이 땅에서 최고의 명약을 주리라."[25]

이 단락은 연금술사의 마음을 채우고 있는 모호한 원형적인 관념의 세계를 깊이 들여다볼 기회를 준다는 점에서 특별히 흥미롭다. 저

....
25 Philalethes, "Introitus apertus," Mus. herm., pp.654

자는 "지옥이 불"이기도 하고 "우리 작업의 열쇠"이기도 한 철이 자석에 끌리고, 이 같은 사실 때문에 "우리의 자석"이 철의 진정한 "물질"이라는 식으로 말한다. 자석은 숨겨진 어떤 중심을 갖고 있으며, 이 중심은 "뜨거운 욕망"을 갖고 철의 미덕이 높이 칭송받는 북극으로 향한다. 이 중심은 "소금이 풍부하다". 이 소금은 틀림없이 지혜의 소금일 것이다. 바로 다음의 텍스트가 이런 식으로 이어지기 때문이다. "현자는 기뻐할 것이지만 바보는 이런 것들에 별로 주의를 주지 않을 것이며 전능하신 분의 표시가 두드러진 북극을 보면서도 지혜를 배우지 않을 것이다."

극에서 메르쿠리우스의 심장이 발견된다. 메르쿠리우스는 "진정한 불이며, 그 안에서 주(主)가 휴식을 취하고 있다. 이 넓고 깊은 바다를 항해하는 그는 두 개의 인도를 모두 건드리고, 북극성을 보면서 방향을 잡을 것이다. 이 북극성을 우리의 마그넷(Magnet:자석)이 당신 위로 나타나게 할 것이다." 이것은 신비의 여행, 말하자면 "신의 사랑을 찾아 방랑하는" 그런 여행을 암시한다. 내가 다른 곳에서 설명했듯이, 이 여행은 여기서 두 개의 인도, 즉 동인도와 서인도, 그리고 나침반이 북쪽을 가리키는 것 등이 암시하는 바와 같이 사방으로 향한다. 4개의 방향은 서로 하나의 십자가 모양을, 즉 콰테르니오를 이루고, 이 콰테르니오는 극의 본성을 특징적으로 보여준다. 왜냐하면 극에서부터 4개의 방향이 방사형으로 퍼져나가고, 또한 반구의 구분(그리니치 자오선과 동쪽과 서쪽)이 이뤄지기 때문이다. 따라서 북반구는 히드로해파리의 둥근 몸을 닮았다. 그런데 히드로해파리의 둥근 표면은 4개의 방사수관으로 나뉘어져 있어서 꼭 극에서 본 지구처럼 보인다.

이 맥락에서 나는 어떤 꿈에 대해 언급하고 싶다. 자신이 전공으로 선택한 철학이 최종적으로 자신에게 맞지 않다는 사실을 깨닫고 혼란 상태에 빠졌던 스무 살 대학생이 꾼 꿈이다. 이 대학생은 철학이 자신에게 맞지 않는 이유를 전혀 알 수 없었다. 이 학생의 방향 감각 상실은 아주 심했다. 장래 원하는 직업이 무엇인지조차도 모를 정도였다. 그런 가운데 꿈이 그를 도우러 나타나 그에게 목표를 상세하게 보여주었다. 이런 내용의 꿈이었다.

그는 숲속을 걷고 있었다. 숲은 점점 더 깊어지고 거칠어졌다. 그러다 마침내 원시림 같은 곳으로 들어갔다. 나무들이 쭉쭉 높이 뻗어 있었으며, 잎도 아주 무성했다. 그래서 숲은 밤처럼 어두웠다. 길이 끊어진지도 오래되었다. 그러나 막연한 기대감과 호기심에 끌려서 그는 계속 앞으로 나아갔으며 그러다 곧 동그랗게 생긴 웅덩이에 닿았다. 지름이 3미터 내지 4미터 정도 되어 보였다. 샘이었다. 수정처럼 맑은 물은 나무 그늘 때문에 검게 보였다. 웅덩이 한가운데에 진주 같은 생명체가 하나 떠다니고 있었다. 직경이 50센티미터 정도 되었으며, 흐릿한 빛을 발하고 있었다. 해파리였다.

꿈을 꾼 대학생은 바로 이 대목에서 격한 감정을 느끼며 잠에서 깨어났다.

그는 즉각 과학을 공부하기로 결정을 내렸다. 그런 다음에는 그 결정을 계속 밀고 나갔다. 여기서 나는 이 꿈을 꾼 학생이 그런 식으로 해석할 만큼 심리학적 지식을 갖추고 있지 않았다는 점을 강조해야 한다. 그가 꿈에서 끌어낸 결론은 틀림없이 옳은 것이었다. 그럼에도 그 결론이 그 상징의 의미를 충분히 파악한 끝에 나온 것은 아니었다. 그

꿈은 원형적이다. 말하자면 "큰" 꿈이다. 점점 어둑해지면서 원시림으로 바뀌어가는 숲은 무의식의 세계로 들어가는 것을 의미한다. 해파리가 떠돌고 있는 둥근 웅덩이는 3차원의 만다라, 즉 자기를 나타낸다. 다시 말해, "그의 치열한 욕구"가 가리키는 목표로서의 전체성을, 이 여행자에게 "세상의 바다"에서 나아갈 방향을 제시하는 자북(磁北)을 뜻한다.

여기서 앞에서 다루던 텍스트로 돌아가면서, 나는 간단히 말해 지옥의 불은 북극에 거주하면서 자력(磁力)을 통해 스스로를 드러내는 숨겨진 신에 지나지 않는다는 점을 강조하고 싶다. 이 신의 다른 이름은 심장이 북극에서 발견되는 메르쿠리우스이며, 이 신은 세상의 바다에서 위험한 항해를 하고 있는 사람들을 안내한다. 세상 전체가 북극의 지옥의 불에 의해 움직이고, 이승이 지옥이고, 지옥은 낮은 곳에 투영된 높은 곳의 권력 체계라는 생각은 정말로 충격적인 사고이다. 그러나 마이스터 에크하르트가 자신의 진정한 자기로 돌아가자마자 "지옥보다 더 깊은" 심연으로 들어간다고 말할 때, 그도 이와 똑같은 생각을 하고 있었다.

이 같은 연금술적인 생각은 겉으로 보기에 아주 하찮아 보일지라도 어느 정도의 고상함을 인정받아야 한다. 심리학적으로 봐서 특별히 흥미로운 것은 그런 생각을 떠올리게 하는 이미지의 본질이다. 그 이미지는 세상의 이치를 표현한 원형적인 패턴, 즉 전체성이라는 관념을 표현하는 만다라를 나타내고 있다. 그 이미지의 중심을 신이기도 한 지옥에 두는 것은 가장 높은 것이나 가장 낮은 것이나 똑같이 영혼의 깊은 곳에서 나오고 또 어느 것이든 의식이라는 연약한 배를 난파시키거나 안전하게 항구로 안내할 수 있다는 경험을 근거로 하고 있다. 따라서 이 "중심"을 경험하는 것은 그 자체로 신비한 경험이다.

　피치넬루스는 '불가사리', 말하자면 "물속에서 불타면서도 빛을 전혀 발하지 않는 이 물고기"는 성령과 사랑, 은총, 종교를 의미하는 외에 사람의 내면에 있는 무엇인가를, 즉 사람의 혀와 말, 표현력을 상징한다고 느낀다. 그 이유는 모든 정신생활이 이런 기능을 통해서 겉으로 드러나기 때문이다. 그는 분명히 본능적이고, 깊이 생각하지 않는 정신적 활동에 대해 생각하고 있다. 왜냐하면 이 대목에서 그가 '야고보서' 3장 6절을 인용하기 때문이다. "혀는 불이요, 불의의 세계라, 우리의 온 몸을 더럽히고 삶의 수레바퀴를 불사르니, 그 불이 지옥에서 나오느니라."

　따라서 악의 "물고기"는 길들여지지 않고 또 길들여질 수 없는 우리의 성향과 일치하는데, 이 성향은 "작은 불이 엄청나게 넓은 숲을 태우듯" 신체 전체를 더럽히고 "출생의 바퀴"에 불을 지르기도 한다. '출생의 바퀴'란 표현은 이 맥락에 쓰기엔 좀 어색하다. 바퀴는 순환이나 과정, 생명의 순환을 상징하는 것으로 설명되고 있다. 여기서 만약에 바퀴를 출생과 죽음의 진부한 순환으로 받아들이지 않는다면, 이 같은 해석은 불교와 비슷한 관념을 전제로 한다. 그 바퀴를 어떻게 불사를 수 있는가 하는 문제는 깊은 생각을 하지 않고는 대답하기 어려운 질문이다. 그래서 우리는 그것을 전체 몸을 더럽히는 것을 의미하는 것으로, 달리 말해 영혼의 파괴를 의미하는 것으로 받아들여야 한다.

　플라톤의 '티마이오스'(Timaeus)가 발표된 이래로, 영혼을 하나의 구(球)로 보는 관점이 거듭 되풀이되어 왔다. '세상의 영혼'(anima mundi)으로서, 영혼은 세상의 바퀴와 함께 돌며, 세상의 바퀴의 중심은 극이다. 그것은 '세상의 영혼'인 "메르쿠리우스의 심장"이 거기서 발견되는 이유이다. '세상의 영혼'은 정말로 천국의 동력이다. 별이 총총한 우주의 바퀴는 "출생의 테마"라 불리는 12궁도에 반영되어 있다. 12궁도는 하늘을 12개의 궁으로 나눈 것이다. 이런 식으로 나눠놓으면 창공은 회전하는 바퀴처럼 보인다. 천문학자 니기디우스(Publius Nigidius Figulus: B.C. 98-B.C. 45)는 하늘의 바퀴가 도공의 물레처럼 돈다는 이유로 '피굴루스'("도공")라는 이름을 얻은 것으로 전해진다. 앞에서 말한 "출생의 테마" 중에서 "테마"라는 표현은 곧 '바퀴'라는 뜻이다.

12궁도의 기본적인 의미는 행성들의 위치와 그 행성들과 나머지 다른 행성들의 관계 등을 계산함으로써 먼저 개인의 정신적 구성 요소를 그리고, 그 다음에 육체적 구성 요소를 그린다는 것이다. 12궁도는 기본적으로 개인의 성격 체계를 나타내며 따라서 개인의 정신과 동일한 것으로 여겨질 수 있다. 프리스킬리안은 분명히 바퀴를 이런 의미로 받아들였다. 그는 예수 그리스도에 대해 이렇게 말하고 있다. "그만이 플레이아데스성단을 서로 모이게 하고 오리온자리의 별들을 흩어지게 할 권력을 갖고 있다. 창공의 변화를 알고 또 세대의 바퀴를 파괴하면서, 그는 세례의 부활을 통해 우리의 출생의 날을 극복했다." 이로써 4세기에 출생의 바퀴가 사실 12궁으로 여겨지고 있었다는 것이 분명해진다. 그러므로 "바퀴에 불을 지른다는 것"은 곧 정신의 원래 구성 요소들을 파괴적으로 뒤엎는다는 것을, 공황이나 다른 통제 불가능한 것을 닮은 대화재를, 따라서 감정의 치명적인 폭발을 비유적으로 표현한 것이다. 대재앙의 전체 성격은 소위 모든 정신을 파괴하는 사악한 요소인 "혀"의 위치에 의해 설명된다. 이런 측면에서 보면 '바다의 별'은 우리 내면에서 창조적이거나 파괴적인 영향이 나오고 있는 그 불같은 중심을 뜻한다.

2. 물고기

중세의 물고기 상징을 논하면서, 지금까지 우리는 이름으로만 어떤 물고기, 즉 해파리에 대해 관심을 가졌다. 그러면서 이것이 동물학적 의미에서 말하는 물고기가 아니라는 사실에 대해서는 제대로 설명하지 않았다. 더욱 중요한 것은 해파리는 물고기처럼 생기지도 않았다는 점이다. 해파리가 우리의 관심을 끌게 된 것은 단순히 "둥근 물고기"라는 묘사 때문이다.

그러나 중세에는 그렇지 않았다. 이를 뒷받침하는 16세기 전문가의 증언이 있다. 테오발트 데 호겔란데(Theobald de Hoghelande)는 적어도 물고기를 진짜 물고기로 이해했다는 점을 보여주고 있다. "마찬가지로 사람들은 그것을 물고기와 비교했다. 한 예로 문두스(Mundus)는 '투르바'에서 '한쪽은 물고기 담즙으로, 다른 한쪽은 새끼 송아지의 오줌으로 하라'고 한다. 그리고 '지혜의 수수께끼'(Aenigmata sapientum)에 '우리 바다에 뼈나 다리(cruribus)가 없는 작고 둥근 물고기가 있다.'라는 대목이 있다." 이 인용문에 언급된 담즙은 진짜 고기에서만 얻을 수 있기 때문에, 호겔란데는 분명히 "작고 둥근 물고기"를 진짜 물고기로 받아들였다. 또 뼈가 없는 물고기는 상상할 수 있어도 껍질이나 피부가 없는 물고기를 상상하는 것은 거의 불가능했기 때문에, 원래 버전에 있던 "corticibus"(나무껍질, 육체)를 "cruribus"(다리)로 바꿔야 했다. 물론 물고기에겐 다리도 없다. 그러나 16세기의 글에서 뽑은 이 인용문은 '지혜의 수수께끼'에 나오는

"작고 둥근 물고기"가 연금술의 전통에서 해파리가 아니라 진짜 물고기로 이해되었다는 점을 증명하고 있다. "피질"도 없고 특이한 종류의 둥글고 투명한 물고기는 '키라니데스'(Cyranides)에도 묘사되고 있다. 이 텍스트에는 "키네디안 피쉬"(cinedian fish)(연금술에선 '작동시키는 물고기'란 뜻으로 쓰인다/옮긴이)는 시리아와 팔레스타인, 리비아 해안 쪽 바다에 살며 길이는 손가락 6개 정도이고, 둥근 물고기라고 되어 있다. 이 물고기는 또한 돌을 머리에 두 개, 꼬리의 등뼈에 한 개 갖고 있다. 이 돌은 특별히 힘이 세며 사랑의 묘약으로 이용된다. "키네디안 스톤"(cinedian stone)은 매우 귀하기 때문에 특히 잘 알려져 있지 않다. 그것은 또한 "옵시아누스(opsianus: 흑옥(黑玉)으로 만든 액막이 돌을 뜻한다/옮긴이)로도 불리는데, 이 단어는 "세로티누스"(serotinus: 성장이나 기원이 늦은)와 "타르두스"(tardus: 느리고, 주저하는)로 해석된다. 이 돌은 토성에 속한다. "이 돌은 쌍둥이이거나 두 부분으로 되어 있다. 하나는 검고 불투명하지만 다른 하나는 검으면서도 찬란하며 거울처럼 반짝인다." 이것은 많은 사람이 찾으려 했으나 결코 발견하지 못한 돌이다. 바로 용의 돌이기 때문이다.

이런 묘사를 통해 분명히 알 수 있는 유일한 것은 문제의 동물이 척추동물임에 틀림없고 따라서 진짜 물고기일 것이라는 점이다. 이 물고기를 두고 "둥글다"고 묘사한 근거는 절대로 분명할 수 없다. 이 물고기는 용의 돌을 갖고 있다는 말에 비춰볼 때 신화의 주제인 것이 분명하다. 이 돌은 플리니우스에게도 알려져 있었다. 중세의 연금술사들도 이 돌을 잘 알고 있었으며 'draconites'나 'dracontias', 'drachates' 등의 이름으로 불렀다. 이 돌은 아주 소중한 돌로 널리 유명했으며 잠자는 용의 머리를 잘라야만 얻을 수 있는 것으로 알려져 있었다. 그러나

이 돌이 보석이 될 수 있으려면 반드시 용의 영혼의 한 조각이 그 안에 남아 있어야 하며, 그래서 이 돌은 "자신이 죽어가고 있는 것을 느끼고 있는 괴물의 증오"이다. 이 보석은 일종의 흰색이며, 강력한 해독의 힘을 갖고 있다. 용이 전혀 없는 지금도 물뱀들의 머리에서 이 돌이 이따금 발견된다고 그 텍스트는 말하고 있다. 마르틴 루란트(Martin Ruland: 1569-1611)는 자신이 청색 혹은 검정색인 이 돌들을 보았다고 주장한다.

그럼에도 키네디안 스톤은 이중적인 성격을 갖고 있으며, 그 텍스트가 보여주는 바와 같이 이 돌은 절대로 명확하지 않다. 이 돌의 이중적인 본질은 원래 희거나 검은 차이에 따른 것일 수 있다고 짐작하기 쉬우며, 그러다 보니 필경사가 그 모순에 당황해서 "검음에도 불구하고"라는 표현을 끼워넣었을 수 있다. 그러나 루란트는 "용의 돌의 색깔은 흰색"이라는 점을 분명히 강조한다.

용의 돌의 색깔이 토성과 비슷하다는 점이 이 딜레마를 밝혀줄 수 있다. 점성술에서 "태양의 별"이라 불리는 토성은 연금술적으로 검정으로 해석되며, 토성은 심지어 "검은 태양"으로 불리고 불가사의한 물질로서 이중적인 본성을 갖고 있으며 밖은 납처럼 검지만 안은 희다. 그라세우스(Johannes Grasseus: 1560-1623)는 성 아우구스티누스 수도회의 수사 도겐하르두스(Degenhardus)의 의견을 인용하고 있다. '공기의 납'이라는 이름을 얻은 철학자들의 납은 "금속들의 소금"이라 불리는 "반짝이는 흰 비둘기"를 포함하고 있다는 의견이다. 비제네르는 "더 이상 불투명할 수 없는" 납은 히아신스석(石)으로 바뀌었다가 다시 납으로 변할 수 있다고 주장한다. 밀리우스(Milius)에 따르면, 수은은 "토성의 심장"에서 나오며, 실은 납의 "검정"과 대조되는 수은의 밝은 은색인 토성이다. 조지 리플리(George Ripley: 1425년경-1490) 경에 따르면, 사투르니아라는 식물에서 흘러나오는 "밝은" 물은 "세상에서 가장 완벽한 물이자 꽃"이다. 이 같은 생각의 역사가 아주 깊다는 사실은 히폴리토스의 말에서도 확인된다. "토성은 물의 색을 가진 아주 파괴적인 힘이다."

이런 내용을 근거로 할 때, 키네디안 스톤의 이중적인 본성은 상반된 것들의 극성(極性)과 통합을 의미할 수 있다. 철학자의 돌에게 어떤 것들을 결합시키는 상징으로서의 특별한 의미를, 따라서 신비하고 신성한 특성을 부여하는 것도 바로 이런 본성이 아닌가. 용의 돌은 또 "아프로디테의 끈", 즉 사랑의 마법에 대단히 적절한 특별한 힘들을 부여받는다. 마법은 대상으로 삼은 사람의 의식적인 마음과 의지를 지배하고 있는 충동을 이용할 것이고, 그러면 마법에 걸린 사람의 마음 안에서 어떤 외계인이 일어나서 그 사람의 자아보다 더 강력하다는 점을 증명해보일 것이다. 심리학적으로 입증되는 효과로서 이와 비교할 만한 것은 무의식의 내용물이 행사하는 효과뿐이다. 무의식의 내용물은 그 사람의 전체성, 즉 그 사람의 자기와 자기의 기능들에 크게 의존한다. 그러면 그 사람은 이 무의식의 힘에 저항하지 못하게 된다.

연금술의 물고기 상징이 종국적으로 자기와 동등한 차원의 어떤 원형을 가리키고 있다는 점을 우리는 이미 확인했다. 따라서 납과 '돌'에 적용되고 있는 이런 "외형적 부적합성"의 원리가 예수 그리스도에게도 적용되는 것을 보아도 전혀 놀랄 일이 아니다. '돌'에 관해 한 말을 시리아의 에프렘(Ephrem the Syrian: 373년 죽음)은 그리스도에게도 그대로 하고 있다. "그는 형상들을 옷으로 걸치고 있고, 유형들을 갖고 다니는 존재이다. … 그의 보석은 숨겨져 있고 별로 중요하지 않지만 밖으로 드러나는 날에는 보는 것만으로도 경이로움을 불러일으킨다."

익명의 프랑스 저자가 17세기에 쓴 논문에서, 그 이상한 잡종인 "둥근 물고기"는 마침내 동물학에 알려진 진짜 척추동물이 된다. 둥근 물고기가 "에케네이스 레모라"(Echeneis remora: 빨판상어)로 확인되고 있는 것이다. 빨판상어는 고등어과에 속하며, 등지느러미 대신에 머리 위에 크고 넓적하고 둥근 모양의 빨판을 가진 것이 특징이다. 이 빨판을 이용해 자기보다 더 큰 물고기에 달라붙거나 배의 밑바닥에 달라붙어서 세계 곳곳으로 퍼져나간다. 그 텍스트는 이 물고기에 대해 이런 이야기를 들려주고 있다.

"우리가 철학적 작업을 위해 준비할 것은 작은 물고기 에케네이스뿐이다. 이 물고기는 피도 없고 가시도 없으며 넓은 바다 깊은 곳에 갇혀 있다. 이 물고기는 대단히 작고 혼자 다니며 모양이 독특하지만, 바다는 넓고 깊다. 그래서 물고기가 사는 곳을 모르는 사람들이 이 물고기를 잡는 것은 불가능하다. 테오프라스토스(Theophrastus: B.C. 287년 사망)가 말하듯이, 하늘의 달을 땅으로 끌어내린 다음에 그것을 물로 변화시켰다가 다시 흙으로 변화시키는 기술을 이해하지 못하는 사람은 철학자의 돌이라는 물질을 절대로 발견하지 못할 것이다. 이 말을 진정으로 믿어도 좋다. 왜냐하면 하늘의 달을 땅으로 끌어내리는 것이 철학자의 돌을 발견하는 것보다 결코 더 어렵지 않기 때문이다. 그럼에도 불구하고, 신뢰할 만한 친구의 귀에 대고 무엇인가를 속삭일 때, 우리는 그에게 철학자의 숨겨진 비밀을, 말하자면 거대한 대양(세상의 정신)의 오만한 배들을 저지하는, 빨판상어라 불리는 작은 물고기를 자연스럽게, 빨리, 또 쉽게 잡을 수 있는 방법을 가르쳐주고 있다. 이 기술을 모르는 사람들은 모두 무식하며 자연이 우리 바다의 소중한 '생명수' 안에 숨겨놓은 보물을 모르고 있다. 그래도 안타까워하지 마라. 내가 당신에게 우리의 독특한 물질의 맑은 빛 또는 우리의 처녀지를 알려줄 것이고 지혜의 아들의 최고 기술을 어떤 식으로 구할 수 있는지를 알려 줄 테니 말이다. 그러기 위해선 내가 당신에게 에케네이스 혹은 레모라라 불리는 작은 물고기를 바다의 깊은 중심에서 끌어내는 힘을 지닌 현자의 자석에 대해 가르쳐 줄 필요가 있다. 만약에 이 물고기가 자연과 조화를 이루는 가운데 잡히면, 그것은 자연스런 방법으로 처음에 물로 변했다가 나중에 흙으로 변할 것이다. 현자의 정교한 비결을 바탕으로 적절히 준비만 된다면, 이것은 모든 견고한 육체들을 해체시켜 휘발성 강하게 만들고 중독된 모든 신체를 순화하는 힘을 가질 것이다."

이 텍스트에서 우리는 그 물고기가 발견될 수 있다면 어디까지나 대양의 중심에서 발견된다는 것을 알 수 있다. 그러나 대양은 "세상의 정신"이다. 앞의 인용문이 보여주듯이, 이 텍스트는 연금술이 힘든 작업을 거의 포기하고 점점 철학의 성격을 띠어가던 때에 나온 것이다. 17세기 초반을 살았던 연금술사에게, "세상의 정신"은 다소 낯선 표현이다. 왜냐하면 당시에 이보다 더 널리 쓰였던 표현은 '세상의 영혼'이었기 때문이다. 세상의 영혼 또는 이 경우에 세상의 정신은 무의식이 투사된 것인데, 이는 이런 종류의 객관적인 경험을 제공하고 따라서 세상의 생기를 객관적으로 증명할 수 있는 방법이나 도구가 전혀 없었기 때문에 나타난 현상이었다.

"영혼"과 "정신"은 그 자체로 전적으로 무의식적이다. 만약에 무의식인 영혼과 정신이 "밖"의 어딘가에 있다면, 그것은 무의식의 투사일 수밖에 없다. 당신이 어떤 식으로 보느냐에 따라, 이 같은 현상은 엄청난 의미를 지니기도 하고 별다른 의미를 지니지 않기도 한다. 여하튼, 우리는 연금술에서 "바다"는 일반적으로 꿈에서처럼 무의식의 상징이라는 것을 알고 있다. 우주 같은 바다 한가운데에 사는 극히 작은 물고기는 그럼에도 불구하고 아주 큰 배까지도 멈추게 하는 힘을 갖고 있다. 빨판상어에 대한 묘사를 근거로 할 때, 이 텍스트의 저자는 '지혜의 수수께끼'에서 말한 '뼈와 피질이 없는 둥근 작은 물고기'를 잘 알고 있었던 것이 분명하다. 따라서 둥근 물고기를 자기로 해석하는 관점을 빨판상어로까지 확장할 수 있었다. 여기서 자기의 상징은, 세상이라는 바다에 홀로 있는 사람처럼 무의식이라는 거대한 바다 속에 있는 "극히 작은" 물고기로 나타난다.

자기를 한 마리의 물고기로 상징한 것은 자기를 무의식적 내용물로 보고 있다는 것을 단적으로 보여주고 있다. 만약에 의식적인 주체 안에 "현자의 자석"이 존재하지 않는다면, 이 미미한 생명체를 잡을 희망은 절대로 있을 수 없다. 이 "자석"은 분명히 거장이 제자에게 가르칠 수 있는 그 무엇이다. 왜냐하면 이 자석이 곧 전문가의 작업을 가능하게 하는 "이론"이기 때문이다. 근원적 물질은 언제나 발견되어야 하는 상태로 남아 있고, 학생을 돕는 유일한 것은 "현자의 정교한 비결"이다.

이는 베르나르두스 트레비사누스(Bernardus Trevisanus: 1406-1490)가 쓴 논문 '철학자들의 은밀한 화학 작업에 대하여'(De secretissimo philosophorum opere chemico)에서도 확인되고 있다. 이 논문에 따르면, 트레비사누스가 실수에서 벗어나 바른 길로 향하도록 안내한 것이 바로 파르메니데스(Parmenides)가 '투르바'에 쓴 글이다. 그러나 트레비사누스는 거기서 아리슬레우스(Arisleus)가 한 말,

즉 "자연은 자체의 본성을 통해서만 향상될 수 있다."는 말을 똑같이 하고 있으며, 트레비사누스는 그것을 재확인하는 식으로 "따라서 우리의 물질은 그 자체의 본성을 통하지 않고는 향상되지 못한다."고 덧붙이고 있다.

그렇다면 트레비사누스가 실험실 작업에서 오랫동안 아무 소득을 올리지 못한 끝에 바른 길로 들어설 수 있도록 한 것이 파르메니데스의 이론이었다는 뜻인데, 그가 철학자의 돌을 만드는 데 성공했다는 전설도 있다. 트레비사누스는 그 이론의 기본적인 생각이 앞의 인용문에 잘 표현되어 있다는 의견을 갖고 있다. "자연"은 그 자체 안에서나 자체를 통해서 향상되거나 잘못에서 벗어날 수 있다는 것이 그 이론의 핵심이다. 이와 똑같은 생각은 "돌은 그 자체로 필요한 모든 것을 다 갖추고 있기 때문"에 연금술 용기 안의 내용물과 바깥의 다른 것을 섞지 말라는 뜻의 경고로 다른 논문에도 되풀이되고 있다.

연금술사들이 자신이 쓰는 글의 내용을 언제나 잘 알고 있지는 못했을 것이다. 제대로 알았더라면, 아마 그들은 자신의 무모함에 급사(急死)하고 말았을 것이다. 어느 문헌에도 이런 일이 있었다는 기록은 없다. 어떤 것이 필요한 모든 것을 다 갖추고 있단 말인가? 아무리 멀리 떨어져 있는 유성도 어떤 먼 곳의 태양을 돌고 있거나 마지못해 하면서 형제 유성들의 무리로 끌리고 있다. 모든 것은 다른 모든 것들과 함께 우주에 내걸려 있다. 당연히, 절대적인 전체성만이 그 자체에 모든 것을 담고 있으며, 그것은 외부의 다른 어떤 것에도 애착을 가질 필요가 없고 그럴 충동도 느끼지 않는다. 존재하는 모든 것을 두루 포용하고 있는 절대적인 신은 틀림없이 그럴 것이다.

하지만 우리 중에 누가 자신의 꼬리로 늪에서 빠져나올 수 있단 말인가? 우리 중에서 누가 절대 고립 속에서 자신을 향상시킬 수 있단 말인가? 사막에서도 3일 동안 꼬박 걸어 들어가야 하는 오지에 사는 경건한 은둔자들조차도 먹고 마실 것을 필요로 할 뿐만 아니라 자신이 신의 현존에 무서울 정도로 많이 의존하고 있다는 사실을 깨닫기 마련이다. 오직 절대 완전성만이 스스로를 새롭게 부활시키고 새롭게 다시 태어나게 할 수 있을 뿐이다.

그렇다면 한 전문가가 다른 사람들이 들을까봐, 아니 다른 사람들이 자신의 비밀을 짐작이라도 할까봐 주위를 두리번거리면서 다른 전문가의 귀에 대고 속삭이는 그것은 무엇일까? 다른 것이 아니고 이런 말이다. 이 가르침을 통해서, 하나이고 전부이신 분, 아주 작은 것으로 위장한 위대하신 분, 영원히 불타는 자신의 불 속에 있는 신은 깊은 바다의 물고기처럼 잡힐 수 있다는 뜻을 전하는 것이다. 더 나아가, 신이 "통합의 성찬 의식"(아즈텍 사람들은 이를 "신을 먹는 행위"라고 불렀다)에 의해 "깊은 곳에서 끌려 나와" 인간의 육체로 통합될 것이라는 말을 전하고 있을 뿐이다.

이 가르침은 '레모라'("크기는 작지만 힘은 센 존재")가 바다의 거만한 군함까지 정지시키게 하는, 은밀하고 "교묘한" 자력이다. 플리니우스가 재미있고 교훈적인 이야기를 통해 들려주는 바와 같이, 칼리굴라(Caligula:A.D. 12- A.D. 41) 황제의 갤리선에게 닥친 것도 바로 이런 일이었을지 모른다. 겨우 반 피트 길이밖에 되지 않는 작은 물고기는 스투라에서 엔티움으로 돌아가던 배의 키에 찰싹 달라붙어서 배가 멈추도록 했다. 이 힘든 여정 끝에 로마로 돌아오자마자, 칼리굴라는 자신의 군인들에게 살해당했다. 그렇다면 플리니우스가 지적한 바와 같이 에케네이스가 하나의 전조였다고 할 수 있다. 그 물고기는 안토니우스(Mark Antony:B.C. 83- B.C. 30)가 최후를 맞게 될 아우구스투스 (Augustus:B.C. 63-A.D. 14)와의 해전에 들어가기 전에도 안토니우스에게 그와 비슷한 요술을 부렸다. 플리니우스는 에케네이스의 신비한 힘을 충분히 느낄 수 없다. 그럼에도 그의 놀람은 분명히 연금술사들에게 깊은 인상을 안겼을 것임에 틀림없다. 그래서 연금술사들은 '바다의 둥근 물고기'를 레모라와 동일시했으며, 이리하여 레모라가 결정적 중요성을 내포하고 있는 거대한 무의식에 있는 극히 작은 것을 상징하기에 이르렀다. 극히 작은 그것은 바로 자기, 즉 "작은 것보다 더 작고, 큰 것보다 더 큰" 아트만이다.

연금술의 물고기 상징, 즉 에케네이스(Echeneis)는 분명히 플리니우스에서 비롯되고 있다. 그러나 물고기들은 조지 리플리 경의 글에도 나타난다. 더욱이 이 물고기들은 "구세주"로 등장한다. 물고기들이 새들과 함께 돌을 갖고 오는 것이다. 하늘의 왕국에 이르는 길을 가리키는("이로운 동물"이라는 주제) 것이 "하늘의 새들과 바다의 물고기들과 땅 밑의 모든 것들"이라는, 옥시링쿠스 파피루스(이집트 옥시링쿠스에서 19세기 말과 20세기 초에 발견된 원고로 A.D. 1세기에서 6세기 사이에 쓰였다/옮긴이)에 적힌 예수 그리스도의 말씀처럼 말이다.

독일 연금술사 람프슈프링크(Lambspringk)의 상징에서, 반대 방향으로 움직이는 12궁의 물고기들은 불가사의한 물질을 상징한다. 이것들이 동물의 모습을 하고 있는 것은 "동물적인" 충동을 통해서 모습을 드러내는 무의식적 자기를 시각적으로 표현하는 것에 지나지 않는다. 이 충동 중 일부는 알려진 본능을 표현하고 있지만 대개는 확실성과 믿음, 충동, 특이성, 그리고 소위 생물학적인 본능과 정반대일 수 있는 공포증의 감정일 수 있다.

전체성은 반드시 역설적으로 표현되게 되어 있으며, 서로 반대 방향으로 향하는 두 마리의 물고기 혹은 새와 물고기의 협력은 전체성의 이런 역설을 교훈적으로 보여주는 예이다. 불가사의한 물질은 그 속성들이 보여주듯이 자기를 가리키며, 옥시링쿠스 파피루스에 담긴 예수의 말씀에서도 "천국의 왕국"이나 상상 속의 "도시"도 마찬가지로 자기를 가리킨다.

3. 카타리파 사람들의 물고기 상징

영혼의 길잡이와 자기의 양극성을 상징하는 것으로 물고기를 이용하는 전통은 앞의 것과 비슷한 것으로 한 가지 더 있다. 사실 우리가 찾아내야 할 열쇠는 연금술 문헌이 아니라 이교도 문헌에 있다. 문제의 문서는 장 베누아(Jean Benoist: 1632-1705)가 1691년에 쓴 '알비주아파와 보드와파의 역사'(Histoire des Albigeois et des Vaudois)에서 공개한 카르카손 종교재판 관련 자료에서 나온다. 이 문서는 그리스도의 소중한 사도 요한이 "주의 가슴에 안겨 쉴 때"에 허락되었다는 계시에 대해 언급하고 있다.

요한은 사탄이 추락하기 직전에 어떤 상태에 있었는지 알기를 원했다. 그러자 주는 이렇게 대답했다. "사탄은 천국의 권력을 지배할 만큼 영광을 누리고 있었다." 사탄은 신과 똑같이 되기를 원했으며, 이를 위해 사탄은 공기와 물의 원소들을 뚫고 내려갔으며 거기서 땅이 물로 덮여 있다는 것을 발견했다. 땅 표면을 뚫고 아래로 들어가면서, "사탄은 두 마리의 물고기가 물 위에 누워 있는 것을 발견했는데, 물고기들은 눈에 보이지 않는 아버지의 명령에 따라 해가 뜰 때부터 해가 질 때까지 온 땅을 갈도록 멍에를 짊어진 수소처럼 보였다. 이어 사탄이 더 내려가자, 넓은 바다를 뒤덮으며 걸려 있는 구름이 보였다. … 그리고 또 다시 내려가자, 거기서부터 일종의 불인 그의 '오소브'(Osob)가 따로 떨어져 있는 것이 보였다." 그는 화염 때문에 더 이상 내려갈 수 없었다. 그래서 그는 다시 천국으로 돌아와서 천사들에게 구름 위에다가 자신의 권좌를 세우고 전능하신 분처럼 되겠다고 선언했다. 그러고 나서 그는 천사들을 마치 건방진 재산관리인이 주인의 채무자들을 대하듯 마구 다뤘다. 그 일 때문에 그와 그의 천사들은 신에 의해 천국에서 쫓겨났다. 그러나 신은 악마를 불쌍히 여겨 그와 그의 천사들에게 일주일 동안 하고 싶은 대로 하도록 허용했다. 이 기간에 사탄은 '창세기' 1장을 본보기로 삼아 세상과 인간을 창조했다.

탁월한 카타리파 신자인 존 드 루기오(John de Lugio: 1583-1660)도 이와 비슷한 믿음을 고백한다. 카타리파 신자들 사이에 세상이 악마에 의해서 창조되었다는 믿음이 있었다는 사실로 미뤄 짐작건대, 루기오의 믿음이 11세기와 12세기에 카타리파 신자들 사이에 널리 퍼졌던 것 같다. 연금술사 루페시사(Johannes de Rupescissa)는 카타리파의 영향을 받은 '리용의 빈자들'에 소속되었을 가능성이 아주 크다. 어쨌든 그는 이 전통과 깊이 연결되었던 것으로 여겨질 수 있다.

이 텍스트 중에서 가장 놀라운 것은 거기에 옛 불가리아 단어인 'Osob'가 들어 있다는 사실이다. 카를 마이어(Karl Meyer)는 '옛 슬라브 교회 사전'에서 'osóba'가 러시아어와 폴란드어, 체코어로 '개인, 인격'을 뜻한다고 말한다. 그렇다면 "his osob"는 "그에게만 특별히 있는 것"으로 번역될 수 있다. 악마의 경우에 이것은 당연히 불이 될 것이다.

두 마리의 물고기가 밭을 가는 수소처럼 멍에를 함께 짊어진 채 물

위에 누워 있다는 생각은 매우 이상하기 때문에 어느 정도 설명을 필요로 한다. 이를 위해 나는 독자 여러분에게 5,000명의 사람을 먹이는 기적을 행한 것과 관련해 성 아우구스티누스가 물고기 두 마리를 해석한 부분을 상기시켜야 한다. 성 아우구스티누스에게 물고기 두 마리는 왕과 성직자의 인격 또는 권력을 대표한다. 왜냐하면 바다의 폭풍우를 견뎌내는 물고기들처럼 그들도 군중이 일으키는 소란을 극복하고 있기 때문이다. 이 두 권력은 예수 그리스도에서 하나로 합해지며, 따라서 그는 왕이고 성직자이다.

카타리파 문서에 등장하는 두 마리의 물고기는 기적의 물고기를 언급하는 것은 분명히 아니지만, 아우구스티누스의 해석은 그 시절에 사람들이 생각하던 방식에 대해 중요한 무슨 이야기를 들려주고 있다. 물고기들이 지배 권력으로 여겨졌다는 점이다. 이 텍스트가 틀림없이 이교도의 것이기 때문에, 두 마리의 물고기를 똑같이 예수 그리스도로 해석할 것인가 하는 것은 절대로 문제가 될 수 없다. 쉽게 짐작할 수 있듯이, 두 마리의 물고기는 천지창조 이전부터 두 명의 서로 다른 인물이나 권력을, 즉 신의 큰 아들인 사타나엘과 작은 아들인 그리스도를 상징할 수 있다.

에피파니우스는 '파나리움'(Panarium)의 서른 번째 이설(異說)에서 에비온파 사람들은 신의 아들이 둘이었다는 것을 믿었다고 보고하고 있다. "신에게서 둘이 태어났고, 그 중 하나는 예수 그리스도이고 다른 하나는 악마라고 그들은 주장한다." 이 원칙이 근동과 중동 전역으로 전파되었음에 틀림없다. 왜냐하면 사타나엘을 창조신으로 보는 보고밀파의 교리가 바오로파와 유카이트파 사이에서 일어난 것이 바로 그곳이기 때문이다. 우리의 문서는 에티미오스 지가베노스(Euthymios

Zigabenos: 12세기)가 '파노플리아'(Panoplia)에서 보고한 내용의 라틴어 버전에 지나지 않으며, 이 보고는 보고밀 주교 바실리우스가 1111년에 알렉시우스 콤네누스(Alexius Comnenus) 황제 앞에서 한 신앙 고백으로 거슬러 올라간다.

창조 전에, 즉 "태초" 전에, 그러니까 신의 정신이 아직도 물의 시커먼 표면을 보며 깊은 생각에 잠겨 있을 때('창세기' 1장 2절), 사탄이 두 마리의 물고기를 발견한다는 점에 주목하라. 물고기가 한 마리뿐이었다면, 우리는 그것을 구세주의 원형으로, 성 요한의 복음서에 미리 존재한 것으로 나오는 그리스도로, "신과 함께 태초부터 있었던" 로고스로 해석할 것이다. (예수 그리스도 본인은 이 문서에서 '요한복음' 1장 2절과 관련해 "그러나 나는 아버지와 같이 앉을 것이다."라고 말한다.) 그러나 거기엔 이음매(멍에)로 결합된 두 마리의 물고기가 있으며, 이는 오직 황도십이궁의 물고기들을 가리킬 수 있을 뿐이다.

지금 논하는 예에서, 물고기들은 올라가는 것을, 세상이 탄생하는 순간을 나타낼 것이다. 지금 우리는 우주 발생에 관한 신화들은 기본적으로 의식이 오는 것을 상징한다는 것을 알고 있다. 새벽의 상태는 무의식에 해당하고, 연금술의 용어를 빌린다면 그것은 카오스이고 혼돈 덩어리이고 검정이다. 그리고 전문가들이 천지창조와 비교하는 창조적 작업을 통해서, '알베도'(albedo: 표면이 하얗게 되는 현상/옮긴이)가 이뤄진다. 이 알베도는 가끔 보름달과 비교되고, 또 가끔은 일출과 비교된다. 알베도는 또한 계시를, "작업"과 함께 이뤄지는 의식의 확장을 의미한다. 따라서 심리학적으로 표현하면, 악마가 원시의 물 위에서 발견한 두 마리의 물고기는 새로 일어난 의식의 세계를 의미했을 것이다.

물고기들이 밭을 가는 수소의 멍에를 지고 있는 것은 특별히 주목받을 만하다. 수소는 쟁기의 동력을 의미한다. 마찬가지로 물고기들은 다가오고 있는 의식 세계의 동력을 대표한다. 옛날부터 쟁기는 인간이 땅을 지배한다는 것을 의미해 왔다. 쟁기질을 할 때마다 인간은 자그마한 땅뙈기와 씨름을 하며 그 땅을 원시 상태에서 자신의 목적에 부합하는 방향으로 바꿔놓아야 한다. 말하자면, 물고기들이 이 세상을 지배하며 인간을 통해서 점성술적으로 작업하면서 세상을 복종시키고 인간의 의식을 형성할 것이라는 뜻이다.

정말 이상한 것은 쟁기질이 다른 모든 것과 달리 동쪽에서 시작하지 않고 서쪽에서 시작한다는 점이다. 이 주제는 연금술에서 다시 나타난다. 이와 관련해, 리플리는 이런 말을 한다. "당신의 시작은 일몰을 향해야 한다는 점을 알아야 한다. 일몰로부터 당신은 자정을 향해야 하고, 자정에 이르면 빛들은 모두 밝히기를 멈출 것이다. 그러면 당신은 99일 밤을 빛 하나 없이 연옥의 시커먼 불 속에서 지내야 할 것이다. 그런 다음에 당신의 방향을 동쪽으로 돌릴 것이다. 그러면 당신은 수많은 다양한 색깔을 거치게 될 것이다." 연금술 작업은 어둠으로, 말하자면 무의식으로 내려가는 것으로 시작한다. 이 땅을 갈거나 정복하는 것은 "아버지의 명령"으로 이뤄진다. 따라서 신은 1000년에 시작한 에난티오드로미아를 예견했을 뿐만 아니라 그것을 의도하기도 했다.

물고기자리의 플라톤 월은 두 가지 원칙에 의해 지배될 것이다. 우리 텍스트에 나오는 물고기들은 수소 두 마리처럼 나란히 움직이면서 비록 하나는 그리스도이고 다른 하나는 적그리스도일지라도 똑같은 목표를 향하고 있다.

이것은 대충 중세 초기의 추론 방식과 비슷할 것이다(여기서도 추론이라는 표현을 쓸 수 있다면 말이다). 지금까지 정리한 주장이 의식적으로 논의된 적이 있는지 나는 모른다. 어쩌면 그런 예가 있었을 수도 있다. 530년과 관련한 '탈무드'의 예언으로 인해, 한편으론 천문학적 계산을 짐작하고 다른 한편으론 유대교 대가들이 좋아한 물고기자리의 점성술적 암시를 짐작하는 사람이 있었을 것이다.

이와 반대로, 우리 텍스트 속의 물고기들이 점성술적인 생각들을 의식적으로 표현한 것이 아니고 무의식적인 산물일 가능성도 있다. 무의식은 이런 종류의 "숙고"를 꽤 잘한다는 사실을 우리는 꿈과 신화의 분석, 동화 등을 통해서 아주 잘 알고 있다. 물고기들의 이미지는 그 자체로 의식적인 관념들의 창고 안에 들어 있으면서 그 의미를 무의식적으로 상징적인 형식으로 표현할 수 있다. 왜냐하면 유대인 점성가들이 물고기자리에서 메시아가 탄생할 것이라고 계산하기 시작한 것이 대략 이 시기(11세기)이고, 새로운 시대가 시작되었다는 보편적인 감정이 피오레의 요아킴에 의해 명쾌하게 표현된 것도 바로 이 시기이기 때문이다.

사도 요한의 계시와 관련있는 우리의 텍스트는 11세기보다 빠를 수도 없고 많이 늦을 수도 없다. 점성술적으로 쌍어궁 시대의 중간인 11세기의 시작과 함께, 이교(異敎)들이 곳곳에서 버섯처럼 생겨났고 동시에 그리스도의 적, 즉 두 번째 물고기가 데미우르게로 나타났다. 역사적으로 말하면, 이 사상은 일종의 영지주의의 르네상스로 여겨질 수 있다. 영지주의 데미우르게가 모든 악이 생겨나게 한 열등한 존재로 여겨졌기 때문이다. 이 같은 현상의 중요성은 점성술적으로 정해진 시기에 일어났다는 그 공시성(共時性)(synchronicity: 외부의 어떤 사건이 마음의 심리적 상태와 의미 있는 방향으로 일치하는 현상을 말한다/옮긴이)에 있다.

카타리파의 사상이 연금술로 파고들었다는 것은 결코 놀라운 일이 아니다. 그러나 나는 카타리파의 물고기 상징이 연금술 전통에 동화되었다는 점을, 그래서 불가사의한 물질과 그 물질의 내적 자기모순을 의미하면서 람프슈프링크의 물고기 상징으로 정착하게 되었다는 점을 입증할 문서를 아직 발견하지 못했다. 람프슈프링크의 상징은 16세기 말보다 그리 더 빨리 나타나지 않았으며 그 원형의 부활을 의미했다. 이 상징은 바다에서 서로 반대 방향으로 헤엄치는 두 마리의 물고기를 보여주고 있으며, 이 바다는 '영원한 물' 혹은 경이로운 물질을 의미했다. 이 두 마리의 물고기는 "정신과 영혼"이라 불리며, 또한 수사슴과 일각수, 두 마리의 사자, 개와 늑대, 서로 싸우는 두 마리의 새들처럼 메르쿠리우스의 이중적인 본성을 암시한다.

중세의 상징적인 사고에 관한 지식을 바탕으로 한 나의 논의가 정당하다면, 내가 앞 장에서 표현했던 견해들이 여기서 옳은 것으로 확인될 것이다. 1000년을 시점으로, 연속적으로 일어난 일련의 종교운동과 함께 새로운 세상이 시작한다. 이때 일어난 종교운동을 보면, 보고밀파, 카타리파, 알비파, 발도파, 리용의 빈자들, 자유로운 정신의 형제들, 베긴회, 남자 베긴회, 그리고 요아킴의 성령 운동이 있다. 이 운동들은 또한 연금술과 프로테스탄트주의, 계몽운동, 자연과학 등과도 연결되었으며, 결과적으로 지금 우리가 경험하고 있는 이런 부정적인 환경을 낳게 되었고 기독교 정신이 합리주의와 주지주의, 물질주의와 "현실주의"의 공격 아래 증발하고 마는 결과를 낳게 되었다.

결론으로, 나는 물고기 상징이 무의식에서 자생적으로 일어나는 길을 구체적으로 보여주는 예를 하나 제시하고 싶다. 놀라울 정도로 생생하고 창조적인 꿈을 꾼 젊은 여인의 예이다. 그녀는 아버지의 영향을 대단히 많이 받고 있었는데, 그녀의 아버지는 물질적인 관점을 갖고 있으며 결혼생활을 행복하게 영위하지 못하고 있다. 그녀는 아주

어릴 때부터 자신만의 내면생활을 치열하게 가꿈으로써 열악한 환경으로부터 스스로를 차단시켰다. 어린 소녀일 때, 그녀는 자신의 부모를 정원의 나무 두 그루로 대체했다. 여섯 살인가 일곱 살일 때, 그녀는 신이 황금 물고기를 약속하는 꿈을 꾸었다. 이후로 그녀는 물고기 꿈을 종종 꾸었다. 훗날, 다양한 문제 때문에 심리 치료를 시작하기 얼마 전에, 그녀는 다음과 같은 꿈을 꾸었다.

나는 리마트 강의 둑에 서서 물속을 들여다보고 있었다. 그때 어떤 남자가 물속으로 금화를 하나 던졌다. 그러자 물이 투명해졌고 나는 바닥까지 볼 수 있었다. 거기엔 산호초와 다수의 물고기가 있었다. 물고기 중하나는 배가 은빛으로 빛났고 등은 황금이었다.

그녀는 심리 치료 중에 다시 꿈을 꾸었다.

나는 유유히 흐르는 넓은 강에 닿았다. 처음에는 보이는 것이 별로 없었다. 물과 흙, 바위가 전부였다. 나는 무엇인가를 강에게 돌려준다는 기분으로 종이에다가 글을 적어 강물로 던졌다. 즉시 나의 손에 낚싯대가 쥐어졌다. 나는 바위에 걸터앉아 낚시를 하기 시작했다. 그때도 물과 흙, 바위 외에는 아무것도 보이지 않았다. 그러다 갑자기 큰 물고기가 낚시를 물었다. 은색 배와 황금색 등을 가진 물고기였다. 내가 물고기를 밖으로 끌어내자, 주위의 모든 풍경이 갑자기 생생하게 살아났다. 바위는 이 땅의 원초적 토대라는 듯이 튀어나오고, 풀과 꽃이 피어나고, 나무들은 점점 커져 엄청난 숲을 이뤘다. 한 줄기 돌풍이 불어 모든 것을 움직이도록 만들었다. 그때 갑자기 나의 뒤로 미스터 X(사진과 소문으로만 알고 있었지만 그녀에게 어떤 권위를 지녔던 것 같다)의 목소리가 들려왔다. 그는 조용하지만 단호한 목소리로 말했다. '가장 깊은 영역에서 인내하고 있는 자들이 물고기를, 깊은 곳의 먹이를 얻을 것이로다.' 바로 그 순간에 나의 주위로 어떤 원이 그려졌다. 원 중 일부는 물을 건드리고 있었다. 그러다 다시 그 목소리가 들려왔다. '두 번째 영역에서 용감한 자가 승리를 할 것이다. 거기선 전투가 벌어질 테니까.' 즉시 또 다른 원이 내 주위에 그려졌다. 이번에는 저쪽 강둑까지 걸치고 있었다. 동시에 나는 먼 곳을 보았는데 울긋불긋한 풍경이 눈에 들어왔다. 지평선 위로 태양이 솟아오르고 있었다. 아주 멀리서 목소리가 다시 들려왔다. '세 번째와 네 번째 영역이 다른 두 영역에서 비슷한 크기로 나왔어. 그러나 네 번째 영역.' 여기서 목소리는 잠시 생각하는 듯 끊겼다. '네 번째 영역이 첫 번째 영역과 결합하고 있어. 그것은 가장 높으면서도 가장 낮은 영역이야. 가장 높은 것과 가장 낮은 것은 같이 오게 되어 있어. 그것들은 결과적으로 하나야.

여기서 꿈을 꾼 사람은 포효 소리를 들으며 잠에서 깨어났다. 이 꿈은 "큰" 꿈의 모든 특징을 다 갖추고 있으며 동시에 직관 유형의 특징인 "생각되어진" 무엇인가도 있다. 꿈을 꾼 사람은 이때쯤 심리학 지식을 어느 정도 갖추고 있었을지라도 물고기 상징에 대해서는 아는 바가 전혀 없었다. 꿈의 세부사항은 이런 식으로 풀이할 수 있다.

강둑은 무의식으로 넘어가는 문턱을 상징한다. 낚시 행위는 무의식적 내용물(물고기들)을 "잡으려는" 직관적인 시도이다. 은과 금은 연금술에서 여성성과 남성성을 의미하고, 물고기의 자웅동체적인 측면은 그것이 '반대되는 것들의 복합체'라는 점을 암시한다. 그것은 또한 마법의 생기를 낳는다. 노인은 "늙은 현자"라는 원형의 화신이다. 물고기는 "기적의 음식"이고 성찬의 음식이다. 물을 건드리는 첫 번째 원은 무의식의 부분적 통합을 보여준다. 전투는 반대되는 것들, 아마 의식과 그림자의 싸움일 것이다. 두 번째 원은 "반대편 강둑"을 건드리고, 거기서 상반된 것들의 연합이 일어난다. 인도의 사상 체계에서, 불가사의한 물질은 '반대편 해안으로 이끈다'는 뜻으로 '파라다'(parada)라 불리고, 서양에서는 메르쿠리우스라 불린다.

무거운 침묵으로 강조된 네 번째 영역은 3개에 스스로를 더하며 4개를 통합시키는 하나이다. 그 원들은 자연히 만다라를 낳고, 가장 밖에 있는 원이 역설적으로 중앙에 있는 것과 일치하며 신의 옛 이미지를 떠올리게 한다. "신은 어디나 중심이고 원주(圓周)는 어디에도 없는 그런 원이다."[26] 첫 번째 원이 네 번째 원과 일치한다는 주제는 다음과 같은 '마리아의 공리'(axiom of Maria: 3세기 여자 예언가이며 연금술사였던 마리아가 제시한 연금술의 한 개념/옮긴이)에 오래 전에 표현되었다. "하나는 둘이 되고, 둘은 셋이 되고, 이 세 번째로부터 네 번째인 '하나'가 나온다."

이 꿈은 개성화라는 주제에 관한 문헌에 대해 아는 것이 하나도 없는 사람의 내면에서 일어나는 개성화 과정의 전체를 상징적으로 압축해 보여주고 있다. 이런 예는 결코 드물지 않으며 우리로 하여금 많은 생각을 하게 만든다. 이 꿈들은 개성화 과정과 그것의 역사적 상징에 대한 "지식"이 무의식에 존재한다는 점을 분명히 보여주고 있다.

....

26 A Psychological Approach to the Dogma of the Trinity, p.155

11장

물고기에 대한
연금술의 해석

이제 '태양의 나무에 관하여'(Instructio de arbore solari)를 쓴 익명의 프랑스 저자가 제기한 문제, 즉 물고기를 어떻게 잡을 것인가 하는 문제로 돌아갈 것이다. 에케네이스는 바다를 항해하는 배들에게 자석이 철을 끌어당기는 힘과 아주 비슷한 인력(引力)을 발휘한다. 이 인력이 물고기에서 나와서 배들을 끌어당기면서 돛으로 움직이는 배든 노를 저어 움직이는 배든 불문하고 정지시킨다고 전설은 전하고 있다. 나는 이 인력을 별로 중요하지 않은 특성으로 언급하고 있다. 이유는 앞으로 보게 되겠지만 연금술의 관점에서 보면 이 인력은 더 이상 물고기에서 나오지 않고 인간이 소유하고 있는 어떤 자석에서 나오기 때문이다. 이 자석이 한때 물고기의 신비한 특성으로 여겨졌던 인력을 발휘하는 것으로 여겨지는 것이다.

물고기의 의미를 마음속에 깊이 간직하고 있다면, 강력한 어떤 인력이 북극의 자력과 비교될 수 있는 이런 불가사의한 중심에서 나와야 하는 이유를 쉽게 이해할 수 있을 것이다. 뒤의 어느 장에서 보게 되겠지만, 영지주의자들은 자신들의 핵심적인 형상(점, 단자(單子:monad), 아들 등)의 자력 효과에 대해 똑같은 말을 했다. 따라서 연금술사들이 에케네이스와 똑같은 힘을 에케네이스 자체에 가할 어떤 도구를 조작하기 시작했을 때, 그것은 놀라운 혁신이었다. 이런 방향의 역전은 연금술의 심리학에 아주 중요하다. 왜냐하면 그것이 전문가가 자신의 기술을 통해서 '대우주의 아들', 즉 그리스도와 대등한 존재를 만들어낼 수 있다고 주장하는 것이나 다름없기 때문이다. 이런 식으로, 전문가 또는 전문가의 도구는 에케네이스와 에케네이스가 경이로운 물질로 인정한 모든 것을 대체하기에 이른다. 전문가는 말하자면 물고기를 꾀어 비밀을 끌어내고, 그것을 바탕으로 '철학자의 아들', 말하자면 철학자의 돌을 만들어내려고 노력한다.

경이를 행하는 그 물고기를 표면으로 끌어올릴 "현자의 자석"은 가르쳐질 수 있다고 우리의 텍스트는 말한다. 이 은밀한 가르침의 내용이 연금술의 진정한 신비이다. "원리" 혹은 "이론"은 "평범하지 않은 메르쿠리우스"(Mercurius non vulgi)로, 철학적인 수은으로 구체화된다. 이 같은 개념은 고대의 헤르메스만큼이나 모호하다. 메르쿠리우스는 가끔 수은 같은 물질이고 또 가끔은 철학이 되기도 하기 때문이다. '근원적 물질'에 대해, 전문가들은 의견 교환만 많이 했을 뿐 정작 본질에 대해서는 별다른 말을 하지 않는다. 그러다 보니 근원적 물질이 무엇인지 개념조차 정리되지 않고 있다.

이 같은 태도는 지적 어려움이 대단하다는 점을 보여준다. 그 점은 충분히 이해할 만하다. 왜냐하면 무엇보다 철학자의 돌을 만들어낼 수 있는 물질이 존재하지 않았고 또 기대를 충족시킬 만한 돌을 만드는 데 아무도 성공하지 못했기 때문이다. 둘째, 근원적 물질에 붙여진 이름들을 근거로 할 때 그것이 명확한 어떤 물질이 아니고 생명수, 구름, 천국, 그림자, 바다, 어머니, 달, 용, 비너스, 카오스, '혼돈 덩어리', 소우주 등으로 상징되는 어떤 '최초의 정신적 상황'에 관한 직관적인 개념이라는 점을 암시하고 있기 때문이다.

텍스트에 등장하는 수많은 이름들 중에서 자주 나오는 이름 하나가 "마그네시아"이다. 약품에 쓰이는 '산화마그네슘'과 같은 이름이지만, 그것과 같은 것으로 이해해서는 곤란하다. 마그네시아는 "이 수분을 추출해낼 수 있는 단일 요소이거나 혼합물, 즉 우리의 돌의 근본 물질이다". 마그네시아를 만들어내는 복잡한 절차가 논문 '완벽한 가르침에 대해'(Aristoteles de perfecto Magisterio)에 묘사되어 있다. 마그네시아는 흰색의 경이로운 물질이다. 판돌푸스(Pandolfus)는 '투르바'에서 이렇게 말한다. "나는 숨겨져 있는 거룩한 비밀을 찾아내라고 권한다. 그건 바로 흰색 마그네시아이다."

하인리히 쿤라트(Heinrich Khunrath: 1560-1605)의 글을 보면, 마그네시아는 "카오스"와 "수은"의 동의어로 쓰이고 있다. 쿤라트는 마그네시아에 대해 "가톨릭적이거나 보편적인, 즉 우주적인 실체이며, 3개로 된 하나이고, 당연히 육체와 정신, 영혼으로 구성되어 있으며, 진정하고 보편적인 물질인 철학자의 돌"이라고 설명했다. 자석이 그 성격상 남성적이듯이, 마그네시아는 여성적이다. 따라서 마그네시아는 그 돌의 불가사의한 물질을 배(腹)에 갖고 있다. 그리스 연금술에서조차도, 마그네시아는 변화시키는 힘을 지닌 자웅동체의 물질로 여겨졌다. 연금술사들에게 마그네시아는 "마그넷"과 음성학적으로만 아니라 의미에서도 서로 연결되는 것으로 여겨졌다. 로시누스(Rosinus)가 제시한 비법에도 그런 인식이 보인다. "그러므로 살아 숨 쉬는 이 돌을, 속에 영혼을 품고 있는 돌을, 마그네시아와 마그넷의 영향에 민감한 수은을, 살아 있는 돌을 찾아라."

이 텍스트는 연금술의 과정이 화학적 과정과는 전혀 아무런 관계가 없다는 점을 분명히 보여주고 있다. 연금술이 화학적 과정과 관련 있다는 인식이 있었다면, 변화시킬 물질에 감도(感度)를 불어넣고 할 필요가 없었을 것이기 때문이다. 그러나 마그네시아의 경우처럼 전문가가 무의식에 쓰이는 무수한 표현 중 하나에 마음을 빼앗기고 있을 때, 그때는 변화시킬 물질에 정신적 기능을 불어넣는 것이 절대적으로 필요하다. 여기서 말하는 무의식은 정신 중에서 투사(投射)에 의해 미지의 화학 물질로 본인도 모르게 미끄러져 들어가서 숨은 부분을 뜻한다. 이런 경우에 정신의 숨겨진 부분은 수많은 "불가사의한 물질"로 위장해서 전문가를 괴롭히고 속이게 된다. 물론, 아주 어리석고 부주의한 연금술사들만이 이런 식으로 현혹된다. 왜냐하면 고전적인 텍스트에 연금술사들에게 올바른 길을 제시하는 암시들이 아주 많기 때문이다. 불행하게도, 우리 현대인도 오늘날 중세에서 그리 멀리 벗어나 있지 않다. 우리도 연금술의 진짜 목적을 이해하려면 먼저 상당한 어려움들을 극복해야 한다.

그렇다면 로시누스의 "살아 있는 돌"은 진짜로 살아 있는 것이며, 마그네시아와 마그넷의 영향을 느끼거나 지각하는 능력을 갖추고 있다. 그러나 마그넷 역시 생물이다. 그래서 바젤 출신의 법학자이자 연금술사인 크리시포스 파니아누스(Chrysippus Fanianus)는 이런 말을 하고 있다. "그러나 만약에 밀레토스의 탈레스(Thales of Miletus)가 철을 끌어당긴다는 이유로 그것을 헤라클레스의 돌이나 자석, 움직이는 것이라고 불렀다면, 놀라운 방법으로 스며들고 정화하고 수축시키고 확장시키고 저지하고 환원시키는 소금을 살아 있는 것이라고 부르지 말아야 할 이유가 있을까?" 게르하르트 도른(Gehard Dorn: 1530-1584)은 이렇게 쓰고 있다. "자철광은 우리를 가르친다. 왜냐하면 그 안에 있는, 철을 자화(磁化)하고 끌어당기는 힘이 눈에 보이지 않기 때문이다. 그것은 감각에 지각되지 않는 어떤 정신이다."[27]

자성(磁性)의 불가해한 힘 앞에서 우리 조상들이 느꼈을 초자연적인 효과는 성 아우구스티누스에 의해 실감나게 묘사되고 있다. "자철광이 철을 이상하게 끌어당긴다는 것을 우리는 알고 있다. 그러나 그 현상을 처음 보는 순간, 나는 온몸으로 전율이 흐르는 것을 느꼈다."[28] 인본주의자 안드레아 알키아티(Andrea Alciati: 1550년 사망)까지도 탄성을 질렀다. "그런 까닭에 자석이 철을 끄는 힘을 처음 지각하고 본 사람은 경외감에 넋을 잃을 수밖에 없었다. … 누군가가 주제넘게 나서면서, 널리 알려진 이런 것들 안에 어떤 비밀스런 힘이 숨어 있다고 설명하는 것으로는 절대로 충분하지 않다. 그들이 이름 외에는 아무것도 들려주지 못하는 마당에 숨겨진 힘을 어떻게 정의할 수 있단 말인가?"[29]

안드레아스 리바비우스(Andreas Libavius: 1555-1616)가 '아르스 프롤라토리아'(Ars prolatoria)에서 언급한 바와 같이, 유명한 해부학자이며 천문학자인 가브리엘 팔로피우스(Gabriel Fallopius: 1490-

....

27 "Philosophia chemica", Theatre, cheml, Ⅰ, p. 497

28 City of God, Healey trans., Ⅱ, p. 322

29 Emblemata(1621), Embl, CLⅩⅩⅠ, p. 715 a.

1563)는 수은과 설사를 하게 하는 하제(下劑)와 함께 자석을 "놀라운 효과를 낳는" 불가사의한 경이로 여겼다. 이런 발언들은 지적이며 사려 깊었던 사람들이 자철광이 철을 끌어당기는 현상 앞에서 설명 불가능한 경이라는 식으로 순진한 반응을 보였다는 사실을 증명하고 있다. 그렇다면 그들이 그런 놀라운 대상을 살아 있는 것으로 본 것은 충분히 이해가 된다. 자석도 느낄 수 있는 신비의 돌처럼 어떤 영혼을 가진 것으로 여겨졌다. '두오데킴 트락타투스'(Duodecim tractatus)를 보면, 자석이 "순수한 물"의 상징으로 그려지고 있는데, "순수한 물의 어머니는 천상과 땅의 태양과 달의 한가운데에 있다". 그 유명한 영원의 물인 이 물은 익명의 저자로부터 이런 감탄을 자아냈다. "오, 신성하고 경이로운 자연이여! 그대는 인간의 일상의 삶에서 보여주듯 원리의 아들들에게 실수를 용납하지 않는구려. 더욱이 자연 현상에 대해 쓴 그 많은 나의 논문들에서, 독자는 신의 축복으로 내가 직접 나 자신의 눈으로 본 모든 것들을 이해할 수 있을 것이로다."

여기 바탕에 깔린 생각은 원리라는 관념, 즉 "원리의 물"(aqua doctrinae)이다. 앞에서 본 바와 같이, "자석" 혹은 "천국의 순수"는 가르쳐질 수 있다. 물처럼, 자석은 그 자체로 원리를 상징한다. 이것은 자성을 가진 짝인 마그네스(magnes)와 마그네시아의 영향을 "지각하는 살아 있는 돌"과 대조를 이룬다. 살아 있는 돌은 자석처럼 불가사의한 물질이고, 오직 그런 물질만이 최종적으로 철학자의 돌이라는 목표에 닿을 어떤 결합을 낳을 수 있다. 도른은 이렇게 말한다. "유대인이 아닌 기독교도는 자연은 자신을 닮은 자연을 추구하고 자신의 본성 안에서 즐거워한다고 말한다. 자연이 또 다른 것과 결합하게 되면 자연의 작업이 파괴된다고 한다." 이는 연금술사 데모크리토스가 한 말과 비숫하다. "자연은 자연 안에서 기뻐하고, 자연은 자연을 복종시키고, 자연은 자연을 지배한다."

마그네스와 마그네시아가 하나의 짝을 이루듯이, '살아 있는 돌'은 왕족의 결혼에서 태어난 레비스(Rebis: 연금술의 결과물을 일컫는다/옮긴이) 또는 상반된 성질을 동시에 가진 것이다. 그렇다면 우리는 두 쌍의 상반된 짝들이 상호 끌림에 의해 서로 결합하는 것을 보게 되는데, 이 콰테르니오는 전체성의 바탕을 이룬다. 그 상징성이 보여주듯이, 두 개의 짝들은 똑같은 것을 의미한다. 말하자면 '반대되는 것들의 복합체' 또는 통합하는 상징을 뜻하는 것이다. 만약에 우리의 텍스트들이 그것들을 똑같은 것으로, 불가사의한 물질과 동일한 것으로 보지 않는다면, 거기엔 그럴 만한 어떤 이유가 있을 것임에 틀림없다. 불가사의한 물질은 마그네시아인 경우도 있고, 물인 경우도 있고, 마그넷인 경우도 있고, 물고기인 경우도 있다. 그럼에도 이 모든 것은 기적적인 탄생을 낳을 근원적 물질을 의미한다.

연금술사들이 마음에 두었던 구분이 어떤 것이었는지는 베네딕토 수도회의 존 콜레슨(John Collesson)이 17세기에 쓴 논문에서 분명하게 드러나고 있다. "그러나 평범한 금과 은을 자연스럽게 철학적으로 용해시킬 물질에 대해 말하자면, 그것은 세상의 보편적인 영혼과 다르지 않다. 이 영혼은 자석들과 철학적인 수단에 의해서 보다 높은 것들, 특히 태양과 달의 광선으로부터 당겨지고 끌어내어진다. 따라서 자연적 및 물리적 수단으로 완벽한 금속들을 용해하겠다고 생각하는 사람들은 메르쿠리우스나 철학적 액체에 대한 지식이 전혀 없는 것이 분명하다."

두 가지 범주의 상징 사이에 구분이 이뤄졌음에 틀림없다. 첫째, 정신 밖의 화학물질 혹은 그것과 상응하는 형이상학적 개념 즉, '메르쿠리우스의 뱀'이나 정신, 세상의 영혼, 진리, 지혜 등이 있다. 둘째, 전문가가 만든 화학적 조제품이 있다. 용매(물, 식초, 처녀의 젖) 혹은 그것에 해당하는 "철학적" 개념, 즉 이론이 있다. 이 용매와 이론은 "옳을" 경우에 물질에 기적적인 효과를 일으키게 된다.

이 두 가지 범주는 지속적으로 겹친다. 불가사의한 물질은 가끔은 화학적 물체에 지나지 않고 또 가끔은 오늘날이라면 정신적 내용물이라고 부를 그런 관념에 지나지 않는다. 이 같은 혼동은 조셉 페르네티(Joseph Pernety: 1716-1796)가 마그넷을 설명하는 대목에서 뚜렷이 확인되고 있다. "그렇다고 이 마그넷이 보통의 마그넷이라고 짐작해서는 안 된다. 연금술사들이 이 마그넷에 마그넷이라는 이름을 붙인 것은 단지 이 마그넷이 철이라고 부르는 것과 자연스레 잘 어울리기 때문이다. 이 마그넷은 그들의 금의 근원적 물질이고, 보통의 마그넷은 그들의 철의 근원적 물질이다. 이 마그넷의 중심은 철학적 금을 가열해 산화시킬 용매인 어떤 소금을 함유하고 있다. 이 준비된 소금이 연금술사들의 수은을 형성하고, 이 수은으로 그들은 흰색과 빨강색의 철학자의 돌을 만들어낸다. 이 소금은 천국의 불의 근원적 물질이 되며, 이 불은 연금술사들의 돌을 활성화시키는 역할을 한다." 따라서 그의 관점에서 보면, 마그넷의 효과의 비밀은 전문가가 준비하는 소금에 있다.

연금술사가 "소금"에 대해 말할 때, 그는 그 단어를 염화나트륨이나 다른 종류의 소금을 의미하거나 매우 제한적인 것을 의미하는 것으로 쓰지 않는다. 연금술사는 소금의 상징적 중요성에서 벗어나지 못하고, 따라서 '지혜의 소금'(sal sapientiae)을 화학물질에 포함시킨다. 그것은 전문가가 준비해서 마그넷 안에 숨겨놓은 소금이다. 이 소금은 한편으로는 전문가의 기술의 산물이고, 다른 한편으로는 자연에 이미 있는 것이다. 소금을 단순히 정신적 내용물의 투사로만 본다면 이 모순은 매우 쉽게 해결될 수 있다.

도른의 글에도 이와 비슷한 상황이 발견된다. 도른의 경우에 그것은 지혜의 소금의 문제가 아니라 자연적인 것들 안에 숨겨져 있는 "진리"의 문제이며 동시에 "도덕적인" 개념이다. 이 진리는 "더 이상 존재하지 않는 것을 그것이 부패하여 없어지기 전의 상태로 향상시키고 바꿔놓는 비법이고, 또 존재하지 않는 것을 마땅히 존재해야 하는 것으로 바꿔놓는 비법"이다. 그것은 사물 안에만 아니라 인간의 육체 안에도 숨겨져 있는 어떤 "형이상학적 물질"이다. "인간의 육체 안에 극소수의 존재에게만 알려져 있는 어떤 형이상학적 물질이 있으며, 이 물질은 그 자체가 부패하지 않는 약물이기 때문에 약물 같은 것을 전혀 필요로 하지 않는다." 그러므로 "전혀 감각되지 않는 이 진리를 사물 안에서 감각의 굴레에 갇혀 있는 상태에서 해방시키는 것이 화학자들의 연구 과제이다".

화학적 기술을 습득하는 사람은 "아리스토텔레스 철학"이 아니라 "진정한 철학"을 공부해야 한다고 도른은 덧붙인다. 그렇게 해야 하는 이유는, 콜레슨의 말을 빌리면, 진정한 원리는 "진리의 중심"을 육체로부터 해방시키고 그렇게 함으로써 육체를 변화시키는 자석이기 때문이다. "철학자들은 일종의 신성한 영감을 통해서 이 미덕과 신성한 기운은 서로 모순되어서가 아니라 서로 비슷하게 됨으로써 굴레로부터 자유로울 수 있다는 것을 알았다. 따라서 이 물질을 닮은 것이 인간의 안이나 밖에서 발견되기 때문에, 현자는 비슷한 것들은 비슷한 것에 의해서, 말하자면 전쟁보다는 평화에 의해서 강화된다고 결론을 내렸다."

따라서 "일종의 신성한 영감"을 통해 의식적으로 습득할 수 있는 원리는 동시에 원리 또는 이론의 대상이 육체 안에 감금된 상태로부터 자유롭게 해 줄 수 있는 도구이기도 하다. 왜냐하면 원리의 상징, 즉 "자석"이 동시에 원리가 언급하는 그 신비의 "진리"이기 때문이다.

원리는 성령의 한 선물로 전문가의 의식 속으로 들어간다. 원리는 그 기술의 비법에 관한 지식의 보고이고, 또 사람의 밖에 있는 것으로 여겨지는 근원적 물질에 숨겨진 보물에 관한 지식의 보고이다. 원리의 보물과 물질의 암흑 속에 숨겨진 소중한 비밀은 하나이며 똑같다. 우리에게 이것은 전혀 새로운 발견이 아니다. 왜냐하면 그런 비밀이 존재하는 것은 무의식적 투사 때문이라는 것을 잘 알고 있기 때문이다. 연금술의 특별한 딜레마를, 말하자면 신비의 물질은 인간의 내면에서 발견되든 인간의 밖에서 발견되든 하나이고 똑같다는 것을 아주 명쾌하게 인식한 최초의 사상가는 도른이었다.

"연금술"의 과정은 사람의 내면에서도 일어나고 외면에서도 일어난다. 자신의 영혼 안에 있는 "진리"를 족쇄로부터 자유롭게 풀어주는 방법을 이해하지 못하는 사람은 물리적 걸작을 만드는 데 절대로 성공하지 못할 것이다. 그리고 그 돌을 만드는 방법을 아는 사람도 정확한 원리를 바탕으로 할 때에만 성공할 수 있는데, 이때 사람은 이 원리를 통해서 스스로 변화하거나 스스로 원리를 창조하게 된다.

이런 고찰을 거친 끝에, 도른은 자기지식이 근본적으로 중요하다는 사실을 깨닫기에 이른다. "그러므로 일이 당신이 원하는 방향으로 나아가길 원하거든 당신이 먼저 그런 방향으로 나아가야 한다는 것을 잊지 말라." 달리 말하면, 당신이 일에 거는 기대를 당신 자신에게도 적용시켜야 한다는 뜻이다. 신비한 물질의 생산, 즉 '메르쿠리우스의 생성'은 그 원리에 관한 지식을 완벽하게 갖춘 사람에게만 가능하다. 하지만 "우리는 실험을 통하지 않고는 어떠한 의심으로부터도 풀려나지 못하며, 실험을 할 때에는 자기 자신을 대상으로 하는 것보다 더 좋은 방법은 없다."[30] 그 원리는 우리의 내면의 경험을 공식화거나 아니면 실질적으로 우리의 경험에 의존하고 있다. "사람의 가장 위대한 보물은 그 사람의 밖에서 발견되는 것이 아니라 그 사람의 내면에서 발견된다는 것을 깨닫도록 하라. 그 보물은 그 사람으로부터 안으로 들어가고 … 거기서부터 밖으로 드러나면서 그 사람의 눈에 보이게 된다. 그러므로 그의 마음이 앞을 보지 못하는 장님이 아닌 한, 그 사람은 자신이 내면적으로 어떤 존재이고 어떤 부류인지를 알고 이해할 것이며 자연의 빛에 비춰가며 외적인 것들을 통해서 자기 자신을 알게 될 것이다."

비결은 무엇보다 먼저 사람의 내면에 있고, 그것은 그의 진정한 자기이다. 사람은 이 진정한 자기를 잘 모르지만 외부의 것들을 경험함으로써 아는 방법을 배울 수 있다. 그래서 도른은 연금술사에게 이런 식으로 권한다. "그대 자신의 내면으로부터 천국과 이 땅에 있는 것들을 아는 법을 배워 모든 일에 현명하게 임하도록 하라. 하늘과 원소들이 옛날에 원래 하나였는데 신의 창조 행위에 의해 서로 분리되었고, 그리하여 그대와 다른 모든 것이 생겨나게 되었다는 것을 알아야 하지

....
30 "Philosophia meditativa" Theatre, chem., I, p. 467

않겠는가?"[31]

세상에 관한 지식이 전문가 본인의 가슴 깊은 곳에 자리 잡고 있기 때문에, 전문가는 자기 자신에 관한 지식으로부터 세상에 관한 지식을 끌어내야 한다. 왜냐하면 그가 알고자 하는 자기는 신과 세상이 원래 하나였던 상태에서 형성된 자연의 일부이기 때문이다. 자아의 본질에 관한 지식이 훨씬 더 알기 쉽고 또 자기지식과 자주 혼동되고 있음에도 불구하고, 자기에 대한 지식은 분명 자아의 본질에 관한 지식이 아니다. 바로 이런 이유 때문에 자기 자신을 하나의 대상으로 진지하게 알기를 원하는 사람은 누구나 이기적이고 괴상한 사람이라는 비난에 직면하게 된다. 그러나 자기에 대한 지식은 자아가 자신에 대해 주관적으로 알고 있는 지식과는 아무런 관계가 없다. 자아에 대한 지식을 알고자 하는 것은 개가 자신의 꼬리를 물려고 애를 쓰는 것이나 다름없는 헛된 짓이다.

반대로 자기지식은 어렵기도 하고 도덕적으로 엄격하기도 한 공부이다. 이 공부에 대해 소위 심리학은 아무것도 모르고 있으며 교육 받은 대중도 거의 아무것도 모른다. 그러나 연금술사는 적어도 간접적으로는 자기지식에 대해 어렴풋이 알고 있다. 연금술사는 전체의 일부로서 자신의 내면에 전체라는 어떤 이미지를, 예를 들면 파라켈수스(Paracelsus: 1493-1541)의 표현을 빌리면 "하늘" 혹은 "올림포스" 같은 이미지를 갖고 있다. 이런 내면의 소우주가 바로 연금술 연구가 무의식적으로 추구한 목적이었다. 오늘날 우리는 그것을 집단 무의식이라고 부르고 또 모든 개인의 내면에서 동일하고 하나이기 때문에 그것

....
31 "Speculativae philosophiae", p. 276

을 "객관적"이라고 묘사할 것이다. 이 보편적인 '하나'로부터 모든 개인의 내면에 주관적인 의식, 즉 자아가 생긴다. "예전에 하나였던 것이 신의 창조 행위에 의해 분리되었다"고 한 도르의 말을 우리는 그런 식으로 이해해야 할 것이다.

이 저자가 다음과 같이 말할 때, 그가 뜻한 것은 바로 자기에 대한 객관적인 지식이었다. "자신이 누구인지가 아니라 자신이 무엇인지, 자신이 무엇에 의지하고 있는지, 또는 자신이 무엇 혹은 누구에게 속하는지, 또 자신이 세상에 만들어진 목적이 무엇인지에 대해 모른다면, 그 사람은 자기 자신에 대해 알지 못한다." "누구"와 "무엇"을 구분하는 것이 결정적으로 중요하다. "누구인가?"에 초점을 맞추면 틀림없이 개인적인 측면에서 자아를 언급하게 되는 한편, "무엇인가?"에 초점을 맞추면 인격이 없는 대상을 제외하곤 어떤 것에 대해서도 단정을 짓지 않으며 중립적인 태도를 취하게 될 것이다. 정신 중에서 주관적인 자아의식은 반드시 연구해야 하는 대상이 아니다. 정신 자체를 편견 없는 미지의 대상으로 삼고 연구하면 그만이다. 자아에 대한 지식과 자기에 대한 지식의 차이는 "누구"와 "무엇"을 구분하는 데서 가장 확연히 드러난다.

16세기의 어느 연금술사는 오늘날에도 일부 심리학자들이 걸려 넘어지곤 하는 문제를 건드렸다. "무엇"은 중립적인 자기와 전체성의 객관적인 사실에 대한 이야기를 들려준다. 왜냐하면 자아는 한편으로는 인과적으로 자기에 종속되거나 자기에 속하고 다른 한편으론 어떤 목표에 따라 자기 쪽을 향하기 때문이다. 이 대목은 이냐시오 로욜라(Ignatius Loyola)의 '토대'(Foundation)의 인상적인 첫 문장을 떠올리게 한다. "사람은 우리의 주 하느님을 찬양하고, 숭배하고, 섬기고, 그렇게 함으로써 자신의 영혼을 구원하기 위해 창조되었다."

사람은 자신의 정신에 대해 극히 작은 부분만 알고 있다. 사람이 자
신의 생리 기능에 대해 매우 제한적인 지식만 갖고 있는 것이나 똑같
다. 사람의 정신적 존재를 결정하는 인과적 요소들은 대부분 의식 밖
의 무의식에 있다. 마찬가지로 사람의 내면에는 무의식에서 비롯된 결
정적인 요소들이 작동하고 있다.

프로이트(Sigmund Freud:1856-1939)의 심리학은 이런 인과적 요
소들에 대한 기초적인 증거를 제시하고 있고, 아들러(Alfred Adler:
1870-1937)의 심리학은 목적론적인 요소들에 대한 기초적인 증거를
제시하고 있다. 그래서 두 심리학에서 원인과 목적이 의식을 초월하게
되었다. 그런데 의식을 초월하는 정도가 무시할 수 없을 만큼 지나치
다. 이는 곧 원인과 목표가 의식의 대상이 되지 않는 한 원인과 목표의
본질과 작용을 변화시키고 거꾸로 되돌려놓는 것은 불가능하다는 뜻
이다.

원인과 목표는 의식적인 통찰과 도덕적 결단을 통해서만 바로잡아
질 수 있는데, 이런 사실 때문에 사람들은 자기지식이 절실히 필요한
상황에서도 자기지식에 대해 드려움을 느끼게 된다. 따라서 로욜라의
'토대'의 첫 문장 중에서 신학적인 용어를 배제한다면, 그 문장은 이
렇게 될 것이다. "사람의 의식은 (1)보다 높은 통일체(신)로부터 나왔
다는 점을 인정하고(찬양하고), (2)이 원천에 세심한 주의를 기울이고
(숭배하고), (3)의식의 명령을 지적으로 책임감 있게 실현하고(섬기
고), (4)그렇게 함으로써 전체 정신에게 최대한의 생명과 발전을 안긴
다(영혼을 구원하다)."

이렇게 바꿔놓은 문장은 합리적으로 들리는데, 그건 너무나 당연하

다. 왜냐하면 온갖 노력에도 불구하고 현대의 마음은 2,000년 된 신학적 언어들이 이성과 일치하지 않으면 더 이상 그 언어들을 이해하지 못하기 때문이다. 그 결과, 이해력 부족이 립 서비스나 허세, 강요된 믿음, 혹은 체념과 무관심으로 대체될 위험이 오래 전부터 상존하게 되었다.

우리의 내면에서 작동하고 있는 목적론적 요인들은 "어느 귀족"이 자신의 "하인들"에게 장사를 하라면서 맡긴 그 달란트와 다를 바가 없다('누가복음' 19장 12절). 이런 식으로 세상사에 개입하는 것이 도덕적으로 무엇을 의미하는지를 아는 데는 그다지 많은 상상력도 필요하지 않다. 유치한 사람만이 도처에서 악이 작동하고 있지 않다는 식으로 생각할 것이며, 무의식적인 부분이 많은 사람일수록 악에게 더 많이 휘둘릴 것이다. 보통 사람이 아무 생각 없이 무시무시한 범죄를 곧잘 저지르는 것은 그 사람이 내적으로 사물의 어두운 면과 연결되어 있기 때문이다. 선과 악을 정확한 눈으로 보고 인간 행동의 동기를 파악할 줄 아는, 폭넓고 냉철한 자기지식만이 이 사회가 그다지 나쁘지 않은 방향으로 나아가도록 보장해줄 것이다.

연금술의 과정에 자기지식이 결정적으로 중요하다는 사실은 16세기 후반부를 산 도른의 글에서 표현되고 있다. 그 같은 생각 자체의 역사는 오래 되었으며, 연금술 용기의 가장자리에 "모든 것을 다 가진 자는 외부의 도움을 전혀 필요로 하지 않는다."라고 쓴 모리에누스 로마누스(Morienus Romanus: 7-8세기)로까지 거슬러 올라간다.

로마누스는 필요한 모든 화학 물질을 소유하는 것이 중요하다는 식으로 언급하고 있지 않다. 그 텍스트가 명확히 밝히듯이, 그것은 훨씬 더 도덕적인 문제이다. 로마누스는 신이 4개의 불균등한 원소들을 갖고 세상을 창조했으며 만물 사이에 인간을 "조금 더 훌륭한 장식"으로 놓았다고 말한다. "당신이 이 사물의 원광(原鑛)이기 때문에, 이 사물은 당신에게서 나온다. 당신의 내면에서 사람들이 이 사물을 발견하고, 더 정확히 말한다면, 사람들이 당신으로부터 이 사물을 얻는다. 그리고 당신이 이 사물을 경험할 때, 당신의 내면에서 이 사물에 대한 사랑과 욕망도 더욱 커질 것이다." 이 "사물"이 바로 "돌"이며, 이 돌은 4가지 원소들을 포함하고 있으며 우주와 우주의 구조와 비슷하다고 로마누스는 말한다. 돌을 만드는 과정은 "손으로 실현될 수 없다". 그 절차가 곧 "인간의 태도"이기 때문이다. 인간의 태도만이 "자연의 변화"를 성취한다. 변화는 작업의 핵심을 이루는 컨정선에 의해서 일어날 것이다.

아랍 스타일의 텍스트 중에서 가장 오래된 문서 중 하나인 '로시누스 아드 사라탄탐 에피스코품'(Rosinus ad Sarratantam Episcopum)은 '마그누스 필로소푸스'(Magnus Philosophus)를 인용하고 있다. "복종에 관해서라면 이 돌이 당신 밑에 있고, 지배에 관해서라면 이 돌은 당신 위에 있으며, 따라서 지식에 관해서라면 이 돌은 당신에게서 나오고, 동료들에 관해서라면 이 돌은 당신에 관한 것이다." 이 문장은 다소 모호하다. 그럼에도 그 돌이 그 사람과 확실한 정신적 관계 속에 서 있다는 인식만은 분명히 확인된다. 전문가는 돌에게 복종을 기대할 수 있지만 다른 한편으로 보면 돌이 그에게 지배력을 행사한다. 돌은 "지식" 또는 과학의 문제이기 때문에, 돌은 사람에게서 나온다. 그러나 돌은 그 사람의 밖에, 그의 환경 속에, 그의 "동료들", 말하자면 비슷한 마음의 소유자들 사이에 있다.

이 묘사는 자기의 상징이 보여주듯 자기의 역설적인 상황과 꼭 들어맞는다. 자기는 작은 것들 중에서도 가장 작고, 쉽게 간과되고 곧잘 옆으로 밀려난다. 정말로, 자기는 도움을 필요로 하고 있으며, 지각되고, 보호되어야 한다. 말하자면 의식적인 마음에 의해 구축되어야 한다는 뜻이다. 마치 자기는 전혀 존재하지 않고 있다가 오직 그 사람의 보살핌과 헌신을 통해서만 존재하게 되는 것 같다.

그럼에도 우리는 경험을 근거로 자기가 오래 전부터 거기에 존재했으며 자아보다 더 나이가 많다는 것을, 또 자기가 우리의 운명을 은밀히 '안내하는 정신'이라는 것을 잘 알고 있다. 자기는 스스로 의식이 될 수 없지만 언제나 앎의 전통을 통해서 가르침을 받아 왔다. 자기가 개성화의 본질을 의미하고 개성화가 그 사람과 환경의 관계없이는 불가능하기 때문에, 개인적 관계가 형성되는 비슷한 마음들 사이에서 자기가 발견된다. 게다가, 자기는 반드시 자아를 포함하는 어떤 상황을 표현하게 되어 있는 원형이다. 따라서 모든 원형처럼, 자기는 어떤 개인의 자아의식 안에만 자리 잡고 있을 수 없으며, 공간적으로나 시간적으로나 어떤 명확한 한계도 세워지지 않는 환경처럼 작용한다.

로시누스의 논문은 로마누스의 논문과 비슷한 내용을 담고 있다. "이 돌은 다른 어디보다 당신의 내면에 아주 강하게 박혀 있고, 신으로 창조되었으며, 당신은 돌의 원광이며, 돌은 당신에게서 나왔으며, 당신이 어디 있든 돌은 당신과 뗄 수 없는 관계로 남아 있을 것이다. … 그리고 사람이 4개의 원소로 만들어졌듯이 돌도 그렇게 만들어졌으며, 그래서 돌은 작업에 의해서 사람으로부터 파내어진다. 그것은 곧 구분이다. 당신은 돌의 원광이다. 돌은 지식에 의해서 당신 안에서 분리 불가능한 상태로 남는다. 달리 표현하면 당신 안에 고정되어 있다. 현자의 메르쿠리우스 안에 말이다. 당신은 돌의 원광이다. 즉 돌은 당신 안에 에워싸여 있고 당신은 그것을 비밀리에 보고 있다. 돌은 당신에 의해 본질로 환원되고 용해될 때에 뽑혀진다. 왜냐하면 당신이 없으면 돌이 성취될 수 없고 돌이 없으면 당신이 살 수 없기 때문이다. 그래서 끝이 시작처럼 보이고 시작이 끝처럼 보인다."[32]

이 글은 마치 로마누스의 글에 대한 논평처럼 들린다. 우리는 이 글에서 돌이 신에 의해서 인간의 내면에 심어진다는 것을, 실험실의 작업이 그 돌의 근원적 물질이라는 것을, 추출은 소위 연금술 과정의 분리와 비슷하다는 것을, 사람은 돌에 대한 지식을 통해서 자기와 뗄 수 없게 묶여 있다는 것을 배운다. 여기 묘사된 과정은 아주 쉽게 어떤 무의식적 내용물의 실현으로 이해될 수 있다. 그렇다면 현자의 메르쿠리우스에 집착하는 것은 전통적인 연금술 지식에 해당할 것이다. 이유는 메르쿠리우스가 지성을 상징하기 때문이다.

이 연금술 지식을 통해서 자기는 무의식의 한 내용물로서 의식이 되고 마음에 "고착"된다. 그렇게 되어야 하는 이유는 의식적인 개념이 존재하지 않을 경우에는 우리가 잘 아는 바와 같이 통각이 불가능하기 때문이다. 이것은 수많은 신경증 장애를, 말하자면 무의식 안에서 어떤 내용물이 자극을 받아 활성화되고 있는데 그것을 통각적으로 "파악할" 개념이 부족한 탓에 동화되지 못해 일어나는 그런 신경증적 장애를 설명해준다. 아이들에게 동화나 전설을 들려주고 성인에게 종교적 사상들(교의)을 주입시키는 것이 중요한 이유도 거기에 있다. 이유는 이런 것들이 무의식적 내용물이 의식 속으로 흘러들어가 해석되고 통합되는 데 도움을 주는 유익한 상징들이기 때문이다. 이런 것을 제대로 성취하지 못할 경우에 사람들의 에너지는 정상적인 상태였더라면 그

....
32 Art. aurif., Ⅰ., pp. 311

다지 강조되지 않았을 의식적인 내용물로 흘러들어가서 그것을 강화하면서 병적인 상태로 만들어버린다. 그러면 우리는 뚜렷한 근거도 없이 공포증과 강박증을 느끼게 된다. 예를 들어, 열광이나 특이성, 건강염려증, 지적 곡해 등이 사회적, 종교적, 정치적 복장으로 적절히 위장한 채 나타날 것이다.

늙은 거장은 연금술 작업을 일종의 '아포카타스타시스'(apocatastasis: '회복'을 뜻하는 단어로, 만물은 궁극적으로 원래의 모습으로 돌아간다는 뜻/옮긴이)로 보았다. 말하자면 "종말론적으로"("끝은 시작을 향하고, 거꾸로 시작은 끝은 향한다.") 원래의 상태를 복원시킨다는 뜻이다. 이것은 정확히 개성화 과정에서 일어나는 일이다. 개성화가 기독교 변환의 형태로 일어나든("너희들이 돌이켜 어린아이처럼 되지 않으면"), 선(禪)의 깨달음의 경험이든("너의 참모습을 보여라"), 완전을 추구하려는 타고난 성향을 의식적으로 실현시키는 발달의 심리학적 과정이든, 거기엔 그와 똑같은 일이 벌어진다.

연금술사에겐 "중심" 혹은 자기는 자아 안에 있지 않고 자아 밖에 있는 것이, "우리의 안"에 있으면서도 "우리의 마음 안"에 있지 않고 우리가 아직 알아내야 할 그 "무엇"에 있는 것이 너무나 확실해 보인다. 오늘날 우리는 그 "무엇"을 무의식이라고 부르고, 또 그 무의식을 자신의 그림자를 알아보게 하는 개인 무의식과 자기의 원형적 상징을 알아보게 하는 비개인적인 무의식으로 구분한다. 이런 관점은 연금술사에게 받아들여지기 어려웠으며, 연금술사는 지식 이론에 대해 아는 바가 전혀 없었기 때문에 자신의 원형을 전통적인 방식으로 외면화하면서 그 원형을 물질에 투영해야 했다. 그런 한편 이 연금술사도 도른을 비롯한 일부 사람들이 그랬던 것처럼 중심이 역설적으로 사람의 내면에 있고 또 동시에 그 사람의 밖에 있다는 것을 느꼈다.

"부패하지 않는 약제"인 돌은 천국이 아니고는 어디서도 발견될 수 없다고 도른은 말한다. 왜냐하면 천국이 "지구 중심의 온 곳에서 나와서 서로 만나는, 눈에 보이지 않는 광선으로서 모든 원소들을 관통하고 또 모든 생명체를 낳기 때문이다". "어떤 사람도 자신 안에서 낳지 못하고 오직 자신을 닮은 것 안에서, 같은 천국에서 온 것 안에서만 낳을 수 있다."

여기서 우리는 도른이 자신의 역설을 어떤 식으로 극복하고 있는지를 보고 있다. 어떤 사람도 자신과 비슷한 대상을 갖지 않고는 아무것도 낳지 못한다. 만약에 그가 부패하지 않는 약제를 생산하길 원한다면, 그는 자기 자신의 중심과 비슷한 무엇인가의 안에서 그렇게 할 수 있으며 그 비슷한 무엇인가는 이 땅 안에, 그리고 모든 생명체의 안에 있는 중심이다. 이 중심은 그의 중심과 마찬가지로 똑같은 근원인 신에게서 비롯된다.

천국과 원소, 사람 인간 등 서로 다른 것들로 구분된 것은 분명히 생식(生殖)을 위해서이다. 모든 것은 돌의 생산에서 다시 결합되어야 한다. 원래의 통일 상태를 복구하기 위해서이다. 그러나 도른은 이렇게 말한다. "당신은 자신의 힘으로 한 가지를 먼저 만들지 않고는 다른 것들로부터 당신이 추구하는 그 하나를 절대로 만들어내지 못한다. … 왜냐하면 신의 뜻이 그렇기 때문이다. 그렇게 하면 경건한 사람은 자신이 바라는 경건한 일을 추구할 것이고, 완벽한 사람은 자신이 뜻한 일에서 완벽을 추구할 것이다. … 그러니 어떤 일이 당신이 원하는 방향으로 되기를 원한다면 당신이 먼저 그런 식으로 되도록 하라."

반대되는 것들이 돌 안에서 통합되는 것은 전문가 자신이 하나가 될 때에만 가능하다. 돌의 통일성은 사람이 하나가 되는 개성화와 똑같다. 돌은 통합된 자기의 투사라 할 수 있다.

이런 식의 설명은 심리학적으로 맞다. 그러나 그 돌이 하나의 초월적인 통일체라는 사실에 대한 설명으로는 썩 명쾌하지 않다. 그러므로 우리는 자기가 의식의 상징적인 내용물이 될 수는 있지만 동시에 상위의 전체성으로서 반드시 초월적이어야 한다는 점을 강조해야 한다. 도른이 "당신 자신을 죽은 돌에서 살아 있는 철학적인 돌로 바꿔라."라고 했을 때, 그는 돌과 변화된 사람이 동일하다는 점을 인식하고 있었다. 그러나 그에겐 무의식적 존재라는 개념이 결여되어 있었다. 이 개념만 있었더라면, 그는 주관적인 정신적 중심과 객관적인 연금술적 중심을 더 멋지게 동일시할 수 있었을 것이다.

그럼에도, 그는 상상의 상징, 즉 이론과, 물질 혹은 지구의 내부 혹은 북극 속에 숨어 있는 "중심" 사이의 끌림을 두 극단의 동일시로 설명하는 데 성공했다. 그것이 이론과 물질 속의 신비가 똑같이 '진리'라고 불리는 이유이다. 이 진리는 우리 내면에서 "빛"을 발하지만, 우리에 관한 진리는 아니다. 이 진리는 "우리의 내면에서 찾아지는 것이 아니라 우리의 내면에 있는 신의 형상에서 찾아지게 되어 있다".

이리하여 도른은 사람 안의 초월적인 중심과 신의 형상을 동일시한다. 이 동일시는 연금술이 전체성의 상징으로 제시하는 것이 신만 아니라 사람 내면의 신비에도 적용되어야 하는 이유를, 그리고 수은과 유황 같은 물질들이나 불과 물 같은 원소들이 신과 예수 그리스도, 성령과 연결될 수 있는 이유를 설명해준다. 정말로, 도른은 여기서 더 나아가 이 진리에, 이 진리에만 존재의 속성을 허용한다. "더욱이, 우리는 진리에 대한 만족스런 정의를 제시할 수 있다. 우리는 진리가 어떤 것이라고 말한다. 하지만 절대자(絕對者)에겐 더 더하는 것이 불가능하다. 절대자에게 무엇을 더 더할 수 있단 말인가? 절대자에게 무엇이 부족할 수 있단 말인가? 절대자가 뒷받침을 받아야 하는 이유가 무엇이란 말인가? 실은 절대자 외에 어떤 것도 존재하지 못하는데 말이다." 도른의 눈으로 볼 때, 진정으로 존재하는 유일한 것은 신과 동일한 초월적인 자기뿐이다.

모든 상징적인 용어들의 효과를 종합적으로 파악하고 또 연금술이 일어나게 만든 동기를 처음부터 명확하게 설명하고 있는 최초의 연금술사는 아마 도른이었을 것이다. 이런 식의 설명에서 자기보다 뒷 세대 사람인 야콥 뵈메보다 월등히 더 나았던 이 사상가가 오늘날까지 철학의 역사를 연구하는 전문가들에게조차도 전혀 알려지지 않은 채 있었다는 사실은 그저 놀랍기만 하다. 그럼에도 그는 연금술 철학과 운명을 같이하게 되었으며, 이 연금술 철학은 현대 심리학을 잘 모르는 사람들에겐 일곱 개의 봉인을 찍어 밀봉해 놓은 책으로 남았다. 그러나 현대인의 심리 상태를 이해하길 원한다면, 이 책은 언젠가 펼쳐져야 한다. 왜냐하면 연금술이 현대의 과학적 사고의 구체성뿐만 아니라 근원적 물질의 어머니이며, 또 동시에 지성의 훈련과 학문만을 강조하는 분위기에서 벗어나 있기 때문이다.

12장

기독교 연금술 상징의 심리학

'어머니 연금술'(Mater Alchimia)이라는 표현이 어느 한 시대의 이름
으로 적절할 것 같다. 대략 기독교와 함께 시작한 연금술은 16세기와
17세기에 과학의 시대를 낳은 다음에 제대로 이해 받지도 못한 채 앞
에서 대략적으로 설명한 그런 상태로 몇 세기 동안 내려오다가 시야에
서 사라졌다. 그러나 모든 어머니가 한때 딸이었던 것처럼, 연금술도
딸이었던 적이 있었다.

　연금술의 진정한 시작은 영지주의의 덕으로 돌려져야 한다. 그런 영
지주의를 히폴리토스는 철학으로 제대로 보았다. 당시 영지주의는 기
독교 교리와 유대교 신비주의에다가 그리스 철학과 근동과 중동의 신
화학을 버무려서 현대의 관점에서 보면 대단히 흥미로운 시도를 했다.
물리적인 측면과 신비적인 측면이 대등한 역할을 하는 그런 통합적인
세계관을 엮어내려 노력한 것이다. 이 시도가 성공했더라면, 오늘날
평행선을 달리는 두 개의 세계관이 서로에 대해 아무것도 알지 못하고

있거나 알려고 노력도 하지 않고 있는 이상한 장면은 아마 전개되지 않았을 것이다. 히폴리토스는 기독교 교리와 이교적인 기독교 자매들의 교리를 놓고 비교할 수 있는 위치에 있었으며, 이와 비슷한 비교가 유스티노 순교자(Justin Martyr: A.D. 100-165)에 의해서도 행해졌다. 기독교 사고에 경의를 표하는 뜻에서, 케플러(Johannes Kepler: 1571-1630)의 시대까지 기독교 교리를 바탕으로 넓은 의미에서 자연을 해석하고 이해하려는 노력이 전혀 부족하지 않았다는 점이 먼저 강조되어야 한다.

그러나 이 노력은 자연의 과정에 대한 적절한 지식이 없었던 탓에 그만 불행한 결과를 낳는 씨앗이 되고 말았다. 그래서 18세기에 신앙과 지식 사이에 그 무서운 균열이 생기기에 이르렀다. 신앙은 경험이 부족했고, 과학은 영혼을 배제했다. 대신에 과학은 절대적인 객관성을 열렬히 믿었으며 모든 지식을 낳는 진정한 매개는 '정신'이라는 근본적인 문제를 끈질기게 무시해왔다. 그도 그럴 것이 과학자들이 오랫동안 거의 모르고 있었던 것이 바로 이 정신이었으니 말이다. 정신은 화학적 반응의 한 징후로, 말하자면 뇌세포에서 일어나는 생물학적 과정에 따르는 부수현상으로만 여겨졌다. 정말이지, 정신이란 것은 한 동안은 아예 존재하지도 않는 것으로 받아들여졌다. 그러는 가운데 과학자들은 자신들이 관찰을 위해 사진기 같은 장치를 이용하고 있다는 사실을 전혀 몰랐다. 과학자들은 이런 장치의 본질과 구조에 대해 사실상 아무것도 몰랐을 뿐만 아니라 그런 장치의 존재 자체를 인정하려 들지도 않았다.

그러던 과학자들이 이 정신적 요소의 객관적인 실체를 계산에 넣기 시작한 것은 최근의 일이다. 여기서 중요한 사실은 정신에 대해 아주 뜻밖의 방식으로 반기를 들고 나선 것이 미시 물리학이라는 점이다. 이 맥락에서 보면, 우리는 무의식의 심리학을 무시해야 한다. 무의식의 심리학의 '작업가설'이 정확히 정신의 실체에 바탕을 두고 있기 때문이다. 이 대목에서 중요한 것은 정신과 물리학의 충돌이다.

영지주의자들에게 있어서 정신은 지식의 원천으로 존재했다. 연금술사들에게도 그대로 적용되는 말이다. 현재의 과학과 철학은 무의식의 심리학을 제외하곤 모두가 오직 밖에 있는 것에 대해서만 알고 있는 반면에, 신앙은 오직 내면에 있는 것에 대해서만, 그것도 성 바오로와 성 요한의 복음서로 시작해 몇 세기에 걸쳐 확립된 기독교 형식에 대해서만 알고 있다. 과학이 전통적인 객관성에 절대적으로 매달리듯, 신앙 역시 절대적이다. 이것이 신앙과 지식이 서로 동의하지 않고 있고 또 기독교인들끼리도 서로 동의하지 못하는 이유이다.

도른의 표현을 빌리자면, 기독교 교리는 초월적인 정신적 존재, 즉 신의 형상과 신의 특성을 표현하는 매우 분화된 상징이다. 신조는 하나의 "신경"(信經)이다. 신조는 내면적 경험 분야에서 정신의 표현에 중요하다고 여겨지는 모든 것으로 이뤄져 있다. 그러나 신조는 자연을 포함하지 않는다. 적어도 인식 가능한 형식으로는 자연을 포함하지 않는다. 따라서 기독교의 어느 시대에나 자연의 경험적 측면을 외부에서뿐만 아니라 내면적으로도 연구하려는 저류(底流)가 흐르고 있었다.

교의도 일반적인 신화학처럼 내적 경험의 본질을 표현하고 또 그렇게 함으로써 객관적인 정신, 즉 집단 무의식의 작동 원칙들을 담아낸다. 하지만 그 방법에 큰 차이가 있다. 교의의 경우에 현재의 사고방식과 동떨어진 언어와 견해를 이용해 그렇게 하는 것이다. "교의"라는 단어는 심지어 다소 불쾌한 어감까지 얻게 되었으며, 단순히 편견의

옹졸함을 강조하는 뜻으로 쓰이는 경우도 자주 있다. 서구에 살고 있는 대부분의 사람들에게 교의는 인간으로서 알 수 없음에도 현실에 엄연히 "작용하고 있는" 어떤 사실을 상징하는 의미를 잃어버렸다. 신학계에서조차도 최근에 교황의 선언이 있기 전까지 교의를 둘러싼 진정한 논의는 거의 사라지다시피 했다. 이것은 상징이 사라지기 시작했음을 알리는 신호이다. 당연히 우리의 정신건강에 위험한 조짐이다. 우리가 무의식의 세계를 이보다 더 잘 표현하고 있는 다른 상징에 대해 전혀 알지 못하고 있기 때문이다.

　그래서 더욱더 많은 사람들이 이를 대체할 것을 발견하겠다는 희망에서 예를 들면 인도에서 색다른 사상을 찾기 시작하고 있다. 이 같은 희망은 환상일 뿐이다. 인도의 상징이 기독교 상징만큼 무의식을 잘 표현하고 있다고 할지라도, 다른 지역의 색다른 상징 역시 그들의 영적 과거를 보여주는 것에 지나지 않기 때문이다. 인도의 가르침은 수천 년에 걸친 인도인들의 삶의 정수를 담고 있다. 서구인이 인도 사상으로부터 많은 것을 배울 수 있음에도, 그 사상은 서구인의 내면에 축적된 과거를 절대로 표현하지 못한다.

　서구인의 전제는 당연히 11세기부터 19세기까지 서구인의 삶의 모든 것을 지배한 기독교이고 또 앞으로도 언제나 기독교가 될 것이다. 그 전까지 대부분의 서구 민족들은 상당히 오랜 기간 동안 다신교와 다령(多靈)신앙을 접했다. 유럽의 일부 지역은 기독교의 역사가 500년 이상 거슬러 올라가지 않는다. 그렇다면 이런 지역의 경우 기독교 역사는 16세대에 지나지 않는다는 계산이 나온다. 유럽에서 마지막 마녀가 화형에 처해진 것은 나의 할아버지가 태어나던 해였으며, 인간 본성을 악화시키는 야만은 20세기에도 다시 터져 나왔다.

내가 이 같은 사실들에 대해 언급하는 것은 우리 현대인을 이교도 시대와 분리시키고 있는 벽이 얼마나 얇은지를 보여주기 위해서이다. 게다가 게르만 민족들은 원시적인 다마신(多魔神) 신앙에서 다신 숭배로 유기적으로 발전해 가면서 그에 따른 철학적 미묘함을 경험할 기회를 전혀 갖지 못했다. 그러다 보니 많은 지역에서 기독교의 일신교와 구원의 교리를 로마 군단이 칼을 뽑아 들고 위협하는 상황에서 그저 받아들이기만 했다. 기독교가 아프리카를 침공한 그 배경에 기관총이 작용했던 것과 똑같다. 틀림없이 야만인들에게 기독교를 전파하려는 노력이 교의에 융통성을 부리지 못하게 막았을 것이다. 마찬가지로 엄격함과 광신에 의존해야 했던 이슬람의 전파에도 똑같은 현상이 관찰될 수 있다.

인도에서는 상징이 훨씬 더 유기적으로 발달했으며 훨씬 더 안정적인 길을 밟았다. 힌두교의 종교개혁이랄 수 있는 불교까지도 인도식으로 요가에 바탕을 두었으며 적어도 인도에서는 불교는 1000년이 되기 전에 힌두교에 다시 동화되었다. 그 결과 오늘날 부처는 힌두교 신들 가운데에 그리스도와 마츠야(물고기), 쿠르마(거북), 바마나(난쟁이) 등과 함께 비슈누의 한 화신으로 자리하고 있다.

서양인의 사고방식이 역사적으로 발달해온 과장은 어느 면으로도 인도인과 비교될 수 없다. 동양의 사고 형식을 배울 수 있다고 믿는 사람은 누구나 자신의 뿌리를 뽑고 있는 것이나 마찬가지이다. 왜냐하면 동양의 사고 형식이 서양의 과거를 표현하지 못하고 냉혹한 지적 개념으로만 남아서 서양인의 내면에 어떠한 울림도 일으키지 못할 것이기 때문이다. 서양인은 기독교 토양에 뿌리를 깊이 내리고 있다. 이 토대가 매우 깊지 않은 것이 분명하고, 지역에 따라서 놀랄 정도로 얇은 것으로 드러났다. 그래서 원래의 이교도 신앙이 다른 모습으로 위장해서 유럽의 상당 부분을 다시 파고들 수 있었다.

현대에 나타나고 있는 이런 식의 전개는 연금술에도 분명히 있었고 또 고대 이래로 기독교의 표면 아래에 남아 있었던 이교도의 흐름과도 일치한다. 연금술은 16세기와 17세기에 활짝 꽃을 피우다가 갑자기 시들기 시작했다. 그러나 실제로 보면 연금술은 자연과학을 통해 그 명맥을 이어간 셈이다.

자연과학은 19세기에 물질주의를 낳았고, 20세기에 소위 "현실주의"를 낳았는데, 이 현실주의의 끝은 아직 보이지 않는다. 이 과정에 기독교는 이와 반대 방향을 가리키며 강조했음에도 불구하고 역사의 흐름 앞에서 무력한 방관자가 되었을 뿐이다. 교회는 지금도 여전히 약간의 권력을 갖고 있으면서도 교회의 양들을 그냥 유럽의 폐허 위에 방목하고 있다.

교회의 언어와 관념, 관습을 현재에 대한 이해와 결합시키는 방법만 안다면, 교회의 메시지는 지금도 여전히 힘을 발휘할 수 있을 것이다. 그러나 많은 사람들에게 교회는 더 이상 현재의 언어를 사용하지 않고 세월이 지나면서 공허해져 버린 신성한 단어로 메시지를 포장하는 곳으로 다가온다. 그래서 교회는 지금 바오로가 아테네의 시장에서 말하던 때와 완전히 다른 모습으로 비치고 있다. 바오로가 만약에 아테네 시민들을 향해서 복음을 전하면서 B.C. 3000년경의 미노스 문명의 언어를 사용했더라면 그런 설교를 통해 어느 정도 성공을 거둘 수 있었을까?

우리는 교회가 사도시대(그리스도에서 시작하여 사도들의 활동이 끝나기까지의 시대를 일컫는다/옮긴이)를 살던 사람들보다 현대인에게 훨씬 더 많은 것을 요구하고 있다는 불행한 사실을 간과하고 있다. 이런 식으로 생각하는 이유는 사도시대 사람들에겐 영웅과 반신(半神)의 처녀 생식을 믿는 것이 전혀 문제가 되지 않았으며, 유스티노 순교자도 자신의 변명에서 여전히 그런 주장을 펼 수 있었기 때문이다. 로마의 황제들을 비롯하여 아시아의 거의 모든 지배자들이 신성한 성격을 가진 존재로 여겨졌기 때문에, 구원하는 신인(神人)이라는 개념도 그리 낯설지 않았다. 그러나 오늘날엔 사람들은 왕의 신성한 권리 같은 표현에도 격한 반응을 보인다.

복음서에 나오는 기적의 이야기들은 그 시절에는 사람들을 쉽게 감동시켰을 수 있지만 현대의 전기(傳記)에선 '발부리에 걸리는 돌'이 되어 오히려 신앙심에 역효과를 낼 것이다. 신들의 기묘하고 놀라운 본성은 수많은 신화에 너무나 분명하게 나타났으며, 또 그 신화들의 철학적 의미에 특별한 중요성을 지녔다. "세 번 위대한 헤르메스"는 지적 모순이 아니라 철학적 진리였다. 이 바탕 위에서 삼위일체의 교의가 확실히 세워질 수 있었다. 그러나 현대인에게 이 교의는 불가해한 신비이거나 역사적 괴짜이다. 아마 역사적 괴짜로 보는 시각이 더 강할 것이다.

고대의 사람들에겐 성수(聖水)의 미덕이나 물질의 변형이 어떤 의미로도 터무니없는 일이 절대로 아니었다. 주위에 신성한 샘들이 널려 있었고 또 화학적 변화도 그야말로 기적처럼 보였기 때문이다. 오늘날엔 초등학생도 자연의 운행에 관해서라면 플리니우스가 방대한 책 '자연의 역사'에서 보여준 것보다 훨씬 더 많이 알고 있다.

바오로가 오늘 살아 있어서 하이드 파크의 지적인 런던 시민들의 귀를 사로잡는 임무를 맡는다면, 그는 그리스 문헌에서 인용하거나 유대인의 역사를 들먹이는 것으로는 더 이상 만족하지 못하고 현대 영국 대중의 지적 능력에 맞게 자신의 언어를 다듬을 것이다. 이런 식의 노력을 펴지 않는다면, 바오로는 자신의 메시지를 제대로 전달하지 못할 것이다. 고리타분한 문헌학자를 제외하곤 어느 누구도 그의 말을 반도 알아듣지 못할 것이기 때문이다. 그러나 이것이 오늘날 기독교 복음 설교가 처한 현실이다. 기독교의 설교가 그야말로 죽은 외국어를 사용하고 있다는 뜻이 아니다. 그보다는 설교가 언뜻 보기에 익숙하지만 케케묵은 이미지로 말을 하는데, 이 이미지마저 현대인의 의식적인 이해로부터 상당히 벗어나 있다는 뜻이다. 그 결과 어쩌다 나타나는 효과마저도 감정의 영역에 갇히고 만다.

교의와 개인의 내적 경험을 잇는 다리가 허물어져 버렸다. 대신에 교의는 그냥 "믿어지고" 있다. 그런 가운데 교의가 현실로 구현되고 있다. 프로테스탄트들이 모순과 논쟁적인 해석이 있음에도 불문하고 비논리적으로 성경을 최고의 권위로 받아들임으로써 성경을 실체화하는 것처럼 말이다. 교의는 더 이상 어떠한 것도 공식화하지 않으며, 더 이상 아무것도 표현하지 않는다. 왜냐하면 교의가 진리를 뒷받침할 경험적 근거가 전혀 없는 상태에서 무조건적으로 받아들여지는 신조가 되어 버렸기 때문이다. 정말로, 신앙은 그 자체로 신성한 경험이 되었다.

주(主)의 모습을 구체적으로 본 바가 한 번도 없는 바오로 같은 사람의 신앙은 다마스쿠스 가는 길에 나타난 그런 환상을, 그리고 일종의 무아경의 형식으로 나타난 복음의 계시를 여전히 불러일으킬 수 있었다. 마찬가지로, 고대인의 신앙과 중세 기독교인의 신앙은 '보편적 동의'와 반대였던 것이 아니라 오히려 보편적 동의의 뒷받침을 받았다.

지난 300년 사이에 이 모든 것이 변했다. 하지만 신학 분야에서 이와 비교할 만한 변화로 어떤 것이 있었을까?

새 포도주가 헌 병을 깨뜨릴 수 있고, 우리가 더 이상 이해하지 못하게 된 것들은 골방으로 던져질 위험이 있다. 이런 위험에 대해선 이론(異論)이 있을 수 없다. 예전에 종교개혁 때 일어난 사태처럼 말이다. 프로테스탄티즘은 당시에 모든 종교가 필요로 하는 의식(儀式)을 몇 가지만 제외하고 폐지했고 지금은 '오직 신앙'이라는 관점에만 의존하고 있다.

신앙의 내용물이 지속적으로 무너져 내리고 있다. 지금도 남아 있는 것이 있다면 무엇이 있을까? 예수 그리스도의 위격? 아주 무식한 사람까지도 '신약성경'에 담긴 내용 중에서 예수의 인격이 가장 모호하다는 점을, 그리고 인간적 및 심리학적 관점에서 보면 예수의 인격은 헤아릴 수 없는 수수께끼로 남아야 한다는 점을 잘 알고 있다. 어느 가톨릭 저자가 핵심을 찔렀듯이, 복음서들은 한 인간과 한 신의 역사를 동시에 기록하고 있다. 그런데 혹시 신만 남은 것일까? 그렇다면 신경(信經)의 가장 중요한 부분인 현현(顯現)은 어떻게 되는가? 나의 의견엔 교황 교서를 적용하는 것이 바람직할 것 같다. 신경에 대해선 그냥 가만히 자연스럽게 내버려 두는 것이 바람직하다. 왜냐하면 아무도 그것이 진정으로 의미하는 바를 이해하지 못하기 때문이다. 그렇지 않고 그 내용을 이해한다면, 교의에서 무서울 만큼 멀리 벗어나고 있는 이 현상을 어떻게 설명할 것인가?

독자들에겐 의사이며 심리학자인 내가 교의에 대해 이처럼 강하게 주장하는 것이 좀 이상하게 비칠 것 같다. 그러나 나는 연금술사가 자신의 "이론"에 특별한 중요성을 부여하도록 만든 것과 똑같은 이유로

교의를 강조해야 한다. 교의가 "신성한 역사", 즉 신성한 존재와 그의 행위에 관한 신화의 응축 혹은 증류이듯이, 연금술사의 원리는 무의식적 과정들의 상징의 정수(精髓)였다. 만약에 연금술의 원리들이 의미하는 바를 이해하길 원한다면, 우리는 상징의 개별적 현상뿐만 아니라 역사적 현상까지 더듬어야 한다. 그리고 교의를 보다 깊이 이해하길 원한다면, 먼저 기독교의 바탕을 이루고 있는 근동과 중동의 신화를 고려하고 그 다음에는 사람의 내면에 있는 보편적인 기질의 표현으로서 전체 신화를 고려해야 한다. 이 기질을 나는 집단 무의식이라고 부르며, 집단 무의식이 존재한다는 사실은 개인의 주관적 경험을 바탕으로 해서만 추론할 수 있다.

두 경우 모두 연구자는 개인에게로 돌아가게 된다. 왜냐하면 연구자가 언제나 관심을 기울이고 있는 것이 복합적인 사고 형식, 즉 원형들이기 때문이다. 이 원형들을 우리의 무의식에서 생각들을 조직하는 요소로 보아야 한다. 우리의 생각이 이런 식으로 형성되도록 하는 원동력은 본능으로 알려진 초(超)의식적인 요소와 구별될 수 없다. 따라서 원형을 사람의 내면에 있는 본능의 형상들이 아닌 다른 것으로 보는 것은 절대로 옳지 않다.

이 대목에서 비약하면서, 종교적 관념의 세계가 생물학적 바탕에서 설명될 수 있다는 식으로 결론을 내려서는 곤란하다. 또 이런 식으로 접근하면 종교적 현상이 "심리학적으로 분석되어" 연기로 사라져 버리게 된다는 식으로 단정하는 것도 마찬가지로 실수이다. 사람의 형태의 기원을 네발의 도마뱀 같은 동물에서 찾는다 하더라도, 합리적인 사람이라면 어느 누구도 그로 인해 인간의 형태가 무효화된다거나 네발 도마뱀이 인간의 모든 것을 설명해준다는 식으로 결론을 내리지 않을 것이다. 왜냐하면 이 모든 것들의 뒤에 생명 자체와 전반적인 진화라는 거대한 수수께끼가 어른거리고 있고 또 결국 가장 중요한 문제는 진화의 기원이 아니고 진화의 목표이기 때문이다. 그럼에도 불구하고, 살아 있는 유기체는 뿌리로부터 단절되게 되면 존재의 바탕과의 연결을 잃고 반드시 사라지게 되어 있다. 그런 일이 벌어지면, 기원에 대한 추억이 생사가 걸린 문제가 된다.

신화와 동화들은 무의식적 과정들을 표현하고 있으며, 이런 이야기들을 되풀이해 들려준다는 것은 곧 이 무의식적 과정들을 다시 생생하게 살려내고 회상함으로써 의식과 무의식의 관계를 재확립한다는 뜻이다. 정신의 두 반쪽이 서로 분리되어 있다는 것이 무슨 의미인지를 정신과의사는 잘 알고 있다. 정신과의사는 그것을 모든 신경증의 뿌리인 인격의 분열로 본다. 이를테면 의식은 오른쪽으로 가는데 무의식은 왼쪽으로 가고 있는 것이다.

상반된 것들은 그 자체의 차원에서는 절대로 통합하지 못하기 때문에, 두 부분이 서로 결합하기 위해선 반드시 상위에 속하는 "제3의" 무엇인가가 필요하다. 상징은 무의식 못지않게 의식에도 많이 나온다. 그렇기 때문에 상징이 의식과 무의식을 연결하는 역할을 맡을 수 있다. 말하자면 상징의 형식을 통해서 의식과 무의식의 개념적 양극성을 조화시키고, 상징의 초월적 성격을 통해서 의식과 무의식의 정서적 양극성을 조화시킬 수 있는 것이다.

이 같은 이유 때문에, 고대인들은 종종 상징을 물과 비교했다. 양과 음이 결합하는 도(道)가 좋은 예이다. 도는 굽이도는 강의 길로, "계곡의 정신"이다. 교회의 신경(神經)은 "원리의 물"이며, 이 물은 연금술에서 경이를 일으키는, 그 이중성이 메르쿠리우스로 표현되고 있는

"신성한" 물에 해당한다. 치유하고 부활시키는 이 상징적인 물의 특성은 그것이 도(道)이거나 세례수이거나 명약이거나 상관없이 그런 생각이 나온 신화적 배경의 치료적 성격을 가리킨다. 연금술에 밝은 의사들은 오래 전부터 자신의 비약(秘藥)이 육체의 병뿐만 아니라 정신의 병까지 치유하게 되어 있다는 점을 알고 있었다.

마찬가지로, 현대의 정신요법은 임시적인 해결책이 다양하게 있어도 모든 신경증의 바탕에는 합리적으로 해결하지 못할 상반된 것들의 도덕적 문제가 자리 잡고 있다는 것을, 또 그 도덕적 문제는 양쪽을 다 표현하는 상징에 의해서, 상위의 제3의 것에 의해서만 해결될 수 있다는 것을 잘 알고 있다. 이 제3의 것이 바로 옛날의 의사와 연금술사들이 찾고자 노력했던 "진리"(도른) 혹은 "이론"(파라켈수스)이었으며, 그들은 기독교의 계시를 자신들의 관념의 세계로 받아들임으로써 그렇게 할 수 있었다. 그들은 새로운 시대에 새 포도주를 헌 병에 담아서는 안 되고 허물을 벗는 뱀처럼 옛 신화도 치료적인 효과를 잃지 않으려면 새로운 시대에 맞게 새로운 옷으로 갈아입을 필요가 있다는 점을 본능적으로 인정하면서 영지주의자들(이들 대부분은 이단자보다는 신학자에 더 가까웠다)과 교회의 아버지들의 작업을 계속 이어갔다.

무의식의 통합을 위해 현대의 의사와 심리학자들이 풀어야 할 과제들은 역사가 밟아 온 길을 따라서만 해결될 수 있으며, 결론은 전통적인 신화를 새로운 방식으로 동화해야 한다는 쪽일 것이다. 그러나 이 같은 해결책은 역사적 전개의 지속성을 전제로 한다. 당연히 모든 전통을 파괴하거나 전통을 무의식으로 만들려 드는 현재의 경향은 몇 백 년 동안 정상적인 발달 과정을 방해하고 '막간'으로 야만을 끌어들일 것이다. 마르크스주의 유토피아가 지배하는 곳마다, 벌써 이런 일이 벌어지고 있다.

그러나 오늘날 지배적인 과학 및 기술 교육도 마찬가지로 영적 퇴행을 초래하고 정신적 분열을 상당히 심화시킬 수 있다. 위생과 번영을 누린다고 해도 여전히 건강과는 거리가 멀 수 있다. 번영과 건강이 일치한다면, 현대인들 중에서 가장 계몽되고 가장 안락한 사람들이 가장 건강해야 할 것이다. 그러나 신경증 환자들을 보면 그런 관계가 전혀 보이지 않는다. 오히려 정반대이다. 뿌리의 상실과 전통의 결여는 대중이 신경증 증세를 보이게 만들고 더 나아가서 집단 히스테리를 일으키도록 한다. 집단 히스테리는 집단적 치료를 요구하는데, 그 치료는 자유의 폐지와 탄압에 있다. 합리적인 물질주의가 지배하는 곳에서, 국가들은 감옥보다는 정신병원처럼 되는 경향을 보인다.

*   *   *

앞에서 나는 그리스도의 형상이 수많은 세기를 내려오면서 동화해 들어간 정신적 바탕이 어떤 것이었는지에 대해 설명하려고 시도했다. 구세주의 표상과 무의식의 어떤 내용물 사이에 비슷한 점(자석!)이 없었다면, 인간의 마음은 그리스도의 내면에서 발하는 빛을 제대로 지각하지 못하고 또 그것을 그처럼 열렬히 내 것으로 만들려는 노력을 펴지 못했을 것이다. 여기서 이 둘을 연결하는 고리는 신인(神人)의 원형이다. 이 원형은 한편으로는 예수 그리스도의 안에서 역사적 실체가 되었으며 다른 한편으로는 영원히 현존하면서 상위의 전체성, 즉 자기의 형태로 영혼을 지배하고 있다. 신인(神人)은 조시모스(Zosimos: 3세기 말-4세기 초)의 환상에 나타난 그 성직자처럼 "정신의 구세주"

일 뿐만 아니라, 주 그리스도의 근본적인 의미 중 하나인 "정신을 지배하는 구세주"이다.

기독교 경전 밖의 물고기 상징은 우리를 이 같은 정신적 바탕으로, 그리하여 이해하기 힘든 원형들이 살아 움직이는 생물이 되는 그런 경험의 영역으로 이끈다. 이 경험의 영역 안에서 원형들은 이름과 겉모습을 끊임없이 바꾸고 또 숨겨진 핵심 주변을 영원히 배회함으로써 그 핵심을 겉으로 드러낸다.

신이 인간이 되거나 인간이 신이 되는 것을 의미하는 '돌'은 "천 개의 이름"을 가졌다. 그것은 예수 그리스도가 아니다. 그것은 주관적 영역 안에서 그리스도와 비슷한 것인데, 교의는 그것을 그리스도라고 부른다. 연금술은 그 '돌'을 통해서 그리스도가 우리의 주관적인 경험의 영역에서 의미하는 구체적인 어떤 관념을 우리에게 제시하고 있다. 또 동시에 연금술은 어떤 착각 또는 계시 아래에서 그리스도의 실제 현존이 그 돌의 훌륭함에서 경험될 수 있는지를 보여주고 있다. 내가 '심리학과 연금술' 2부에서 시도했듯이, 현대의 개인의 심리 안에서도 그와 똑같은 것을 보여줄 수 있다. 단지 이 작업은 훨씬 더 힘든 과제가 될 것이다. 개인의 일생에 관한 전기적인 자료를 엄청나게 많이 모아야 할 뿐만 아니라 아주 세세하게 살펴야 하기 때문이다. 그런 과제는 나의 능력을 넘어설 것이다. 따라서 나는 미래에 이런 작업이 이뤄질 수 있도록 역사적 바탕과 개념적 바탕을 확고히 다져놓는 것으로 만족해야 한다.

결론으로, 나는 물고기 상징이 복음서에 나오는 그리스도 형상을 무의식적으로 동화하는 것이고 따라서 물고기 상징은 상징이 무의식에 의해 어떤 식으로 또 어떤 의미로 동화되는지를 보여주는 하나의 예라는 점을 다시 강조하고 싶다. 이 점에서 보면 리바이어던의 포획에 관한 비유(십자가를 낚싯바늘로 보고, 십자가에 못 박힌 것을 미끼로 여긴 것과 함께)는 매우 독특하다. 무의식(바다)의 어떤 내용물(물고기)이 잡혀서 그리스도의 형상에 속하게 되었다는 뜻이다. 그래서 성 아우구스티누스는 "깊은 곳에서 끌어내어진"이라는 표현을 쓰게 되었다. 이 표현은 물고기에겐 아주 적절하지만 그리스도에겐 어떤가? 물고기의 이미지는 역사 속의 그리스도라는 인물과 동등한 것으로서 무의식의 깊은 곳에서 나왔다. 만약에 그리스도가 "익투스"로 불렸다면, 이 이름은 깊은 곳에서 나온 그것을 가리켰을 것이다. 따라서 물고기 상징은 역사 속의 그리스도와, 구세주라는 원형이 자리하고 있는, 사람의 정신적 본성을 연결하는 다리이다. 이런 식으로 그리스도는 내면의 경험, 즉 "마음 속의 그리스도"가 되었다.

지금까지 보여준 바와 같이, 연금술의 물고기 상징은 직접적으로 돌이나 구세주, 구원자, 이승의 신과 연결된다. 심리학적으로 말하면, 자기와 연결된다는 뜻이다. 지금 우리는 물고기 대신에 새로운 상징을 갖고 있다. 인간의 전체성이라는 심리학적 개념이 바로 그 상징이다. 물고기가 그리스도로 여겨지는 딱 그 만큼, 자기가 신을 의미하게 된다. 자기는 부합하는 그 무엇이고, 내면의 어떤 경험이고, 그리스도가 정신적 바탕으로 동화된 것이고, 신의 아들을 새롭게 실현한 것이고, 더 이상 동물의 모습이 아니고, 개념적이거나 "철학적"인 상징으로 표현되고 있다. 무언(無言)의 무의식적인 물고기와 비교할 때, 이것은 의식의 발달임에 틀림없다.

13장

영지주의의 자기 상징

1

모든 인지는 인식으로 이어지기 때문에, 내가 점진적 발달의 과정으로 묘사한 것이 우리 시대가 시작될 때 이미 어느 정도 예견되었다는 사실이 확인되어도 크게 놀랄 일이 아니다. 우리는 앞에서 논한 이미지들과 관념들을 영지주의에서 만난다. 이제 우리는 영지주의로 관심을 기울여야 한다. 그 이유는 영지주의가 대개 문화적 동화의 산물이었고, 따라서 영지주의가 구세주에 관한 예언이나 구세주의 역사적 등장 혹은 그 원형의 공시성에 영향을 받은 내용물을 찾아내고 정의하는 데 대단히 중요하기 때문이다.

　나의 기억이 정확하다면, 히폴리토스의 '엘렌코스'(Elenchos)에 자석과 철 사이의 끌림이 세 번 언급되고 있다. 에덴동산의 4개의 강이 눈과 귀, 후각, 입에 해당한다고 가르친 나세네스파의 교리에서 처음 나타난다. 기도가 나오고 음식이 들어오는 입은 네 번째 강인 유프라테스에 해당한다. "네 번째"라는 표현의 잘 알려진 의미가 입과 "완전한" 사람의 연결을 설명해준다. 왜냐하면 네 번째는 언제나 트리아드를 완전하게 만들기 때문이다. 텍스트는 이렇게 말하고 있다. "이것은 구세주가 말했다는 그 하늘 위의 물이다. '네가 만일 너에게 물을 달라고 하는 이가 누구인지를 알았다면, 네가 그에게 구하였을 것이고 그가 너에게 생수를 주었을 것이다.' 이 물 쪽으로 모든 자연이 자신의 물질을 선택하러 오고, 이 물로부터 모든 자연에 적절한 것이 나가고, 헤라클레스의 돌에는 철 이상의 것이 나간다."

'요한복음' 4장 10절이 보여주듯이, 유프라테스 강의 경이로운 물은 '원리의 물'의 특성을 갖고 있으며, 이 물은 모든 자연을 각자의 개성으로 완벽하게 만들고 따라서 사람을 완전하게 만든다. 원리의 물은 사람에게 일종의 자석의 힘 같은 것을 줘서 자신에게 속하는 것을 끌어당겨서 통합시키게 함으로써 사람이라는 존재를 완전하게 만든다. 나세네스파의 교리는 이미 논한 연금술의 관점과 놀랄 만큼 비슷하다. 이 교리는 돌뿐만 아니라 사람의 통합까지 가능하게 하는 자석이다.

영지주의를 추구하던 페라타이파의 교리를 보면, 이런 종류의 관념이 아주 많이 나타난다. 그러다 보니 히폴리토스도 그 의미는 보다 섬세해졌을지 몰라도 똑같은 비유를 쓰고 있다. 어느 누구도 '아들' 없이는 구원을 받지 못한다고 그는 말한다.

> 그러나 이것은 뱀이다. 왜냐하면 이것이 '아버지'의 표시들을 위에서 아래로 가져온 존재이고, 또 이 표시들이 잠에서 깨어난 뒤에 '물질 없는 것'에서 물질로 변한 다음에 이것들을 다시 그곳으로 데려갈 존재도 그

이기 때문이다. '내가 문이다.'라는 말의 뜻이 바로 이것이라고 그들은 말한다. 그러나 그들은 그가 자신들을 눈꺼풀이 닫힌 존재로 바꿔놓는다고 말한다. 나프타(naphtha: 휘발성 강한 물질에 2000년 이상 동안 쓰인 단어/옮긴이)가 헤라클레스의 돌이 철을 끌어당기는 그 이상으로 온 곳에서 불을 끌어당기기 때문이다. … 따라서 '아버지'의 형상에 따라 똑같은 물질로 만들어진 인간이라는 완벽한 종족이 세상으로부터 뱀에 의해 끌려나온다. 그 뱀이 '하느님 아버지'가 보낸 것인데도, 인간들만큼 뱀에게 끌리는 것도 따로 없다.

여기서 자석처럼 끄는 힘은 교리 또는 물에서 나오지 않고 '요한복음' 3장 14절처럼 뱀으로 상징되는 "아들"에게서 나온다. 그리스도는 사람의 내면에 있는 것들 중에서 신성한 기원을 가진 것들을 끌어당겨서 원래의 천국의 출생지로 도로 갖고 가는 자석이다. 뱀은 물고기와 대등한 존재이다. 일치된 의견은 구원자를 똑같이 물고기와 뱀으로 해석했다. 구원자가 물고기인 것은 그가 알지 못하는 깊은 곳에서 일어났기 때문이고, 구원자가 뱀인 것은 그가 신비하게 어둠 밖으로 나왔기 때문이다. 물고기와 뱀은 갑자기 무의식에서 튀어나오거나 놀라거나 구원을 받는 등의 정신적인 일이나 경험을 묘사하는 상징으로 즐겨 쓰인다. 물고기와 뱀이 도움을 주는 동물의 주제로 그렇게 자주 표현되는 이유도 바로 거기에 있다.

그리스도를 뱀에 빗대는 것은 그리스도를 물고기에 빗대는 것에 비해 더 그럴듯해 보이지만 그럼에도 불구하고 초기 기독교에는 그다지 흔하지 않았다. 영지주의자들이 그 같은 비유를 좋아했다. 뱀이 "선한" '땅의 수호신', 즉 아가토다이몬과 그들이 사랑하는 '지성'의 확고한 상징으로 자리 잡았기 때문이다.

그리스도 형상을 본능적으로 해석할 때, 물고기와 뱀은 아주 소중한 가치를 지니는 상징이다. 짐승의 모습을 한 상징들은 꿈을 비롯한 무의식의 표현에 흔하게 나타난다. 그 상징들은 문제가 되고 있는 내용의 정신적 차원을 표현한다. 말하자면 그 내용물이 인간의 의식으로부터 동물의 정신만큼이나 멀리 벗어난 무의식의 단계에 있다는 뜻이다. 온갖 종류의 온혈 또는 냉혈 척추동물들과 심지어 무척추동물까지도 무의식의 상태가 어느 정도인지를 암시한다. 정신 병리학자들에겐 이런 사실을 아는 것이 매우 중요하다. 왜냐하면 이 내용물들이 온갖 차원에서 생리학적 기능에 그에 상응하는 징후를 낳을 수 있기 때문이다. 예를 들어, 징후들이 중추신경계나 교감신경계와 분명히 연결될 수 있는 것이다.

세트파 사람들은 이와 비슷한 것을 짐작했을지 모른다. 왜냐하면 히폴리토스가 뱀과의 연결 속에서 세트파 사람들은 "아버지"를 대뇌와, "아들"을 소뇌나 척수와 비교했다고 언급하기 때문이다. 뱀은 구체적으로 동물적인 성격뿐만 아니라 추상적으로 지적 성격을 가진, "냉혈적이고" 비인간적인 내용물과 경향들을 상징한다. 한 마디로 말해, 사람의 내면에 있는, 인간의 범위를 벗어난 자질을 상징한다는 뜻이다.

자석에 관한 세 번째 언급은 히폴리토스가 세트파의 교리를 설명하는 대목에서 발견될 것이다. 이것은 중세의 연금술 원리와 놀랄 정도로 많이 닮았다. 그래도 둘 사이에 직접적인 교류가 있었다는 사실을 뒷받침하는 자료는 전혀 없다. 히폴리토스의 글을 보면, 세트파 교리는 "합성과 혼합"의 어떤 이론을 설명하고 있다. 위에서 쬐는 빛의 광선이 아래쪽의 시커먼 물과 섞이면서 미세한 불꽃을 이룬다. 개인이 죽을 때, 또한 개인이 비유적인 죽음을 맞을 때, 이 두 물질은 스스로 해체된다. 이 신비의 경험은 합성물의 '구분'(divisio)과 '분리'(separatio)이다. 여기서 나는 일부러 중세 연금술에서 쓴 라틴어 단어들을 그대로 제시하고 있다. 이 단어들이 뜻하는 것이 영지주의 개념들이 뜻하는 것과 기본적으로 똑같기 때문이다.

분리 혹은 구분은 연금술사들이 근원적 물질로부터 정신을 추출할 수 있도록 한다. 이 작업이 이뤄지는 동안에 도움을 줄 메르쿠리우스가 칼(전문가들도 이 칼을 사용한다)을 들고 나타난다. 세트파들은 이 칼의 근거로 '마태복음' 10장 34절, 즉 "나는 세상에 평화를 주러 온 것이 아니라 검을 주러 왔노라."라는 대목을 제시한다. 분리의 결과, 이전에 "다른 것"과 섞여 있던 것이 이젠 "자석에 끌리는 철처럼" "자신의 적절한 자리"로 끌린다. 마찬가지로, 빛의 불꽃 혹은 광선도 가르침을 받고 자신의 적절한 위치를 깨달음에 따라 노예의 형태로 위에서 내려오는 로고스 쪽으로, 철이 자석 쪽으로 날아가는 속도보다 더 빠른 속도로 서둔다.

여기서 자석의 끄는 힘은 로고스에서 온다. 이 힘은 공식화되거나 다듬어진 어떤 생각이나 사상을, 따라서 의식의 어떤 내용이나 산물을 뜻한다. 따라서 로고스는 '원리의 물'과 아주 비슷한 것이 된다. 그러나 로고스는 자율적인 인격이 되는 이점을 누리는 반면에 '원리의 물'은 단순히 인간 행위의 수동적 대상에 지나지 않는다. 로고스는 역사 속의 그리스도 형상과 더욱 가깝다. "물"이 의식(목욕재계, 성수 뿌리기, 세례)에 쓰인 신비의 물과 더 가까운 것처럼 말이다. 끌어당기는 행위의 예가 3가지 제시되고 있다는 것은 끌어당기는 주체가 3가지라는 점을 암시한다.

1. 한 주체는 무생물이고 본래 수동적인 물질인 물이다. 물은 샘의 깊은 곳에서 퍼올려지고, 인간 손에 의해 다뤄지고, 사람의 필요에 따라 이용된다. 물은 눈으로 볼 수 있는 원리를, '원리의 물' 또는 로고스를 의미하며, 이 원리는 언어나 의식을 통해서 다른 사람에게로 전파된다.

2. 또 다른 한 주체는 생명을 갖고 있고 또 자율적인 존재인 뱀이다. 뱀은 자연스럽게 나타나거나 불시에 나타난다. 뱀은 보는 사람을 꼼짝 못하게 만들고, 뱀의 눈길은 한곳을 뚫어져라 응시한다. 뱀의 피는 차갑고, 사람에겐 이방인이다. 뱀은 잠 자는 사람 위로 기어다니며, 사람은 신이나 주머니 안에서 뱀을 발견한다. 뱀은 사람이 인간이 아닌 다른 모든 것에 대해 품는 두려움을 상징하고 동시에 인간의 시야 밖에 있는 숭고한 것에 대한 경외를 상징한다.

뱀은 가장 낮은 것(악마)임과 동시에 가장 높은 것(신의 아들, 로고스, 누스, 아가토다이몬)이다. 뱀을 보는 것은 그 자체로 놀라움이며, 사람은 예상하지 않은 시간과 장소에서 뱀을 발견한다. 물고기처럼, 뱀은 어둡고 가늠 불가능한 것이나 물기 축축한 깊은 곳, 숲, 밤, 동굴을 나타내고 상징한다. 원시인이 "뱀"이라고 할 때, 그 표현은 인간의 범위 밖의 무엇인가를 경험한다는 의미이다. 뱀은 비유나 은유가 아니다. 왜냐하면 뱀 자체의 특이한 형태가 그 자체로 상징적이기 때문이다. 또 "아들"은 뱀의 형식을 취하지만 그 반대는 아니라는 점을, 뱀이 "아들"을 의미하지는 않는다는 점을 강조할 필요도 있다.

3. 또 다른 주체는 로고스, 즉 한편으론 신의 육체적 및 개인적 아들인 어떤 철학적 관념과 추상작용이고 다른 한편으론 생각과 말의 원동력인 로고스이다.

이 3가지 상징들은 인간의 모습을 한 신의 불가지한 본질을 묘사하려는 노력임에 틀림없다. 그러나 이 상징들이 신을 지나치게 실체화하고 있는 것 또한 분명하다. 한 예로 의식에 쓰이는 것은 진짜 물이지 비유적인 물이 아니다. 로고스는 태초에 있었고, 신은 현현하기 오래전부터 로고스였다. "뱀"을 지나치게 강조하다 보니 오피스파는 에피다우로스에서 전해 내려 오는 아이스클레피오스(Aclepius)의 뱀과 별로 다르지 않은 살아 있는 뱀을 갖고 성찬 축제를 벌이기도 했다. 마찬가지로 "물고기"는 신비의 은밀한 언어일 뿐만 아니라 문서들이 보여주듯이 그 자체로도 무엇인가를 의미했다. 더욱이 물고기는 초기 기독교에서 전설의 도움을 별도로 받지 않은 가운데서 그 의미를 획득한 반면에, 뱀은 적어도 복음서 밖의 예수 어록에서 그 흔적이 확인된다.

이 3가지 상징은 그 자체로 신비한 성격을 지니며, 따라서 어느 정도의 자율성을 갖고 있는 동화(同化) 현상들이다. 정말로, 이 상징들이 나타나지 않았다면, 그리스도라는 인물을 수태했다는 고지가 아무런 효과를 발휘하지 못했을 것이다. 이 현상들은 수태고지의 유효성을 증명할 뿐만 아니라 수태고지가 효과를 발휘하는 데 필요한 조건을 조성한다. 달리 말하면, 이 상징들은 사람의 무의식 안에서 잠자고 있다가 그의 역사적 등장으로 인해 일깨워진, 말하자면 자력에 끌려나온 그리스도 형상의 원형들을 대표하고 있다. 마이스터 에크하르트가 한편으론 아담과 창조주의 관계를, 다른 한편으론 아담과 저차원의 생명체들의 관계를 묘사하는 데 똑같은 상징을 이용하고 있는 이유도 바로 거기에 있다.

자력에 근거한 이 과정은 자아와 정반대인 또 다른 목표 또는 중심을 설정함으로써 자아 중심의 정신에 혁명을 일으킨다. 이 목표 또는 중심은 물고기, 뱀, 갈매기, 점, 단자(單子), 십자가, 천국 등 온갖 종류의 이름과 상징을 갖고 있는 것이 특징이다. 자신이 최고의 신성이라고 상상했던 무지한 데미우르게의 신화는 자아가 상위의 권위에 의해 권좌에서 쫓겨났다는 사실을 더 이상 숨길 수 없게 되었을 때 겪는 혼란을 잘 보여주고 있다. '철학자의 돌'을 나타내는 "천 개의 이름"은 '최초의 사람'(Anthropos)을 의미하는 영지주의자들의 표현이 그만큼 많았다는 뜻이다. 이는 곧 최초의 사람이 의식적 과정과 무의식적 과정의 전체로 이뤄진, 묘사하기 어려울 만큼 훌륭하고 이해력 넓은 존재였다는 점을 분명히 의미하고 있다. 주관적인 자아 중심의 정신과 정반대인 이런 객관적인 전체가 바로 내가 자기라고 부르는 그것이며, 이것은 '최초의 사람'이라는 관념과 정확히 일치한다.

2

신경증 환자를 치료하면서 의식적인 마음의 부적절한 태도에 무의식적인 내용물을 더함으로써 그런 태도를 보완하려 할 때, 우리의 목표는 보다 넓은 인격을, 말하자면 중력의 중심이 반드시 자아와 일치하지 않고 환자의 통찰이 깊어짐에 따라 오히려 자아의 경향을 방해할 수 있는 그런 인격을 창조해내는 것이다. 새로운 중심은 거기에 적합한 것을, "'하느님 아버지'의 표시들"을, 말하자면 개인의 기본적인 계획의 독창적이고 변경 불가능한 성격에 속하는 모든 것을 마치 자석처럼 그곳으로 끌어당긴다. 이 모든 것들의 역사는 자아보다 더 오래되었으며, 또 이것들이 자아에게 하는 행위를 보면, 바실리데스파 사람들의 "눈에 보이지 않는 축복 받은 신"이 오그도아드의 지배자를 대하고 또 데미우르게의 아들이 자신의 아버지를 대하는 것과 비슷하다. 아들은 자신이 위에서 오는 메시지를 알고 있다는 점에서, 따라서 자기 아버지에게 아버지가 최고의 신이 아니라는 것을 말할 수 있다는 점에서 우위에 서는 것으로 드러난다.

너무나 분명한 이 모순은 거기서 일어나고 있는 심리학적 경험을 보면 저절로 해결된다. 한편으론, 무의식적 산물에서 자기는 선험적으로, 잘 알려진 원과 콰테르니오의 상징들로 나타난다. 이 상징들은 의식이나 이해력이 생기기 오래 전에 어린 시절 초기의 꿈에 이미 나타났을 수 있다. 다른 한편으론, 무의식적 내용물을 놓고 힘든 작업을 인내심 있게 벌이고, 그 결과 의식적인 자료와 무의식적인 자료 사이에 통합이 이뤄질 때에만 "전체성"이 이뤄질 수 있는데, 이때도 이 전체성은 원과 콰테르니오로 표현된다. 이 단계에서, 어린 시절의 독창적인 꿈들이 떠올려지고 이해된다. 각자 나름대로 개성화 과정의 본질에 대해 우리 현대인보다 더 많은 것을 알고 있었던 연금술사들은 '우로보로스'(uroboros), 즉 자신의 꼬리를 무는 뱀의 상징을 통해 이 모순을 표현했다.

이와 똑같은 지식을 영지주의자들도 갖고 있었다. 그래도 무의식이라는 개념은 그들에겐 아직 알려지지 않은 상태였다. 예를 들어, 에피파니우스는 발렌티누스의 편지 중에서 다음과 같은 글을 인용하고 있다. "태초에 '아우토파토르'(Autopator: '누스'(지성)와 로고스가 이런 이름으로도 불렸다/옮긴이)는 모르는 상태로 있는 모든 것을 그 자체 안에 포함하고 있었다." 친절하게도, 내가 이 문장에 주의를 기울이도록 한 사람은 퀴스펠 교수였다. 그는 히폴리토스의 글에 들어 있는 문장을 하나 더 제시했다. "'하느님 아버지'는 의식도 없고 실질도 없으며, 남자도 아니고 여자도 아닌 존재다." 그렇다면 "하느님 아버지"는 무의식적이고, 존재의 특징을 갖지 않았을 뿐만 아니라, 반대되는 것들이 전혀 없는 '니르드반드바'(nirdvandva: 인도의 힌두교 사상에서 모든 것을 볼 수 있어서 이중성이 전혀 없는 상태를 일컫는다/옮긴이)의 상태이고, 특징을 결여하고 있고, 그래서 알 수 없는 존재이다. 이는 무의식의 상태를 묘사하고 있다.

발렌티누스의 텍스트는 '아우파토르'에게 보다 긍정적인 특징들을 부여하고 있다. "어떤 사람들은 그를 영원히 젊고, 남자이며 동시에 여자인 '불로(不老)의 아이온'(Aeon: 영원)이라고 부른다. '불로의 아이온'은 자체 안에 모든 것을 포함하고 있으며 그 자신은 그 어떤 것에도 포함되지 않는다." 아이온의 내면에는 "위대함에서 오는 이들에게 위대한 보물을 전하는" 의식(意識)이 있었다. 그러나 의식이 있었다고 해서 '아우토파토르'가 의식적이라는 점을 증명하지는 못한다. 왜냐하면 의식의 분화는 그 뒤에 이어지는 시저지와 '테트라드'(tetrad: 4개 한 벌)의 결과로만 일어날 수 있기 때문이다. 이 모든 것들은 결합과 구성을 의미한다. 여기서 말하는 '의식'은 의식의 잠재적 가능성으로 여겨져야 한다. 욀러(Oehler)는 그것을 '마음'(mens)으로, 코르나리우스(Cornarius: 1500-1558)는 '이해력'(intelligentia)과 '개념'(notio)으로 번역한다.

'무지'(ignorantia)라는 성 바오로의 개념은 무의식의 상태와 크게 다르지 않을 것이다. 두 개념이 똑같이 사람이 처음에 처하는 무의식적 상태를 의미하기 때문이다. 신이 무지의 시대를 "내려다보았을" 때라고 표현할 때, 여기 쓰인 '내려다보다'라는 그리스 단어는 "경멸하다, 무시하다"라는 의미도 갖고 있다. 어쨌든 영지주의 전통은 가장 높은 신이 데미우르게가 창조한 인간 존재들이 똑바로 선 자세로 걷지도 못하는 가운데 무의식적 상태에서 비참하게 지내는 모습을 보고는 그 즉시 구원의 손길이 작동하도록 했다는 이야기를 들려주고 있다. 그리고 '사도행전'에서, 바오로는 아테네 시민들에게 그들은 "신의 자식들"이며 신은 "무지의 시대"를 못마땅한 듯 되돌아보면서 "온 곳의 사람들에게 참회하라"는 메시지를 보냈다는 점을 상기시킨다. 그 전의 조건이 너무나 비참해 보였기 때문에, '마음의 변화'는 죄를 참회하는 도덕적 성격을 띠었으며, 그 결과 '불가타'(Vulgata: 5세기 초에 라틴어로 번역된 기독교 성경/옮긴이)에서 '마음의 변화'라는 그리스 단어를 '회개 행위'로 옮길 수 있었다. 물론 회개해야 할 죄는 무의식이다. 우리가 본 바와 같이, 이런 상태에 있는 것은 인간만이 아니다. 영지주의에 따르면, 의식 없는 신(神)도 있다. 이 같은 사상은 '구약성경'에서 '신약성경'으로 바뀌는 동안에 신이 변했다는, 말하자면 분노의 신에서 사랑의 신으로 바뀌었다는 전통적인 기독교 관점과 다소 일치한다. 이 같은 관점은 17세기에 니콜라 코생에 의해 분명하게 표현되고 있다.

이 맥락에서 나는 리브카 샤르프(Riwkah Schärf: 1907-1987)가 '구약성경'에 나오는 사탄의 형상을 연구한 결과를 언급해야 한다. 사탄이라는 개념이 역사를 내려오면서 변함에 따라, 여호와의 이미지도 마찬가지로 변한다. 그러기에 '신약성경'은 말할 것도 없고, '구약성경' 안에서도 신의 형상에 차이가 있다고 말해도 무방하다. 세상을 창조하는 신이 의식적이지 않고 꿈을 꾸고 있을 수 있다는 생각은 힌두교 문헌에서도 발견된다.

그것이 어떤 상태였는지 누가 알 것이며,

그것이 어디서 태어났고 그것이 어디서 왔는지 누가 말할 수 있는가?

신들은 이 창조가 있은 뒤에 존재한다.

그렇다면 그것이 어디서 나왔는지 누가 안단 말인가?

창조된 이 세계가 어디서 왔는지

그리고 그가 이 세계를 만들었는지 안 만들었는지는

이 모든 것은 아주 높은 하늘에서 보는

그만이 알지만 그마저도 알지 못할 수 있다.

마이스터 에크하르트의 신학은 통합과 현존 외에 그 어떤 특성도 갖지 않는 "신성"(神性)도 가능하다는 것을 알고 있다. 그것은 "신이 되고 있는 중"이고, 그것 자체로는 아직 주(主)가 아니고, 반대되는 것들의 절대적 일치를 나타낸다. "그러나 그런 신성의 단순한 본질은 형태가 없으면서도 형태가 있고, 되지 않고 있으면서도 되고 있고, 존재하지 않으면서도 존재하고 있고, 실체가 없으면서도 실체가 있는 것"이다. 인간의 논리로 보면, 상반된 것들의 통합은 무의식이나 마찬가지이다. 왜냐하면 의식은 주체와 객체의 구별과 주체와 객체 사이의 어떤 관계를 전제로 하기 때문이다.

"다른 것"이 전혀 없거나 존재하지 않는 곳에는 의식이 있을 가능성이 전혀 없다. 오직 하느님 아버지, 신성으로부터 "솟아나오고 있는" 신만이 "스스로를 알아보고", "스스로에게 알려지고", "하나의 인격으로 스스로를 직시한다". 그리고 나서 하느님 아버지로부터 아들이 하느님 아버지가 자신의 존재에 대해 생각하고 있는 그 모습 그대로 온다. 아들은 원래의 통합 속에서 자신의 현재 모습인 "초현실적인"

(suprareal) '절대자'를 제외하곤 아무것도 모른다. 신성이 기본적으로 무의식적이기 때문에, 신의 안에서 사는 인간도 역시 무의식적이다. 마이스터는 "심령이 가난한 자"('마태복음' 5장 3절)에 대한 설교에서 이렇게 말한다. "심령이 가난한 자는 그 자신 안에서도 살지 않고 진리 안에서도 살지 않고 신 안에서도 살지 않을 때 가졌던 모든 것을 그대로 갖고 있다. 그는 자신이 알게 된 모든 것을 재빨리 비워버리기 때문에 신에 대한 지식도 그의 내면에서 살아 있지 않다. 왜냐하면 그가 신의 영원한 본성 안에 서 있었을 때조차도 다른 존재로 살지 않았고, 거기서도 자신의 모습으로 살았기 때문이다. 그러면 우리는 이 사람이 그 전에 아무렇게나 살 때만큼이나 자기 자신에 대해 잘 모르고 있다고 말한다. 그는 자신이 할 일을 신이 하도록 내버려두고, 자신이 신에게서 왔을 때나 똑같이 텅 빈 모습으로 서 있다." 그러므로 그는 이런 식으로 신을 사랑해야 한다. "신을 그 모습 그대로 사랑하라. 신도 아니고, 정신도 아니고, 인격도 아니고, 형상도 아닌 그 모습 그대로를 사랑하라. 단순하고, 순수하고, 맑은 '만물의 근원'으로, 부차적인 모든 것으로부터 초연한 그런 근원으로 신을 사랑하라. 이 근원 속으로 우리 모두 무(無)에서 무(無)로 영원히 잠기도록 하자."

　세상을 두루 포용하는 마이스터 에카르트의 정신은 구체적인 지식이 없는 상태에서도 영지주의자들뿐만 아니라 인도의 원초적인 신비 경험을 잘 알고 있었으며, 그의 정신은 그 자체로 11세기 초에 번창한 "자유로운 정신"이라는 나무에 핀 가장 아름다운 꽃이었다. "이 거장의 시대가 아직 오지 않았기 때문에", 그의 저작물이 600년 동안 묻혀 지낸 것은 어쩌면 당연한 일인지도 모른다. 에카르트는 겨우 19세기에 와서야 그의 정신의 숭고함을 평가할 능력을 갖춘 사람들을 만날 수 있었다.

신성의 본질에 대한 이 같은 발언은 인간 의식이 변화함과 동시에 신의 형상에도 변화가 일어났다는 사실을 전하고 있다. 물론 이 둘 중에서 어느 것이 원인인가 하는 문제 앞에서 많은 사람들은 당혹감을 느끼게 된다. 신의 형상은 '창조되는' 무엇인가가 아니고 사람에게 저절로 다가오는 하나의 경험이다. 이론과 편견 때문에 진리에 눈을 감는 사람이 아니라면, 누구나 스스로 신의 형상을 볼 수 있다. 따라서 무의식적인 신의 형상이 의식의 상태를 바꿔놓을 수 있다. 의식의 상태가 무의식이 될 때 신의 형상이 바뀌는 것과 똑같다. 분명히 이것은 "근원적 진리", 다시 말해 미지의 신과는 아무런 관계가 없다. 적어도 거기엔 증명될 수 있는 관계는 전혀 없다. 그러나 심리학적으로 보면 신의 형상이 실제와 상관없이 변화하는 것도 대단히 중요하다. 왜냐하면 그로 인해 신성이 무의식의 초월성과 동일해지기 때문이다. 동양의 '아트만/푸루샤' 철학과 서양의 마이스터 에카르트가 이 점을 증명하고 있다.

지금 만약에 심리학이 이 같은 현상을 이해하길 원한다면, 형이상학적 판단을 내리는 것을 삼가고 또 과학적 경험을 근거로 할 때 충분히 문제가 있어 보이는 것들까지도 무시하지 않겠다는 자세가 필요하다. 심리학이 입증할 수 있는 유일한 것은 생생한 상징들이 존재하고 또 이 상징들에 대한 해석은 어떤 의미로도 미리 정해질 수 없다는 점을 보여주는 것뿐이다. 심리학은 또 이 상징들이 "전체성"의 성격을 지니고, 따라서 짐작건대 전체성을 의미한다는 점을 어느 정도 분명히 보여줄 수 있다.

대체로 상징들은 상반된 것들의 짝 하나나 둘이 결합하는 것을 나타내는 "통합"의 상징들이다. 그 결과 이 상징들은 2개가 한 벌인 그런 상징이든가 아니면 4개가 한 벌인 그런 상징이다. 이 상징들은 의식과 무의식의 충돌이나 이 충돌이 일으키는 혼돈(연금술에서 "카오스" 혹은 "니그레도"(nigredo: 검정을 의미한다/옮긴이)로 알려져 있다)에서 비롯된다. 경험적으로, 이 혼돈은 불안과 방향감각 상실로 나타난다. 이 지점에서 원과 콰테르니오의 상징이 보상적인 질서의 원리로 등장하며, 이 상징은 갈등을 빚는 상반된 것들의 통합을 이미 성취된 것으로 묘사하고 따라서 보다 건강하고 차분한 상태("구원")로 나아갈 길을 쉽게 열어준다. 지금으로선 심리학이 전체성의 상징들이 개인의 전체성을 의미한다는 그 이상의 이론을 확립하는 것은 가능하지 않다.

그런 한편, 이 상징들은 모든 종교에서 언제나 보편적인 "바탕", 즉 신성 자체를 표현하는 이미지나 도형을 이용한다는 사실을 특별히 강조해야 한다. 따라서 원은 너무나 잘 알려진 신의 상징이다. 어떤 의미에서 보면 십자가도 그렇고, 모든 형태의 콰테르니오, 예를 들어 에스겔의 환상도 그렇고, 4명의 복음전도사를 거느린 '영광의 왕'도 그렇다. 영지주의의 '바르벨로'(Barbelo: "넷으로 된 신"), 이원성(도(道), 자웅동체, 아버지-어머니), 인간의 형태(아이, 아들 등), 개인적 인격(예수 그리스도, 부처)도 마찬가지다. 이것들도 이 상징에 쓰인 모티프 중에서 가장 중요한 것만 일부 나열한 것에 지나지 않는다.

경험적으로, 이들 이미지 모두는 사람의 통합된 전체성을 표현하는 것으로 여겨진다. 통합된 전체성이라는 목표가 "신"의 이름으로 이뤄지고 있다는 사실은 이 목표에 신성한 어떤 성격이 있다는 점을 보여준다. 정말로 이런 종류의 경험과 꿈, 환상은 매혹적이고 인상적인 어떤 특성을 갖고 있다. 심리학적 지식을 갖고 있지 않아서 그런 것들을 특별히 선호할 이유가 전혀 없는 사람들도 저절로 그런 특성을 느끼게 된다. 그러기에 순진한 마음을 소유했던 원시인들이 신과 자신이 경험한 이미지를 전혀 구분하지 않아도 이상할 게 하나도 없다. 따라서 정신적 전체성을 암시하는 상징이 발견되는 곳에서, 우리는 그 상징들이 신을 의미한다는 순진한 사상을 만나게 된다.

예를 들어 '사람의 아들'을 그린 평범한 로마네스크 양식의 그림들을 보면, 거기엔 동물의 머리를 한 천사 셋과 사람의 머리를 한 천사 하나가 그를 수행하고 있는데, 이런 경우에 '사람의 아들'은 평범한 사람을 의미하고, 사람의 머리를 한 천사는 분화된 심리학적 기능을 의미하고, 동물의 머리를 한 천사 셋은 분화되지 않은 심리학적 기능을 상징한다는 식으로 풀이하면 아주 간단할 것이다. 그러나 전통적인 관점에 따르면, 이 같은 해석은 그 상징의 가치를 제대로 평가하지 않는 결과를 낳을 것이다. 그 상징이 보편적인 사중적 양상에서 보면 삼위일체 중 제2의 위격을 의미하기 때문이다.

물론 심리학은 이 관점을 독자적인 견해로 채택할 수 없다. 단지 그런 진술들의 존재를 확인하고 비교하는 방법을 통해서 기본적으로 똑같은 상징들이, 구체적으로는 1+3의 딜레마가 개인의 정신적 전체성을 보여주는 무의식적 산물에 종종 나타난다는 점을 지적할 수 있을 뿐이다. 그 상징들은 비슷한 성격의 어떤 원형이 존재한다는 점을 암시한다. 이 원형의 변형 중 하나가 아마 의식의 방향을 정하는 정신적 기능들의 콰테르니오일 수 있다.

그러나 이 전체성은 개인의 의식을 무한히 능가한다. 그렇기 때문에 이 전체성은 그 범위 안에 있는 무의식을 반드시 포함하고 따라서 모든 원형까지 포함한다. 그러나 원형들은 보완적인 성격을 띠는, "외부 세계"의 등가물이며, 따라서 "우주적인" 성격을 갖고 있다. 이것이 원형들이 신성한 힘과 "신과 비슷한 점"을 지니는 이유를 설명해준다.

3

설명을 조금 더 완전하게 다듬기 위해, 여기서 나는 보편적인 "바탕" 또는 신비, 그리고 "바탕"을 의미하는 영지주의 상징들 일부에 대해 언급하고 싶다. 심리학은 바탕이라는 개념을 무의식적 배경과 의식을 낳는 아버지의 형상으로 받아들인다. 이 이미지들 중에서 가장 중요한 것은 데미우르게의 형상이다. 영지주의자들은 원천이나 기원, 존재의 중심, 창조주, 그리고 생명체 안에 숨겨진 신성한 물질에 대한 상징을 엄청나게 많이 갖고 있다. 이처럼 풍부한 상징의 세계에서 혼동을 피하려면, 독자 여러분은 언제나 각각의 이미지는 단지 모든 생명체의 내면에 내재하고 있는 신성한 신비의 또 다른 측면에 지나지 않는다는 점을 기억해야 한다. 내가 제시하는 영지주의 상징들의 목록은 단 하나의 초월적인 어떤 관념을 확대한 것에 지나지 않는다. 그런데 이 관념은 너무나 포괄적이어서 시각적으로 표현하기가 무척 어렵다. 그러다 보니 이 관념의 다양한 측면들을 드러내기 위해서는 정말 다양한 표현이 필요하다.

이레네오에 따르면, 영지주의자들은 소피아(Sophia)가 2개의 콰테르니오인 오그도아드의 세계를 대표한다고 믿었다. 소피아는 비둘기의 모습으로 물속으로 들어가서 거기서 여호와와 동일시되는 사트루누스를 낳았다. 앞에서 이미 언급한 대로, 사투르누스는 "또 다른 태양", 즉 연금술의 '검은 태양'이다. 여기서 사투르누스는 "최초의 사

람"이다. 그는 겨우 벌레처럼 기어다닐 줄만 아는 최초의 사람을 창조
했다. 나세네스파 사이에는 데미우르게인 에살다이오스(Esaldaios),
즉 "지위로 네 번째인 불의 신"이 아버지와 어머니, 아들의 삼위
일체에 맞서고 있다. 가장 높은 신은 아버지, 즉 '아르칸트로포스'
(Archanthropos: 원초의 사람)이며, 이 신은 어떠한 특성도 없으며 고
차원의 아담이라 불린다. 다양한 신앙체계에서 소피아는 '프로탄트로
포스'(Protanthropos: 최초의 사람)를 대신한다. 에피파니우스는 최초
의 사람인 아담이 그리스도와 동일하다는 에비온파의 가르침에 대해
언급한다. 테오도르 바르 코나이(Theodor Bar Konay: 8세기 후반-9
세기 전반)의 글을 보면, 최초의 사람은 다섯 가지의 원소(즉, 4 + 1)로
되어 있다. '도마행전'에서 용은 자신에 대해 이렇게 말한다. "나는 꼿
꼿이 섰던 네 형제를 죽인 자의 아들이라네."

영지주의자들에게 콰테르니오라는 근본적인 이미지는 데미우르게
또는 안트로포스(사람)의 형상과 융합한다. 데미우르게는 말하자면
자신의 창조 행위의 희생자이다. 그가 피시스(Physis: 자연)로 내려갔
다가 피시스에게 에워싸였기 때문이다. 물질의 암흑 속에 숨어 있는
'세상의 영혼' 혹은 최초의 사람의 형상은 초(超)의식적인 중심이 존
재한다는 것을 표현하고 있으며, 이 중심은 콰테르니오의 성격과 원의
성격 때문에 전체성의 상징으로 여겨져야 한다.

상징의 역사는 정신적 전체성이 언제나 신의 이미지로 쓰였다는 점
을 보여주고 있지만, 주의를 적절히 기울이면 사람들 사이에서도 어
떤 종류의 정신적 완전성(예를 들어 의식 + 무의식)이 추구되고 있다
는 것을 알 수 있다. 앞에서 말한 바와 같이, 심리학은 형이상학적인 설
명을 제시할 수 있는 위치에 있지 않다. 심리학은 단지 정신적 전체성

의 상징이 신의 이미지와 일치한다는 점을 확고히 보여줄 수 있지만, 신의 이미지가 신 자체인지 아니면 자기가 신의 위치를 대신 차지하고 있는지를 확실히 밝히지는 못한다.

정신적 전체성의 상징이 신의 이미지와 일치하는 것은 고대 이집트의 헤브-세드(Heb-Sed) 축제에서 매우 분명하게 드러난다. 이 축제에 대해 콜린 캠벨(Colin Campbell)은 이렇게 묘사하고 있다. "왕이 성소(聖所)라 불리는 건물에서 나온다. 그런 다음에 사방이 확 트인 부속 건물로 올라가는데, 거기엔 사면에 계단이 있다. 그는 오시리스의 문장(紋章)을 든 채 왕좌에 앉아서 사방으로 몸을 돌린다. ··· 그것은 일종의 두 번째 즉위식이었으며, ··· 간혹 왕은 자기 자신에게 공물을 바치면서 성직자 역할까지 한다. 이 성직자 역할은 왕을 신격화하는 의식에서 절정에 해당할 것이다."[33]

모든 왕권은 이 같은 심리학에 뿌리를 내리고 있으며, 따라서 익명인 인민의 개인에겐 모든 왕은 자기의 상징으로 여겨진다. 왕의 모든 표시, 즉 왕관과 망토, 보주(寶珠), 권장, 별 모양의 훈장 등은 왕을 세상을 낳을 뿐만 아니라 그 자신이 세상인 그런 우주적인 안트로포스의 모습으로 비치게 만든다. 그는 스베덴보리(Emanuel Swedenborg: 1688-1772)의 사상에서 만나게 되는 '가장 위대한 사람'(homo maximus)으로 나타난다.

영지주의자들은 또한 이 존재가 의식의 바탕이자 의식을 조직하는 원리가 아닐까 생각하면서 그에게 눈에 보이는 형식과 적절한 개념을 입히려고 끊임없이 노력했다. "프리기아인들"(나세네스파)이 히폴

....

33 The Miraculous Birth of King Amon-Hotep III, p. 81

리토스의 글을 통해 밝히듯이, 그는 "분할되지 않은 점(點)"이며, 신의 왕국 속으로 성장해 들어가는 "한 알의 겨자씨"이다. 점은 "육체 안에 있다." 그러나 이 점은 오직 "물질적인" 사람과 정반대인 "영적인" 사람에게만 알려진다. 이 점은 신의 말씀이고 "영체(靈體)와 권력, 지능, 신들, 천사들, 사자(使者)의 정신, 존재와 비존재, 낳을 수 있는 것과 절대로 낳지 못하는 것, 해와 달, 월, 일, 시간 등등의 바탕이다." "무(無)이고 또 무(無)로 이뤄진" 점은 "생각으로는 이해되지 않는 그런 위대함"이다.

히폴리토스는 나세네스파가 통합주의자처럼 모든 것을 자신들의 사상 속으로 집어넣는다고 비난한다. 이는 그가 "신의 말씀"인 점(點)이 어떻게 인간의 형태를 취할 수 있는지를 제대로 이해할 수 없었기 때문이다. 히폴리토스는 또 나세네스파가 그를 대모(大母)의 죽어가는 어린 아들인 "다양한 형태의 아티스(Attis)"라고 부른다고, 혹은 히폴리토스가 인용하는 찬가의 표현대로 '레아(Rhea)의 음흉한 소문'이라고 부른다고 불평하고 있다. 이 찬가에서 그는 별칭으로 아도니스와 오시리스, 아담, 코리바스(Korybas), 판, 바쿠스, '흰 별들의 목자'로도 불린다.

나세네스파 사람들은 뱀인 나스(Naas)를 자신들의 핵심적인 신으로 여겼으며, 물이 모든 생명이 의존하는 제1의 물질이라는 탈레스의 주장에 동의하면서 뱀을 "습한 물질"이라고 설명했다. 마찬가지로, 모든 살아 있는 것들은 나스에 의존했다. "나스는 일각수의 뿔처럼 자체 안에 모든 것들 중에서 가장 아름다운 것을 포함하고 있다." 나스는 "에덴동산에서 흘러나와 4개의 줄기로 갈라지는 물처럼 모든 것 속으로 스며든다". "이 에덴동산이 곧 뇌라고 나세네스파 사람들은 말한다."

에덴동산의 강들 중 3개는 감각적인 기능들이지만(비손(Pison)은 시각, 기혼(Gihon)은 청각, 힛데겔은 후각), 네 번째 강인 유프라테스는 "기도가 나오고 음식이 들어가는" 입이다. 네 번째 기능으로서 유프라테스는 이중적인 의미를 지닌다. 육체적 영양 공급이라는 순수하게 육체적인 활동을 의미하는 반면에 영적이고 완벽한 사람을 즐겁게 해주고 먹이고 또 다듬어낸다. "네 번째"는 특별하고 모호한 그 무엇으로, 다이모니온(Daimonion: 소크라테스의 마음에 자주 나타나 주로 금지하는 내용의 말을 했다는 신을 일컫는다/옮긴이) 같은 존재이다. 좋은 예가 '다니엘서' 3장 24절에 나타나는데, 거길 보면 불타는 용광로에 던져진 세 사람에게 네 번째가 "신의 아들"과 비슷한 모습으로 합류한다.

유프라테스 강의 물은 "창공 위의 물"이고 "구세주가 말했다는 생수"이며 자석의 특징을 갖고 있다. 그것은 올리브나무가 그 기름을 끌어내고 포도가 포도주를 끌어내는 기적의 물이다. 히폴리토스는 마치 여전히 유프라테스 강에 대해 말하고 있는 듯이, "그 사람은 이 세상에서 명예를 누리지 못하고 있다"고 말한다. 이것은 완벽한 사람을 암시하는 말이다. 정말로 유프라테스 강의 물은 "완벽한 사람"이고 신이 보낸 말씀이다. "영적인 사람들은 살아 있는 물로부터 자신의 물질을 선택한다." 왜냐하면 모든 자연이 유프라테스 강의 물에 적셔질 때 "자신의 물질을 선택하고, … 이 물로부터 모든 자연에 적절한 것이 흘러나오기 때문이다". 이 물 혹은 그리스도는 일종의 모든 가능성의 바탕이며, 사람들은 이 바탕으로부터 "자신에게만 특유한 것"을, 그리고 "철이 자석에 끌리는 것보다 더 빠른 속도로 그에게 날아가는" 개성(특이성)을 선택한다. 그러나 "영적인 사람들"은 "진정한 문"을, 축복받은 예수를 통해 안으로 들어가서 자기 자신의 완전성, 즉 완전한 사람에 대한 지식을 습득함으로써 자신에게 적절한 본성을 얻는다.

세상에서 존경받지 못하고 있는 이 사람은 분명히 내면적이고 영적인 사람이며, 그는 예수 그리스도를 통해 생명의 문으로 들어가서 거기서 그리스도에 의해 계몽되는 사람들을 위해서 의식적인 존재가 된다. 여기서 두 개의 이미지가 함께 뒤섞이고 있다. "좁은 문"의 이미지와 '요한복음' 14장 6절("내가 곧 길이요, 진리요, 생명이니. 나를 통하지 않고는 아무도 아버지에게 오지 못하니라.")의 이미지가 결합하는 것이다.

두 개의 이미지는 심리학적 개성화의 특징인 통합 과정을 나타내고 있다. 설명한 바와 같이, 물의 상징은 지속적으로 예수 그리스도와 융합하고, 예수 그리스도의 상징은 속사람과 융합한다. 내가 볼 때, 이것은 생각의 혼동이 아니라 사실들을 심리학적으로 제대로 정리한 것이다. 왜냐하면 "말씀"으로서의 예수 그리스도는 정말로 "살아 있는 물"이고 동시에 "완전한" 속사람, 자기의 상징이기 때문이다.

나세네스파 사람들에게 보편적인 "바탕"은 최초의 사람인 아담이고, 아담에 관한 지식은 완벽의 시작이고 신에 대한 지식에 닿는 다리로 여겨진다. 아담은 남자이고 여자이며, 그로부터 "아버지와 어머니"가 나온다. 아담은 세 부분으로 이뤄져 있다. 이성적인 부분과 정신적인 부분, 세속적인 부분이 있다. 이 세 가지는 "함께 한 사람, 즉 예수에게 내려왔으며", "이 셋은 서로 함께 말하고, 각 부분은 각자의 본질을 바탕으로", 예를 들어 이성적인 부분은 이성을 바탕으로 말을 한다. 이런 원리를 통해서 예수는 최초의 사람과 연결된다. 예수의 영혼은 "세 부분으로 되어 있음에도 하나", 즉 삼위일체이다.

히폴리토스의 텍스트는 최초의 사람의 예들로서 카비로스(Cabiros)

와 오아네스를 언급한다. 오아네스는 고통 받을 줄 아는 영혼을 갖고 있었으며, 그래서 "노예에게도 겸손했던 위대하고 아름답고 완벽한 사람의 형상"은 처벌을 당했을지도 모른다. 그는 "존재한 것과 존재할 모든 것들이 가질, 숨겨져 있으면서 동시에 드러나 있는 축복받은 본성"이고, "사람의 내면에서, 이를테면 일곱 살짜리 아이의 내면에서도 추구되고 있는 천국의 왕국"이다. 이유는 나세네스파 사람들이 생식의 씨앗 안에 "완전한 존재"의 생식 본성을 넣기 때문이라고 히폴리토스는 말한다.

얼핏 보면, 이것은 바탕을 이루는 정신적 물질에 관한 성적 이론의 시작처럼 보이면서 같은 맥락에서 현대에서도 이뤄지고 있는 시도들을 상기시킨다. 그러나 실제로 사람의 생식력은 "완전한 존재의 생식 본성" 중에서 하나의 특별한 예에 지나지 않는다는 사실을 간과해서는 안 된다. "나세네스파에게 생식 본성은 숨겨진 신비의 로고스"인데, 이어지는 텍스트에서 이 로고스는 오시리스의 남근에 비유되고 있으며, 나세네스파 사람들은 오시리스가 물이라고 말한다.

이 씨앗의 알맹이가 모든 것의 근원일지라도, 그것이 모든 것의 성질을 다 띠고 있는 것은 아니다. 따라서 그들은 "나는 나 자신이 원하는 바 그대로 될 것이고, 지금의 나도 내가 이룬 모습 그대로이다."라고 말한다. 왜냐하면 모든 것을 움직이는 사람 자신은 움직이지 않기 때문이다. 그들은 "그 분만 홀로 선하다."고 말한다. 또 다른 동의어는 남근상과 관련 깊은 헤르메스 킬레니오스(Hermes Kyllenios)이다. "왜냐하면 그 사람들이 헤르메스가 로고스라고, 말하자면 지금까지 있었던 것과 지금 있는 것, 그리고 미래에 있을 것들을 형성하고 해석하는 로고스라고 말하기 때문이다." 그것이 헤르메스 킬레니오스가 남근으로 숭배를 받는 이유이다. 그가 남근처럼 "아래에서 위로 향하려는 충동을 갖고 있기 때문이다.

4

영지주의자의 로고스뿐만 아니라 예수 그리스도 본인까지도 성적 상징성 속으로 끌어들여졌다는 사실은 에피파니우스가 '마리아에 관한 주요 연구'(Interrogationes maiores Mariae)에서 인용한 부분에 의해 확인된다. 거길 보면 그리스도가 마리아와 함께 산으로 올라가서 거기서 자신의 옆구리로 여자를 만들어서 그녀와 성교를 하기 시작했다는 이야기가 있다. 이런 조악한 상징적 표현이 현대인의 감정에 거슬리는 것은 충분히 이해할 만하다. 그러나 3세기와 4세기의 기독교인들에게도 마찬가지로 충격적이었을 것이며, 게다가 그 상징이 일부 종파에서 확인되듯이 오해와 연결될 때에는 쉽게 부정당할 수 있었다.

'마리아에 관한 주요 연구'의 저자도 그 같은 반응을 결코 모르지 않았다는 점은 그 텍스트 자체에 의해 확인된다. 텍스트는 마리아도 큰 충격을 받고 땅바닥에 쓰러졌다고 말하고 있다. 그러자 예수 그리스도가 마리아에게 이렇게 말했다. "무엇 때문에 저를 의심하시죠? 믿음이 약하신 건가요?" 이 부분은 '요한복음' 3장 1절("내가 땅의 일에 대해 말해도 너희가 믿지 않거늘 하물며 하늘의 일을 말한들 어떻게 믿겠는가?")과 '요한복음' 6장 54절("사람의 아들의 살을 먹고 피를 마시지 않는 자는 자신 안에서 생명을 갖지 못하리.")과 연결된다.

이런 상징적 표현은 원래 오늘날에도 심리 치료를 하는 과정에 드물지 않게 일어나는 환상 경험에 근거를 두었을 수 있다. 임상 심리학자에겐 그런 환상에 이상한 구석이 전혀 없어 보인다. 그런 상황 자체가 환자의 심리를 제대로 해석할 방향을 가리키고 있다. 그 이미지는 이성적인 용어로는 좀처럼 설명되지 않아서 구체적인 상징을 사용해야만 하는 어떤 원형적인 정신 구조를 표현하고 있다. 잠을 자는 동안에 '정신 수준이 저하되어 있어서' 다소 추상적인 생각이 일어날 때, 그런 때에 꿈이 나타나는 것과 똑같다. 이 같은 "충격적인" 놀라움은 꿈에도 결코 드물지 않은데, 그런 일이 일어날 때 그 놀라움은 언제나 "가정법"처럼 처리되게 마련이다. 말하자면 꿈이 상스러움과 외설 따위에 대해서는 아무것도 모르는 듯 아주 감감적인 이미지를 두르게 된다는 뜻이다. 이미지는 사람의 마음을 상하게 하는 일에는 전혀 신경을 쓰지 않는다. 그럴 뜻이 하나도 없기 때문이다. 그 이미지들은 꿈을 꾼 사람의 관심을 좀체 끌지 못할 의미를 그 사람이 꼭 보도록 하기 위해 일부러 말을 더듬고 있는 것처럼 보인다.

환상이 일어난 맥락('요한복음' 3장 12절)을 보면, 그 이미지를 추상적인 관념을 구체적으로 표현한 것으로 볼 것이 아니라, 상징적으로 표현한 것으로 받아들여야 한다는 점이 분명해진다. 왜냐하면 예수 그리스도가 땅의 일에 대해 말하는 것이 아니라 하늘의 신비 혹은 영적 신비에 대해 말하고 있기 때문이다. 그것이 "신비"로 불리는 것은 그가 무엇인가를 숨기거나 그것을 비밀로 만들고 있어서가 아니라(정말로, 그 환상의 노골적인 음란성보다 더 야한 것은 없다) 그 의미가 아직 의식으로부터 숨겨져 있기 때문이다. 현대적 방법의 꿈 분석과 해석도 이 규칙을 따르고 있다. 이 규칙을 그 환상에 적용하면, 우리는 다음과 같은 결과를 얻게 될 것이다.

1. 산은 높은 곳으로의 상승을 의미한다. 특히 정신이 있는 계시의

장소로의 상승을, 신비적이고 영적인 상승을 의미한다. 이 주제는 너무나 잘 알려져 있기 때문에 여기서 새삼 논할 필요조차 없을 것이다.

2. 그 시대에 예수 그리스도의 형상이 지닌 중요성은 충분히 증명되었다. 기독교 영지주의를 보면, 그리스도 형상은 신을 '아르칸트로포스'(최초의 사람=아담)로, 따라서 그 자체로 사람의 전형으로 시각화되었다. 사람과 사람의 아들로 여겨지고 있었던 것이다. 예수 그리스도는 자기지식의 길을 통해 닿을 수 있는 속사람이고, "당신 안에 있는 하늘의 왕국"이다. '안트로포스'로서 예수 그리스도는 경험적으로 가장 중요한 원형에 해당하며, 또 살아 있는 자들과 죽은 자들의 심판관과 영광의 왕으로서 예수 그리스도는 무의식을 형성하는 진정한 원리이고 자기의 콰테르니오 혹은 네모난 원에 해당한다. 이런 식으로 말해도, 나는 어떤 것에도 해를 입히지 않는다. 나의 견해는 어디까지나 만다라 구조들은 무의식적 인격에서 어떤 중심의 의미와 기능을 갖는다는 경험에 바탕을 두고 있다. 이 환상에서 깊이 기억해야 할 예수 그리스도의 콰테르니오는 십자가 상징과 '영광의 왕'에 의해 확인되고 있다.

3. 예수 그리스도가 옆구리로 여자를 낳았다는 것은 그가 두 번째 아담으로 해석되었다는 점을 암시한다. 여자를 태어나게 한다는 것은 그가 '창세기'의 창조주의 역할을 하고 있다는 것을 의미한다. 이브를 창조하기 전에 아담이 다양한 전설에 의해 남자이자 여자로 그려지는 것과 똑같이, 여기서 예수 그리스도도 남녀양성자라는 점을 다소 과격한 방법으로 보여주고 있다. 최초의 사람은 대개 양성을 갖고 있다. 베다의 전설에도 최초의 사람은 스스로 여자를 만들어 그녀와 결합한다. 기독교 비유에서 그리스도의 옆구리에서 나온 여자는 교회가 어린 양

의 신부라는 의미를 강조한다.

최초의 사람을 남편과 아내로 찢는 것은 발생기에 있는 의식의 한 행위를 표현하고 있다. 그것으로 인해 상반된 것의 짝이 하나 나오고, 따라서 의식(意識)이 가능하게 된다. 기적을 보는 마리아에게, 그 환상은 그녀의 내면의 어떤 무의식적 과정이 저절로 시각화되거나 투사된 것이었다.

경험에 따르면, 무의식에 일어나는 과정들은 어떤 의식적인 상황을 보상하게 되어 있다. 따라서 그 환상에서 찢어지는 것은 남녀가 통합되어 있는 의식적인 조건을 보상하고 있다. 이 통합은 먼저 당시에 종교적 관심을 한 몸에 받았던, 인간의 모습을 한 신 안트로포스의 형상을 가리켰을 것이다. 오리게네스의 말을 빌리면, 그는 '한 사람'(Vir Unus)이었다. 마리아가 자신의 환상 속에서 마주했던 것은 이 형상이었다.

전혀 근거 없는 가정도 아닌데 여기서 만약에 그 환상을 받아들이고 있는 사람을 현실 속의 여자라고 본다면, 그녀가 예수 그리스도의 순수하고 신성한 남성성에서 보지 못하고 있던 것은 균형을 잡아주고 있는 여성성이었다. 그래서 그녀에게 그런 환상이 보이게 될 것이다. "나는 둘 다이다. 남자이고 여자이다." 이 같은 원형적인 정신적 구조는 오늘날 '처녀' 예수의 양성구유(具有)라는 가톨릭 개념으로 받아들여지고 있다. 물론 결론은 아니고 대체적인 의견의 단계에 있다.

중세의 그림을 보면 예수 그리스도가 '아가서' 1장 1절("네 가슴이 포도주보다 더 낫구나.")의 내용에 맞춰 가슴을 가진 모습으로 그려지는 경우가 간혹 있다. 마그데부르크의 메히틸드(Mechthild of Magdeburg: 1207년경-282년경)의 글을 보면, 주(主)가 그녀에게 입

맞춤을 했을 때 그에겐 뜻밖에도 수염이 없었다고 영혼은 말한다. 남성성의 표시들이 부족했던 것이다. 메히틸드는 마리아와 환상과 비슷한 환상을 보았다. 똑같은 문제를 다른 각도에서 다룬 환상이었다. 메히틸드는 자신이 "바위투성이 산"으로 옮겨지는 것을 보았다. 거기선 '복되신 처녀'가 신성한 아이의 탄생을 기다리고 있었다. 신성한 아이가 태어나자, 그녀는 아이를 끌어안으며 세 번 입을 맞추었다. 그 텍스트가 강조하듯이, 산은 영적인 태도를 의미한다. "신성한 영감을 통해서 그녀는 그 '아들'이 '아버지'의 심장의 가장 깊은 핵심이라는 것을 알았다." 이 '핵심'은 "힘을 불어넣고, 치유하고, 더없이 달콤하다". "구세주이고 가장 강하고 가장 달콤한 위로자"인 '아들'을 통해서 신의 "힘과 달콤함"이 우리에게 전달되지만, "영혼의 가장 깊은 핵심에는 달콤한 것이 자리 잡고 있다". 이로써 메히틸드가 핵심을 '아버지'의 심장과 아들, 속사람과 동일시하고 있다는 것이 분명히 드러났다. 심리학적으로 말하면, "그 달콤한 것"은 신의 형상과 구분되지 않는 자기와 일치한다.

에피파니우스의 글에 소개된 환상과 메히틸드의 환상 사이에 중요한 차이점이 하나 있다. 고대의 계시는 이브가 아담으로부터 두 번째 아담(그리스도)이라는 영적 차원에서 태어나는 것을 묘사하고 있으며, 이 두 번째 아담의 옆구리로부터 여성적인 프네우마(정신) 혹은 두 번째 이브, 즉 영혼이 그리스도의 딸로 나타난다. 앞에서 언급한 바와 같이, 기독교의 관점에서 보면 영혼은 교회로 해석된다. 교회는 "남자를 포용하고" 주의 발에 기름을 붓는 여자이다.

메히틸드의 환상은 신성한 신화의 연속이다. 딸이며 신부인 존재가 어머니가 되어 '아들'의 형태로 '아버지'를 낳는다. '아들'이 자기와 아주 비슷하다는 것은 예수 그리스도의 콰테르니오적인 성격이 강조되고 있다는 사실로 뒷받침되고 있다. 예수 그리스도는 '사중의 목소리'를 갖고 있고, 그의 심장은 네 종류의 박동으로 뛰고, 그의 용모에서 네 줄기의 빛이 나온다. 이 같은 이미지 속에서, 새로운 천년이 말을 하고 있다.

마이스터 에크하르트는 다른 방식으로 설명하면서 "신은 영혼에서 태어난다."는 점을 강조한다. 안겔루스 실레지우스(Angelus Silesius: 1624-1677)로 오면, 신과 자기가 절대적으로 일치하게 된다. 그 시대는 깊은 변화를 겪었다. 생식력은 더 이상 신에게서 나오지 않고, 오히려 신이 영혼으로부터 탄생하고 있는 것이다. 죽어가는 젊은 신이라는 신화의 기본적인 주제가 심리학적 형식을 취했다. 이는 동화(同化)와 의식적 깨달음이 더욱 깊이 이뤄지고 있다는 점을 보여준다.

4. 그러나 첫 번째 환상으로 돌아가면, 여자를 생겨나게 한 뒤에 성교가 벌어진다. 산 위에서의 '히에로스 가모스'는 잘 알려진 주제이다. 옛날의 연금술 그림에서 암수한몸이 높은 곳을 좋아하는 것으로 묘사되는 것과 똑같다. 연금술사들도 마찬가지로 아담에 대해 이미 자신의 이브를 지닌 채 이리저리 다닌다는 식으로 말한다.

연금술사들의 '결합'은 아버지와 딸이 아니라 시대 변화에 맞춰 오빠나 동생 혹은 어머니와 아들이 행하는 그런 일종의 근친상간적인 행위이다. 후자의 변형된 형식은 고대 이집트 신화에서 '자기 어머니의 남편'을 뜻하는 카무테프(Ka-mutef)라는 별칭을 가진 아멘(Amen)과 "자기 아버지의 어머니이고 자기 아들의 딸"인 무트(Mut) 신과 비슷하다. 자가교접(自家交接)이라는 개념은 세상의 창조주에 대한 묘사에 거듭 나타나는 주제이다. 예를 들어, 신은 남성성을 가진 반쪽과 여성성을 가진 반쪽으로 찢어지거나, '마리아에 관한 주요 연구'에 나오는 환상의 모델이 되었을 법한 그런 방식으로 스스로 번식한다. 그래서 이집트 헬리오폴리스의 창조 신화에도 이런 내용이 나온다. "나, 나까지도 꼭 쥔 나의 손과 결합하고, 나의 그림자를 꼭 끌어안았으며, 나의 입 안으로, 바로 나의 입 안으로 씨앗을 부었도다. 그리하여 슈(Shu)를 내보내고, 테프누트(Tefnut)로 수분을 내보냈노라."

우리의 상상력에는 자가번식이라는 개념이 확 와 닿지 않지만, 그럼에도 이 개념과 자신으로 우주를 창조한 존재라는 개념 사이에 밀접한 연결이 있는 것은 분명하다. 그러나 여기서 세상의 창조는 영적 부활의 길을 열어준다. 그것이 씨앗을 받아들이는 행위에서 어떠한 생명체도 나오지 않는 이유이다. 씨앗을 받아들이는 것은 생명의 강화를 의미하기 때문이다. 또 텍스트가 보여주듯이 환상은 "천상의" 차원 혹은 영적 차원에서 이해되어야 하기 때문이다. 뿜어져 나오는 것은 복음서의 언어로 바꾸면 "영원의 생명력을 얻어 분출하는" 살아 있는 물을 의미한다. 전체 환상은 연금술의 상징을 떠올리게 한다. 환상의 철저한 자연주의는 교회 언어의 엄격함과 비교해 눈에 거슬리긴 하는데, 여기서 그 같은 자연주의는 회귀적으로 이미 오래 전에 개념과 표현 양식을 잃어버린 옛날 형식의 종교를 지적하는 한편으로 전향적으로 이제 막 사람의 원형을 동화하기 시작하고 있는 '자연'에 대한 관찰이 그래도 여전히 조악하다는 점을 지적하고 있다. 이 같은 시도는 요하네스 케플러가 우주의 기본적인 구조로 삼위일체를 인정한, 다시 말해 자신의 천문학적 세계의 그림에 이 원형을 동화한 17세기까지 계속되었다.

5

잠시 본래의 주제에서 벗어나 최초의 사람을 뜻하는 동의어로 성적 특성을 지닌 것들에 대해 논했으니, 이젠 히폴리토스가 나세네스파의 핵심적인 상징을 설명하던 부분으로 돌아가서 헤르메스에 관한 주장들을 다룰 것이다.

헤르메스는 정령들을 불러내고, 영혼들을 안내하고, 영혼들을 낳는 존재이다. 그러나 영혼들은 "높은 곳의 축복 받은 사람, 즉 아다마스(Adamas)에게서 내려와서 흙으로 빚어져, 창조의 데미우르게이며 숫자로 네 번째이고 또 불의 신인 에살다이오스를 섬길 것이다". 에살다이오스는 최고의 지배자 이알다바오트와 사트르누스에 해당한다. "넷째"는 네 번째 인격, 즉 삼위일체에 반대하는 악마를 가리킨다. 이알다바오트는 "카오스의 아이"를 의미한다. 따라서 괴테(Johann Wolfgang Goethe)가 연금술의 언어를 차용하면서 악마를 "카오스의 어처구니없는 아들"(메피스토펠레스)이라고 불렀을 때, 그 이름은 매우 적절한 것이었다.

헤르메스는 황금 지팡이를 갖고 있다. 그것으로 그는 "죽은 사람의 눈에 잠을 내리고 잠 자는 사람을 깨운다". 나세네스파는 이것을 '에베소서' 5장 14절과 연결시킨다. "잠자는 자여, 깨어나서 죽은 자들 가운데서 일어나라. 예수 그리스도께서 빛을 주시리라." 연금술사들이 예수 그리스도의 잘 알려진 비유, 즉 '모퉁이 돌' 또는 초석을 자신들의 '철학자의 돌'로 받아들이듯이, 나세네스파는 그 비유를 자신들의 '최초의 사람 아담'을, 더 구체적으로 말해서 "높은 곳의 사람 아다마스로부터 떨어진" 돌이나 바위인 "속사람"을 상징하는 것으로 받아들였다. 연금술사들은 자신들의 돌이 "산에서 손을 대지 않고 깎여졌다"고 말했다. 나세네스파는 "망각 속으로" 끌어내려진 속사람에 대해 이와 똑같이 말하고 있다. 에피파니우스의 글에서, 산은 '아르칸트로포스 그리스도'(Archanthropos Christ)이고, 이로부터 바위나 속사람이 잘려졌다. 에피파니우스가 해석하는 바와 같이, 이는 속사람은 "인간의 씨앗 없이" 생긴다는 것을 의미한다.

아르칸트로포스는 박쥐들이 '네키아'(nekyia: 귀신들을 모아놓고 미래에 대해 묻는 의식을 일컫는다/옮긴이)에서 헤르메스를 따르듯이 영혼들이 "재잘거리며" 따르는 로고스이다. 아르칸트로포스는 영혼들을 오케아노스(Oceanus)로 안내하고 또 호메로스(Homer)의 표현을 빌리면 "헬리오스(Helios)의 문들과 꿈의 땅"으로 이끈다. "헤르메스는 신들과 사람들을 낳는 오케아노스, 다시 말해 앞뒤로 끊임없이 밀려왔다가 밀려가고 있는 오케아노스이다." 사람들은 썰물에서 태어나고, 신들은 밀물에서 태어난다. "'내가 말하기를, 너희는 신들이며, 너희들 모두는 지존한 존재의 아들들이니라.'[34] 여기서 나세네스파의 가르침뿐만 아니라 '성경'에서도 신과 사람의 유사성 혹은 동일성이 명백해진다.

6

히폴리토스가 말하듯이, 나세네스파는 모든 것을 어떤 트리아드에서 끌어내고 있다. 이 트리아드를 이루는 것으로는 첫째로 "높은 곳의

··········
34 '시편' 82장 6절

축복받은 사람인 아다마스의 축복받은 본성"이 있고, 둘째로 죽을 운명을 타고나는 낮은 곳의 사람의 본성이 있고, 셋째로 "위로부터 태어나는 왕을 두지 않은 민족"이 있다. 마리암(Mariam: 마리아의 아랍식 이름이다. 그런데 이 대목에서는 모세의 누이 미리암을 의미하는 것 같다/옮긴이), 위대한 현자 이드로(Jethro), 예언자 십보라(Sephora), 모세가 앞에 말한 민족에 속한다. 이 넷이 고전적인 유형의 결혼 콰테르니오를 형성한다.

이들의 동의어들은 이렇다.

모세는 남편에 해당하고, 십보라는 아내에 해당한다. 마리암(미리암)은 모세의 누이이다. 이도르는 늙은 현자의 원형이며, 만약에 이 결혼 콰테르니오가 여자의 것이라면 이드로는 아버지 아니무스에 해당한다. 그러나 이도르가 "위대한 현자"라 불린다는 사실은 이 결혼 콰테르니오가 남자의 것이라는 점을 암시한다. 여자의 경우라면 현자에게 찍혀진 방점이 미리암 쪽으로 옮겨갔을 것이고, 그러면 미리암은 대모(大母)의 의미를 지닐 것이다. 어쨌든, 이 콰테르니오엔 근친상간인 오빠와 동생의 관계가 없으며, 다른 점에서는 매우 평범하다.

대신에 미리암은 모세에게 어머니의 의미를 어느 정도 지닌다('출애굽기' 2장 4절 이하). 여자 예언자로서('출애굽기' 15장 20절 이하) 그녀는 "신비한" 인격이다. 모세가 "에티오피아 여자"를 아내로 맞았을 때, 이 일이 미리암을 몹시 화나게 만들었고 그 끝에 그녀는 나병에 걸려 "눈처럼 창백해졌다"('민수기' 12장 10절). 따라서 미리암은 아니마의 역할을 하기에 전적으로 부적절하지는 않다. '구약성경'에서 가장 유명한 아니마 형상인 술람미(Shulamite) 여자는 "나는 비록 검으나 아름다우니."라고 말한다('아가서' 1장 5절). 크리스티안 로젠크로이츠(Christian Rosenkreutz: 1378-1484)의 '화학적 결혼'(Chymical Wedding)을 보면, 왕족 신부는 에디오피아 왕의 내연의 처이다. 흑인들, 특히 에티오피아인들은 연금술에서 '까마귀의 머리'와 '검정'의 동의어로 상당한 역할을 한다.

트리아드는 카울라카우(Kaulakau)와 사울라사우(Saulasau), 지사르(Zeesar) 등 의성어로 들리는 다양한 이름을 갖고 있는 것이 특징이다. 카울라카우는 높은 곳의 아담을 의미하고, 사울라사우는 죽을 운명을 타고난 낮은 곳의 사람을 의미하고, 지사르는 "위로 흐르는 요르단 강"을 뜻한다. 요르단 강은 예수 그리스도에 의해 거꾸로 위로 흐르게 되었다. 요르단 강은 위로 솟구치는 홍수이고, 앞에서 언급했듯이 이 홍수는 신들의 아버지이다. "이것은 모든 생명체들의 안에 있는 인간 자웅동체이고, 그것을 무지한 자들은 '세 개의 몸을 가진 게리온(그리스 신화 속의 괴물/옮긴이)'이라고 부르지만 그리스인들은 그것을 달의 천상의 뿔이라고 부른다." 그 텍스트는 앞에 언급한 콰테르니오를, 즉 지사르와 위로 흐르는 요르단 강, 자웅동체인 세 몸의 게리온, 달의 천상의 뿔로 이뤄진 콰테르니오를 우주발생론적인 로고스('요한복음' 1장 1절 등)와 "그 안에 있었던 생명"('요한복음' 1장 4절), 그리고 "완벽한 사람들의 세대"로 정의하고 있다.

이 로고스 혹은 콰테르니오는 "왕이 마시며 점치는 데 쓰는 잔"이다. 이 잔이 히폴리토스를 가나의 포도주 기적으로 이끈다. 히폴리토스는 이 포도주 기적이 "하늘의 왕국을 드러내 보였다"고 말한다. 하늘의 왕국이 우리 안에 잔 속의 포도주처럼 있기 때문이다. 사모트라키의 외설적인 신들과 다시 태어난 영적인 사람뿐만 아니라 최초의 사람을 의미하는 킬레니오스 헤르메스에게도 잔에 얽힌 이야기가 있다. 킬레니오스 헤르메스는 헤르메스로 상징되는 '최초의 사람'과 "모든 면에서 동일하다".

헤르메스의 또 다른 동의어는 유프라테스 강이 에덴동산에서 내려와 모든 것에 스며들 듯이 머리와 왕관과 형성되지 않은 뇌에서 내려와서 모든 것에 스며드는 코리바스(Korybas)이다. 코리바스의 형상은 인정을 받지 못한 가운데 "이승의 형태"로 존재한다. 그는 홍수 안에 거주하는 신이다. 여기서 이 상징에 대해 길게 설명할 필요는 없다. 이미 파라켈수스에 관한 연구서에서 이 상징에 대해 충분히 논했기 때문이다. 코리바스에 관한 한, 그와 프로탄트로포스 사이의 유사성은 코리반트(대지의 신 키벨레의 종자들/옮긴이)가 최초의 사람들이었다는 고대인의 관점에 의해 설명된다.

"코리바스"라는 이름은 특별한 인격을 뜻하지 않고 쿠레테스

(Curetes)나 카비리(Cabiri), 닥틸로스(Dactyls) 같이 어떤 집단의 익명의 구성원이다. 어원학적으로 보면, 코리바스는 아주 확실한 것은 아니지만 '머리의 왕관'이란 뜻을 가진 고대 그리스어와 연결된다. 우리의 텍스트 안에서는 코리바스가 어떤 인격의 이름으로, 즉 사모트라키의 카비리와 동의어로 나타나는 킬레니오스 헤르메스의 이름으로 쓰이는 것 같다. 이 헤르메스와 관련해, 텍스트는 "그를 트라키아 사람들은 코리바스라고 부른다."라고 말하고 있다. 나는 이전의 다른 글에서 이 비범한 인격은 아마 디오니소스 전설을 통해서 우리에게 알려진 코리바스와 뒤섞인 결과물일 수 있다고 주장한 바 있다. 왜 그렇게 생각하느냐 하면, 루키아노스(Lucian: A.D. 125년경-180년)의 '시리아 여신에 관하여'(De dea Syria)에 대해 쓴 주석서를 통해 알게 된 바와 같이, 코리바스 역시 남근의 상징 같은 신이기 때문이다.

"완벽한 사람"의 중심으로부터 바다(앞에서 말한 바와 같이 신이 거주하는 곳이다)가 흐른다. 예수가 말한 바와 같이, "완벽한" 사람은 "진정한 문"이며, "완벽한" 사람이 다시 태어나기 위해선 반드시 이 문을 지나가야 한다.

여기서 "teleios"(성숙이나 완전한 성장 등을 의미하는 그리스어 단어/옮긴이)를 어떻게 번역할 것인가 하는 문제가 중요해진다. "완벽한" 존재에게 재탄생을 통한 재생이 필요한 이유가 뭔가? 이 질문 앞에서, 완벽한 사람도 추가적인 향상이 전혀 필요하지 않을 만큼 완벽할 수는 없다는 식으로 대답할 수밖에 없다. 바오로가 "내가 이미 완벽하다는 것도 아니다."라고 하는 '빌립보서' 3장 12절에도 이와 비슷한 어려움이 보인다. 그러나 3개의 절 다음에 바오로는 "그러므로 누구든지 온전히 이룬 자는 이렇게 생각할지니."라고 쓰고 있다. 영지주의는 완벽하다는 표현을 바오로와 같은 뜻으로 쓰고 있다. 그 단어는 단지 어떤 대강의 의미를 갖고 있으며, 그런 면에서 보면 완벽이나 영성의 정도를 정확히 제시하지 않는 '영적'이라는 단어와 아주 비슷하다. "완벽한"이라는 단어는 신에게 쓰일 때에만 별다른 이의를 부르지 않는다. 그러나 재탄생이 필요한 인간에게 쓰일 때, 특히 우리의 텍스트가 말하듯이 완벽한 사람도 이 문을 통과하지 않으면 구원을 받지 못한다면, 그 단어는 기껏 "온전한"이나 "완전한"의 뜻으로만 쓰일 수 있을 뿐이다.

"완벽한 존재"의 아버지는 높은 곳의 사람 혹은 "형태가 분명하지 않고 특성이 없는" 프로탄트로포스이다. 히폴리토스는 더 나아가 이 아버지가 프리기아 사람들 사이에 파파라 불리고 있다고 말한다. 그는 평화를 부르고, 인간의 육체 안에서 벌어지는 "원소들의 전쟁"을 진압한다. 이 설명을 우리는 중세 연금술에서도 만나는데, 거기선 '철학자의 아들'이 "적들이나 원소들 사이에 평화를 이룬다"고 되어 있다.

이 "파파"는 송장이라 불리기도 한다. 이유는 그가 무덤 속의 미라처럼 몸 안에 묻혀 있기 때문이다. 이와 비슷한 관념은 파라켈수스의 글에서도 발견된다. 파라켈수스의 논문 '장수(長壽)에 대하여'(De vita longa)는 이렇게 시작한다. "참으로 생명은 죽을 운명의 육신을 역시 죽을 운명의 벌레로부터 보호하는, 일종의 방부 처리된 미라나 다를 바가 없다." 육체는 오직 "무미아"(Mumia: 미라를 방부 처리하는 데 쓰이는 물질/옮긴이)를 바탕으로 살며, 이 무미아를 통해서 '방랑하는 소우주'가 물리적인 육체를 지배한다.

완벽한 존재의 아버지의 동의어들은 아데크(Adech) 아르케우스(Archeus) 프로토토마(Protothoma) 이데스(Ides) 이데크트룸

(Idechtrum) 등이다. 그는 '프로토플라스트'(Protoplast: 가장 먼저 창조된 존재)이고, 이데스로서 "모든 피조물이 나오는 문"이다. 무미아는 육체를 갖고 태어나고 또 육체를 지탱하지만, 그 힘은 "천국 위의 무미아"에 미치지 못한다. "천국 위의 무미아"는 나세네스파가 말하는 높은 곳의 아담과 일치할 것이다. 이데우스 혹은 이데스에 대해 파라켈수스는 "그 안에는 오직 '한 사람'만 있다. 그가 바로 프로토플라스트이다."라고 말한다.

따라서 파라켈수스가 말하는 무미아는 죽을 운명을 타고난 사람의 내면에 소우주를 형성하고, 그렇게 함으로써 대우주의 모든 힘을 공유하는 최초의 사람과 모든 면에서 일치한다. 파라켈수스의 글에서 신비주의적 영향이 강하다는 문제가 종종 제기되기 때문에, 이 연결 속에서 히브리 신비주의의 '메타트론'(Metatron)이라는 형상에 대해 살펴보는 것도 바람직할 것 같다. '조하르'를 보면, 메시아는 "중심 기둥"(예를 들면, 세피로트(Sephiroth: 유대교 신비주의에 나오는 10개의 세력을 일컫는다/옮긴이) 체계의 중심 기둥)으로 묘사되고 있으며, 이 기둥에 대해 이렇게 쓰여 있다. "중심 기둥은 메타트론이며, 그 이름은 주의 이름과 비슷하다. 그것은 주의 형상에 따라 비슷하게 창조되었으며, 위에서부터 아래에 이르기까지, 그리고 아래에서부터 위에 이르기까지 모든 것을 다 포함하면서 그것을 중심으로 결합시킨다."

죽은 자는 "천국의 문"을 통과함으로써 다시 일어날 것이라고 히폴리토스는 말한다. 야곱은 메소피타미아로 가던 길에 천국의 문을 보았지만 "사람들은 메소포타미아가 완벽한 사람의 가운데에서부터 흘러나오는 대양의 줄기라고 말한다". 이것이 바로 야곱이 말한 천국의 문이다. "두렵도다 이곳이여, 이것은 다름 아닌 하느님의 집이고 천국의 문이로다."[35] 여기서 최초의 사람(천국의 문)에서 흘러나오는 물줄기는 신들을 낳는 오케아노스의 밀물로 해석되고 있다. 히포리토스가 인용한 단락은 아마 '요한복음' 7장 38절 또는 성경에도 있는 외경(外經)의 내용을 가리킬 수 있다.

'요한복음'의 한 단락, 즉 "나를 믿는 자는 성경에서 말한 바와 같이 그 배(腹)에서 생수의 강이 흘러나오리."라는 부분은 다른 자료를 참조했을 수 있는 부분이지만 히폴리토스에겐 지극히 성경에 어울리는 내용처럼 보였다. 이 물을 마시는 사람의 내면에서 그 물이 영원한 생명을 뿜는 샘이 될 것이라고 오리게네스는 말한다. 이 물은 "높은 곳"의 물이고, '원리의 물'이고, 예수 그리스도의 배에서 나오는 강이고, "낮은 곳"의 물, 즉 어둠이 지배하고 이승의 왕자와 기만의 용과 그의 천사들이 살고 있는 '지옥의 물'과 대조되는 신성한 생명이다.

물이 흐르는 강은 "구세주"이다. 예수 그리스도는 천국의 강처럼 네 복음서를 통해 세상에 부어지는 강이다. 여기서 나는 고의로 교회의 비유를 아주 상세하게 인용했다. 영지주의 상징이 교회의 언어에 얼마나 많이 파고들었는지를 독자들에게 보여주고 싶어서였다. 다른 한편으로는 특히 오리게네스의 해석과 예들이 영지주의와 얼마나 많은 공통점을 갖고 있는지를 보여주고 싶었다. 그래서 오리게네스는 물론이고 그의 동시대인과 후배들에게도 우주가 "영적인 속사람"과 일치한다는 사상은 매우 익숙한 것이었다. '창세기'에 관한 최초의 해석에서, 그는 하느님은 먼저 천국을, 영적인 모든 것을 창조했으며, 이 영적인 것의 카운터파트가 "그 자체로 하나의 정신인 우리의 마음이고, 따라

....
35 '창세기' 28장 17절

서 신을 보고 아는 것은 우리의 영적인 속사람"이라고 말한다.

영지주의의 이교적인 관점과 기독교의 관점이 비슷하다는 점을 보여주는 예들은 우리 시대의 첫 2세기 동안에 사람들의 심리상태가 어떠했을 것인지를 충분히 그려보게 할 것이다. 또 당시의 종교적 가르침이 정신적 사실들과 아주 밀접히 연결되어 있었다는 점도 독자들에게 잘 전달되었을 것으로 믿는다.

7

이젠 히폴리토스가 나열한 상징으로 돌아가자. '잠재적인 상태'에 있는 최초의 사람은 '아이폴로스'(Aipolos: 목자라는 뜻/옮긴이)라 불린다. 그가 숫염소와 암염소를 키워서가 아니라, 그가 우주를 돌리는 극(極)이기 때문이다. 이는 연금술사들이 북극에서 발견되는 메르쿠리우스에 대해 품었던 비슷한 생각들을 떠올리게 한다. 마찬가지로 나세네스파는 아이폴로스를 '오디세이'의 언어를 따라 프로테우스(Proteus)라고 불렀다. 히폴리토스는 호메로스의 말을 다음과 같이 인용한다. "이곳은 바다의 노인, 다시 말해 불멸의 이집트인으로 언제나 진실을 말하는 프로테우스가 자주 찾는 곳이다." 호메로스를 인용한 부분은 계속 이어진다. "프로테우스는 포세이돈(Poseidon)에게 충성하고 바다를 그 바닥까지 속속들이 알고 있다."

프로테우스는 분명히 무의식의 화신이다. "신비로운 이 늙은 존재를 붙잡는 것"은 대단히 어렵고, "그가 나를 먼저 보거나 내가 그곳에 있다는 것을 알고 거리를 둔다". 그가 말을 하도록 하려면, 어쨌든 그를 재빨리 잡아서 꽁꽁 묶어야 한다. 그는 바다 속에 살지만 신성한 정오가 되면 아무도 없는 바닷가로 양서류처럼 홀로 나와서 바다표범들 틈에 누워 잠을 청한다. 이 바다표범들이 온혈동물이라는 점을, 말하자면 바다표범들이 의식이 될 능력을 갖춘 무의식의 내용물로 여겨질 수 있다는 점을, 그리고 때가 되면 무의식의 내용물이 저절로 빛과 생기가 넘치는 의식의 세계로 나타나게 된다는 점을 기억해야 한다.

방랑하던 영웅 오디세우스는 프로테우스로부터 어떻게 하면 험난한 바다를 가로질러 고향으로 갈 수 있는지를 배우는데 이 '노인'이 저승사자인 것으로 드러난다. 그런데 노인은 자신의 모습을 마음대로 바꾼다. 그는 마치 잡기 힘든, 회전하는 어떤 형상처럼 행동한다. 그의 말은 절대로 옳고, 그는 점쟁이이다. 그러기에 나세네스파가 "완전한 사람의 지식은 정말로 깊고 이해하기 어렵다."고 말하는 데에도 다 이유가 있는 것이다.

이어서 프로테우스는 엘레우시스의 신비의식에 쓰이는 푸른 옥수수에 비유된다. 그를 향해 의식 집행자가 큰 소리로 외친다. "여왕은 신성한 소년을 낳았고, 브리모(Brimo)는 브리모를 낳았어!" 높은 곳에서 열리는 엘레우시스 비법 전수 의식에 해당하는 낮은 곳의 의식은 지하세계의 신에게 납치된 페르세포네의 암흑의 길이라고 히폴리토스는 말한다. 그 길은 "사랑의 병을 일으키는 아프로디테의 숲"으로 이어진다. 사람들은 "위대한 신성한" 신비의식에 입회하기 위해선 이 지하의 길을 걸어야 한다. 이 신비는 "천국의 문"이고 영적인 사람들이 보게 될 선한 신들만 사는 "신의 집"이기 때문이다. 영적인 사람들은 모두 옷을 벗어던지고, "처녀의 정령에 의해 생식력을 박탈당한 신랑"이 되어야 한다. 이것은 '요한계시록' 14장 4절을 암시한다. "… 그들은 순결한지라. 어린 양이 어디로 인도하든지 따라가는 자들이라."

8

자기의 객관적인 상징들 중에서 나는 이미 불가분의 점(點)이라는 나세네파의 개념에 대해 언급한 바 있다. 이 개념은 모노이모스(Monoïmos: 2세기)가 제시한 "모나드"와 "사람의 아들"이라는 개념과 거의 일치한다. 히폴리토스의 글을 보자.

> 모노이모스는 오케아노스 같은 사람도 있다고 생각한다. 모노이모스는 오케아노스에 대해 다음과 같이 말한다. 오케아노스는 신들과 사람들의 기원이다. 달리 말하면, 사람이 전부이고 우주의 원천이며, 낳아지지 않고, 부패하지도 않으며, 영원하다고 모노이모스는 말한다. 그리고 앞에 말한 이 사람의 아들이 있다. 이 아들은 낳아지고, 고통을 당할 수 있고, 그의 출생은 시간도 정해져 있지 않고 의지대로 되지도 않으며 미리 예견되어 있지도 않다. … 앞에 말한 사람은 단자(單子)이며, 합성되지 않고 나눠질 수 없으면서도 합성되어 있고 나눠질 수 있다. 사랑하고 모든 것들과 평화롭게 지내면서도 모든 것과 다투고 모든 일에서 자신과 다툰다. 또 같지 않으면서도 같다. 말하자면 모든 것을 두루 포용하고 있는 음악적 조화이다. … 온갖 것들을 드러내 보이고, 모든 것을 낳고 있다. 그것은 자체의 어머니이고, 자체의 아버지이며, 두 개의 불멸의 이름이다. 완벽한 사람의 상징은 점(點)이다. 하나의 점은 합성되지 않고 단순하고 섞이지 않은 모나드이다. 이 모나드는 무(無)에서 그 구성 성분을 얻음에도 많은 형태와 많은 부분으로 구성되어 있다. 단 하나의 분리 불가능한 점은 많은 얼굴을 갖고 있으며 천 개의 눈과 천 개의 이름을 갖고 있으며 '이오타'(iota: 그리스 알파벳의 아홉 번째 글자를 뜻하고 또 라

틴어 알파벳의 경우엔 그리스 알파벳의 아홉 번째 글자의 소문자를 바탕으로 한 글자를 의미한다/옮긴이)의 점이다. 이것은 완벽하고 분리 불가능한 사람의 상징이다. … '사람의 아들'은 하나의 이오타이고, 또 높은 곳으로부터 흘러오는 하나의 점이고, 넘치면서 온갖 것을 채우고, 자신의 내면에 '사람'에게 있는 모든 것을, 사람의 아들의 아버지에게 있는 모든 것을 포함하고 있다.[36]

모나드라는 모노이모스의 역설적인 개념은 기독교 메시지의 영향을 받던 2세기 사상가가 심리학적으로 파악한 자기의 본질을 묘사하고 있다.

그보다 조금 뒤에 살았던 플로티누스(Plotinus: A.D. 205년경- 270년)에게서도 이와 비슷한 개념이 발견된다. 플로티누스는 '엔네아데스'(Enneads)에서 이렇게 말한다. "자기지식은 영혼이 일탈하지 않을 경우에 영혼의 자연스런 움직임은 직선을 그리지 않는다는 사실을 보여준다. 반대로 영혼은 내면의 무엇인가의 주변을, 중심을 돌며 원을 그리고 있다. 지금 그 중심은 그 원, 즉 영혼이 나오는 곳이다. 따라서 영혼은 중심 주위를, 말하자면 영혼이 비롯되는 원리 주위를 돌 것이다. 또 영혼은 중심을 향하면서 스스로를 중심에 밀착시킬 것이다. 정말이지, 모든 영혼들이 그렇게 해야 한다. 신성한 존재들의 영혼들은 언제나 중심을 향하고 있으며, 바로 그것이 그들이 신성한 비결이다. 왜냐하면 신성이 중앙으로 밀착하는 데에 있기 때문이다. … 중심으로부터 물러나는 모든 사람은 통합되지 않은 채 남거나 짐승 같은 사람

....
36 Elenchos, VIII, 12, 5ff. (Legge, pp. 107ff.)

이다."

여기서 점은 원을 그리며 도는 영혼의 움직임에 의해 창조된 어떤 원의 중심이다. 그러나 이 점은 "모든 것의 중심"이고 하나의 신의 형상이다. 이것은 현대인의 꿈에 나타나는 만다라 상징의 바탕에 깔려 있는 생각이다.

똑같이 중요한 것은 영지주의자들 사이에 흔한 불꽃의 개념이다. 불꽃은 마이스터 에크하르트의 글에 나오는 "영혼의 작은 불꽃", 즉 '생명의 불꽃'과 일치하는데, 이 개념을 우리는 사투르니누스(Saturninus)의 가르침에서 비교적 일찍 만난다. 마찬가지로 "자연과학자" 헤라클레이토스(Heraclitus: B.C. 535년경-B.C. 475년경)는 영혼을 "별의 정수의 불꽃"이라고 인식한 것으로 알려져 있다. 세트파 사람들의 교리에서 어둠은 "빛의 밝음과 불꽃을 노예로 속박하고" "매우 작은 이 불꽃"은 지하의 시커먼 물에서 아름답게 섞였다고 히폴리토스는 말한다. 시몬 마구스(Simon Magus: 기원후 1세기)도 정액과 젖 안에 "점점 강화되다가 경계가 없고 불변하는 어떤 힘이 되는" 매우 작은 불꽃이 있다고 가르친다.

점의 상징은 연금술에서도 발견된다. 연금술에서 점은 불가사의한 물질을 의미한다. 미하엘 마이어(Michael Maier: 1568-1622)의 경우에 점은 "정수의 순수 혹은 균질성"을 의미한다. 그것은 병아리로 성장할 달걀노른자 안에 있는 '태양의 점'이다. 쿤라트의 글에서, 점은 지혜를 대표하고, 마이어의 글에서 점은 금을 상징한다. '황금 논문'(Tractatus aureus)의 주석자에게 점은 한가운데와 아주 작은 원, 적대적인 원소들을 화해시키는 "중재자", "각진 사각형을 둥근 원으로 끊임없이 바꿔나가는 변화"이다. 도른에겐 "거의 이해 불가능한 점"은 창조의 출발점이었다. 마찬가지로 존 디(John Dee: 1527-1608)는 모든 것은 점과 단자에서 비롯되었다고 말한다. 정말로, 신은 중심이면서 주변이다. 밀리우스의 글에서, 점은 헤르메스의 새라 불린다. '연금술의 새로운 빛'(Novum lumen)에서 점은 정신이자 불이고, 불가사의한 물질의 생명이고, 불꽃과 비슷하다. 점에 대한 이런 인식은 영지주의의 인식과 다소 비슷하다.

지금까지 제시한 인용을 통해서 우리는 예수 그리스도가 신의 왕국을 의미하는 상징으로 동화되었다는 사실을 확인할 수 있다. 예를 들자면, 한 톨의 겨자씨, 숨겨진 보물, 소중한 진주 등의 상징이 있다. 예수 그리스도와 그의 왕국은 똑같은 의미를 지닌다. 예수 그리스도의 인격을 이런 식으로 해체하는 일에는 언제나 반대가 따랐다. 그러나 여기서 반대 의견을 제시하는 사람들이 깨닫지 못하고 있는 것은 그것이 동시에 예수 그리스도를 인간의 정신으로 동화시키고 통합시킨다는 점이다. 그 결과는 인간의 인격의 성장으로, 또 의식의 발달로 나타날 것이다. 이 같은 특별한 성취는 반기독교 시대인 오늘날에 망상에 빠진 사회정치 제도뿐만 아니라 교만한 합리주의에 의해서도 크게 위협을 받고 있다. 교만한 합리주의는 지금 우리의 의식을 그 초월적인 뿌리로부터 완전히 찢어놓은 다음에 뿌리 뽑힌 그 의식 앞에다가 정신적인 목표를 흔들어 대고 있다.

14장

자기의 구조와 역학

1

앞 장에서 제시한 예들만으로도 자아의식의 바닥에 자리하고 있는 원형이 점진적으로 동화하고 확장하는 과정이 충분히 이해되었을 것으로 본다. 여기서 불필요하게 그런 예들을 추가하느니, 나는 그 예들을 요약해서 일반적인 그림으로 그리고 싶다. 히폴리토스의 다양한 암시를 통해서, 영지주의자들이 심리학자와 별로 다르지 않다는 점이 명확하게 드러났다. 한 예로 히폴리토스는 영지주의자들이 "영혼을 발견하고 이해하는 것은 무척 어려운 과제"라고, 또 완전한 사람에 대한 지식을 얻는 것도 마찬가지로 힘든 일이라고 말했다고 전하고 있다. "사람에 대한 지식이 전체성의 시작이고, 신에 대한 지식은 완벽한 전체성이다."[37] 알렉산드리아의 클레멘스는 '교육자'(Paedagogus)에서

....

37 Elenchos, V, 7, 8 (Legge trans., I, p. 123

이런 말을 하고 있다. "따라서 자기 자신을 아는 것이 학습 중에서 가장 위대한 학습이다. 왜냐하면 사람이 자기 자신에 대해 알 때에 신을 알게 되기 때문이다."

모노이모스는 테오프라스토스에게 보낸 편지에 이렇게 쓰고 있다. "당신 밖에서 그를 추구하고, 당신의 내면에서 '나의 신, 나의 정신, 나의 이해, 나의 영혼, 나의 육신'이라고 말하면서 당신의 모든 것을 소유하고 있는 그것이 누구인지를 배우도록 하시오. 또 슬픔과 즐거움, 사랑과 미움이 어디서 오는지를 배우고, 깨어 있지 않으려는데도 깨어 있고 자지 않으려는데도 자고 있고 화를 내지 않으려는데도 화를 내고 있고 사랑하지 않으려는데도 사랑에 빠지는 이유를 알도록 하시오. 이 모든 것들을 면밀히 살핀다면, 당신은 당신 자신의 안에서 '그'를, '하나이면서 전부'인 것을, 작은 점 같은 것을 발견할 것이오. '그'가 자신의 기원과 해방을 두고 있는 곳은 바로 당신 안이기 때문이오."[38]

이 텍스트를 읽으면 자연스레 자기를 브라만(brahman:梵)(힌두교에서 우주의 근본 원리를 뜻한다/옮긴이)과 아트만(atman: 我)(자기 혹은 영혼을 의미한다/옮긴이)으로 보는 인도 사상이 떠오른다. 예를 들어, '케나 우파니샤드'에는 이렇게 적혀 있다. "마음은 누구의 뜻으로 앞으로 나오는가? 최초의 호흡은 누구의 명령으로 시작되는가? 우리가 여기서 하는 말은 누가 내보내는가? 눈과 귀를 움직이는 것은 어떤 신인가? 귀로 듣고, 마음으로 생각하고, 말을 하는 것은 …. 말로 담아내지 못하지만 말을 하게 하는 것, … 생각으로 담아내지 못하지만 마음이 생각하게 하는 것, 그것이 바로 브라만이다."

....
38 Elenchos VIII, 15, 1ff. legge trans. II, p. 10

야즈발키야(Yajñyavalkya:BC. 7세기)는 그것을 '브리하다란야카 우파니샤드'에서 간접적으로 정의하고 있다. "모든 존재들의 안에 거주하면서도 모든 존재들로부터 벗어나 있고, 어떠한 존재도 모르고, 그 몸이 모든 존재이고, 내면에서 모든 존재들을 지배하고 있는 그는 바로 내면의 통제관이며 불멸인 당신의 자기이다. … 그 외에는 어떠한 예언자도 없고, 그 외에는 어떠한 청취자도 없고, 그 외에는 어떠한 지각자도 없고, 그 외에는 어떠한 이해자도 없다. 그는 당신의 자기이고, 내면의 통제자이고, 불멸이다. 그 외의 모든 것은 슬픔이로다."[39]

"아랍인"이라 불린 모노이모스의 글에도 인도의 영향이 불가능하지 않다. 그의 글은 이미 2세기에 자아가 모든 것을 두루 포용하는 전체성, 즉 자기의 구성요소로 고려되고 있다는 점에서 아주 중요하다. 이는 오늘날에도 심리학자들이 제대로 이해하지 못하고 있는 생각이다. 인도와 마찬가지로 근동에서도 이 같은 통찰은 심리학적일 수밖에 없는 치열한 내적 성찰의 결과로 나온 것이다. 영지(靈知)는 틀림없이 무의식에서 끌어낸 심리학적 지식이다. 영지는 "주관적인 요소"에 집중함으로써 얻을 수 있었던 통찰이다. 그런데 경험을 근거로 하면 이 주관적인 요소는 집단 무의식이 의식에 행사하는 영향력을 통해서 겉으로 드러난다. 이는 영지주의의 상징과 무의식의 심리학의 발견이 놀라울 정도로 비슷한 이유를 설명해줄 것이다.

나는 앞에서 논의한 상징들을 요약 정리함으로써 이 유사성을 쉽게 보여주고 싶다. 이 목적을 이루기 위해, 무엇보다 먼저 심리학자들이 전체성, 즉 자기의 원형을 추측하게 한 사실들부터 검토해야 한다.

....
39 The principal Upanishads, pp. 581.

이런 사실로는 먼저 꿈과 환상이 있고, 두 번째로 전체성의 상징들이 등장하는 능동적인 상상의 산물이 있다. 이런 것들 중에서 가장 중요한 것은 원과 콰테르니오의 요소들을 포함하는 기하학적 구조들이다. 한쪽엔 순수하게 기하학적으로나 대상으로 표현될 수 있는 원과 구(球)의 형태가 있고, 다른 한쪽엔 4개 혹은 십자가 형태로 나눠지는 정사각형의 형상들이 있다.

이 형상들은 의미나 배열 등을 통해 서로 연결되는 4개의 대상이나 사람이 될 수 있다. 4의 배수로서 8도 똑같은 의미를 지닌다. 콰테르니오 주제의 특별한 한 변형은 '3 + 1'의 딜레마이다. 12(3 × 4)는 이 딜레마에 대한 해결책과 완전성(황도십이궁, 해(年) 등)의 상징으로서 여기에 속한다. 3은 상대적인 전체성으로 여겨질 수 있다. 왜냐하면 3이 보통 삼위일체처럼 사고의 산물인 그런 영적 전체성을 나타내거나 지하 세계 신들의 3가지 본능적이고 원시적인 전체성을 나타내기 때문이다. 그러나 심리학적으로 보면, 자기에 관한 한 셋은 결함 있는 콰테르니오이거나 콰테르니오로 가는 디딤돌로 여겨져야 한다. 경험에 비춰볼 때, 콰테르니오를 보완하는 것이 바로 통합의 요소이다.

원과 콰테르니오라는 주제로부터 기하학적으로 형성된 크리스털이나 경이를 이루는 돌의 상징이 나온다. 여기서 비유가 시작되면서 도시나 성, 교회, 집, 그릇 등으로 이어진다. 또 다른 변형은 바퀴이다. 원과 콰테르니오 주제는 자아가 보다 큰 차원인 자기에게 포함된다는 점을 강조하고, 바퀴의 주제는 의식적(儀式的)인 순회처럼 보이기도 하는 순환을 강조한다. 심리학적으로 보면, 바퀴 주제는 어떤 중심에, 말하자면 원의 중심으로 인식되고 그래서 하나의 점으로 그려지는 그런 중심에 주의를 집중하고 몰두한다는 뜻이다. 이렇게 되면 천상의 극과 그 극을 돌고 있는 천체와의 관계에 생각이 쉽게 미치게 된다. 비슷한 예가 "출생의 바퀴"로서의 십이궁도이다.

도시와 집, 용기(容器)의 이미지는 그 안의 내용물을 생각하게 한다. 도시나 집의 거주자들과 용기에 담긴 물을 떠올리게 하는 것이다. 그러면 거주자는 그 콰테르니오와, 그리고 넷의 통합으로 생기는 다섯 번째와 어떤 관계를 갖는다. 물은 현대인의 꿈과 환상에서 하늘을 비추는 푸르고 광활한 공간으로, 호수로, 4개의 강(예를 들어 유럽의 심장부로서 스위스에는 라인강과 티치노강, 론강, 인강이 흐르고, 에덴 동산엔 기혼과 비손, 힛데겔, 유프라테스 강이 있었다)으로, 치유의 물로, 그리고 신성한 물로 나타난다. 간혹 물은 불과 연결되고 술(와인, 알코올)과도 연결된다.

정사각형 공간의 거주자는 인간의 형상으로 이어진다. 기하학적이고 수학적인 상징을 제외한다면, 인간의 형상이 자기의 상징으로 가장 흔하게 나타난다. 인간의 형상은 신이나 신을 닮은 인간 존재, 왕, 성직자, 위대한 사람, 역사 속의 인격, 사랑하는 아버지, 존경할 만한 본보기, 성공한 형 등 한마디로 말해 꿈을 꾸는 사람의 자아 인격을 초월하는 온갖 형상으로 나타날 수 있다. 여자의 심리에도 마찬가지로 이에 해당하는 여자의 형상들이 있다.

원이 사각형과 대조를 이루는 것과 똑같이, 콰테르니오는 3 + 1 모티프와 대조를 이룬다. 또 긍정적이고 아름답고 선하고 존경할 만하고 사랑스러운 인간 형상은 부정적이고 추하고 사악하고 경멸할 만하고 두려움의 대상이 되는 그런 잘못 태어난 생명체와 대조를 이룬다. 모든 원형과 똑같이, 자기도 모순적이고 도덕률에 반하는 성격을 갖고 있다. 자기는 남자이고 여자이며, 늙은이이고 아이이며, 막강하고 무력하며, 크고 작다. 자기는 진정한 '상반된 것들의 복합체'이다. 물론 그렇다고 자기가 그 자체로 모순적이라는 뜻은 아니다. 얼핏 모순처럼 보이는 것이 의식적인 태도가 반대 방향으로 변화하는 것을 반영하는 것에 지나지 않을 수 있다.

무의식에 대해서도 전반적으로 똑같이 말할 수 있다. 의식적인 마음이 무의식에 대해 품고 있는 공포 때문에 무의식에 있던 형상들이 놀라서 밖으로 튀어나올 수 있기 때문이다.

의식의 중요성을 과소평가해선 안 된다. 따라서 모순적인 무의식적 표현을 적어도 어느 정도까지는 의식적인 태도와 인과적으로 연결시키는 것이 바람직하다. 그러나 그렇다고 해서 의식을 과대평가해서도 안 된다. 왜냐하면 경험에 비춰볼 때 무의식의 보상 작용이 우리를 위해서 자율적으로 이 자기 모순의 기원을 의식에서 찾는 것이 너무도 분명하게 확인되기 때문이다.

관찰자가 관찰 대상으로부터 떨어질 수 없고 또 언제나 관찰 행위를 통해서 대상을 방해하고 있기 때문에, 의식과 무의식 사이에는 일종의 "불확실성의 관계"가 존재한다. 달리 말하면, 무의식의 정확한 관찰이 의식의 관찰을 훼손할 수도 있고 거꾸로 의식의 정확한 관찰이 무의식의 관찰을 훼손할 수도 있다는 뜻이다.

따라서 자기는 가장 높은 곳에서부터 가장 낮은 곳에 이르기까지 온갖 모습으로 나타날 수 있다. 자기도 짐승 모습의 상징을 갖는다는 것은 말할 필요도 없다. 현대의 꿈에 나타나는 이런 이미지들 중에서 가장 흔한 것은 나의 경험에 비춰볼 때 코끼리와 말, 수소, 곰, 희고 검은 새, 물고기, 뱀 등이다. 간혹 거북과 달팽이, 거미와 딱정벌레도 나타난다. 중요한 식물 상징은 꽃과 나무이다. 무생물 상징 중에서 가장 흔한 것은 산과 호수이다.

성욕이 과소평가되고 있는 곳에서, 자기는 남근으로 상징된다. 과소평가한다는 것은 곧 일상적으로 억압하거나 공개적으로 낮춰본다는 뜻이다. 일부 분화된 사람들의 내면에서는 성욕을 순수하게 생물학적으로 해석하고 평가하는 것만으로도 이와 똑같은 효과가 나타난다. 이런 식의 인식은 성적 본능의 영적 및 "신비적" 의미를 간과하고 있다. 성적 본능의 이런 의미들은 아득한 태곳적부터 정신적 사실로 존재했지만 합리주의나 철학적인 이유로 간과되고 억압되었다. 그런 경우에 보상작용으로 인해 무의식에 남근숭배가 일어날 것이다. 이를 보여주는 좋은 예가 바로 프로이트에서 발견되듯이, 정신을 주로 성욕을 바탕으로 해석하려는 경향이다.

2

지금 영지주의의 자기 상징을 둘러보면서, 우리는 히폴리토스를 통해 알려지게 된 나세네스파가 인간의 형상을 많이 강조했다는 사실을 발견한다. 기하학적 및 수학적 상징들 중에서 가장 중요한 것은 콰테르니오, 오그도아드, 삼위일체, 통합 등이다. 여기서 우리는 콰테르니오의 전체성 상징에, 무엇보다 앞 장 6번 섹션에서 언급한 상징에 관심을 쏟을 것이다. 그 상징을 나는 간단히 모세 콰테르니오라고 부를 것이다. 이어서 두 번째 나세네스 콰테르니오, 즉 에덴동산의 4개의 강을 갖고 있던 그 콰테르니오를 볼 것이다. 이것을 나는 파라다이스 콰테르니오라고 부를 것이다. 두 개의 콰테르니오는 그 구성은 서로 다를지라도 대략 똑같은 사상을 표현하고 있으며, 이어지는 글에서 나는 이 콰테르니오들을 심리학적으로 서로 연결시킬 뿐만 아니라 훗날 연금술의 콰테르니오 구조와의 관계도 파악해낼 것이다. 이런 것들을 분석하는 과정에, 우리는 이 두 가지 콰테르니오가 영지주의 시대를 어느 정도 대표하게 되었는지, 또 그것들이 기독교 시대의 정신적 원형의 역사와 어떤 식으로 얽혀 있는지를 볼 것이다.

모세 콰테르니오는 분명히 다음과 같은 도표로 그려질 수 있다.

모세 콰테르니오

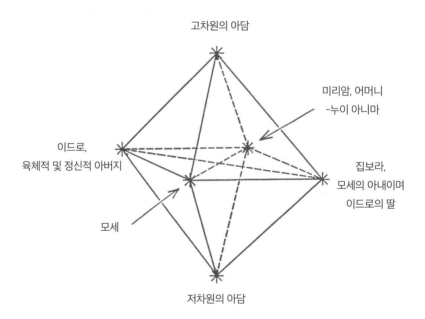

"낮은 곳의 아담"은 죽을 운명을 타고난 보통 사람에 해당하고, 모세는 영웅이고 입법자이며 따라서 개인적 차원에서 "아버지"에 해당하고, 집보라는 왕과 성직자의 딸로서 "높은 곳의 어머니"에 해당한다. 평범한 사람에게 이 두 사람은 "왕족의 짝"을 대표한다. 모세에게

이 짝은 한편으로는 자신의 "고차원적인 사람"에 해당하고 다른 한편
으로는 그의 아니마 미리암에 해당한다. "고차원적인 사람"은 "영적인
속사람"과 같은 뜻으로 통한다. 이 "영적인 속사람"은 콰테르니오에서
이드로로 표현되고 있다. 모세의 관점에서 보면, 그 콰테르니오의 의
미는 그렇다. 그러나 모세가 낮은 곳의 아담 즉 보통 사람으로서도 이
드로와 연결되어 있기 때문에, 이 콰테르니오는 단순히 모세의 인격의
구조로만 이해될 수 없으며 마찬가지로 낮은 곳의 아담의 관점에서도
이해되어야 한다. 그러면 다음과 같은 콰테르니오가 나온다.

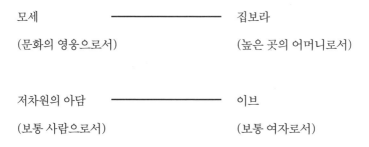

모세 ——————— 집보라
(문화의 영웅으로서) (높은 곳의 어머니로서)

저차원의 아담 ——————— 이브
(보통 사람으로서) (보통 여자로서)

여기서 우리는 나세네스 콰테르니오는 어떤 의미에서 보면 비대칭
이라는 것을 알 수 있다. 그것이 위로만 향하는 경향을 가진 어떤 세나
리우스(6개 한 벌)로 이어지기 때문이다. 위의 넷에 이드로와 미리암
이 일종의 제3의 층으로서, 모세와 집보라의 보다 높은 카운터파트로
더해져야 한다. 따라서 우리는 어떤 점진적 향상을 확인하게 되거나
낮은 곳의 아담에서 높은 곳의 아담에 이르는 일련의 단계를 확인하게
된다. 발렌티누스가 제시한 시저지들의 목록 그 바탕에는 분명히 이런
심리학이 작용하고 있다.

낮은 곳의 아담 또는 육체적인 사람은 가장 낮은 단계로 표현되고,

거기서는 오로지 상승밖에 있을 수 없다. 그러나 우리가 본 바와 같이 나세네스 콰테르니오의 네 인물은 너무나 정교하게 선택되었기 때문에 이 콰테르니오에는 결혼 콰테르니오에 결코 드물지 않은 근친상간 동기(이드로-미리암)의 여지도 열어 놓을 뿐만 아니라 보통 사람의 정신 구조가 아래쪽으로, 인간 이하로, 그림자로 대표되는 어둡고 사악한 측면으로 확장할 여지도 열어 놓고 있다. 말하자면 모세가 "에티오피아 여자"와 결혼하고, 여자 예언자이고 그의 어머니-누이인 미리암이 "나병"에 걸리는데, 이는 그녀와 모세의 관계가 부정적으로 작용하고 있다는 점을 보여주는 증거이다. 이는 미리암이 모세를 "험담"하고 심지어 형 아론이 모세에게 반항하도록 사주했다는 사실에서도 다시 확인된다. 따라서 다음과 같은 세나리우스가 가능하다.

저차원의 아담 ———————	이브
모세 ———————	에티오피아 여자
이드로, 이교도 성직자 ———————	미리암, "창백한" 나환자

'성경' 속의 이야기에 "위대한 현자" 이드로에게 비판적인 언급은 전혀 보이지 않지만, 그럼에도 미디안족 성직자로서 그는 여호와를 섬기지 않았고 선민에 속하지 않았으며 자기 나라로 가기 위해 선민을 떠났다. 이드로는 또한 르우엘(Reguel: "신의 친구")이라는 이름을 가졌고 탁월한 지혜로 모세를 도왔던 것 같다. 따라서 그는 신비한 인격이며, 틀림없이 신화와 전설에서 그런 정신을 의인화하고 있는 "늙은

현자"의 원형이다. 내가 다른 곳에서 보여주었듯이, 정신은 이중적인 성격을 갖고 있다. 이 경우에 모세가 땅의 검은 딸을 아내로 맞이함으로써 자기 자신의 그림자를 나타내고 있듯이, 이드로는 이교도 성직자와 이방인으로서의 능력을 발휘하면서 신비적이고 사악한 의미를 지니는 본인의 "저차원적인" 측면으로서 그 콰테르니오에 포함되어야 한다.

남편 ——— 사촌(아내로서)

남편의 누이 ——— 아내의 오빠

이미 설명한 바와 같이, 모세 콰테르니오는 민간 전설에서 흔히 확인되는 결혼 콰테르니오의 한 변형이다. 따라서 모세 콰테르니오는 다른 신화적인 이름들로도 나타낼 수 있다. 교차사촌혼의 기본적인 구도는 다양한 변형을 갖고 있다. 예를 들어, 여동생이 어머니로 대체되거나 아내의 오빠가 아버지 같은 인물로 대체될 수 있다. 그래도 근친상간 주제는 뚜렷한 특징으로 남는다. 이 도식은 사랑 관계의 심리학만 아니라 전이(轉移)의 심리학까지 특징적으로 보여주고 있다. 그렇기 때문에 대단히 중요한 이 도식은 모든 성격 관련 도식들과 마찬가지로 "긍정적인" 형식과 "부정적인" 형식으로 나타날 수 있다. 왜냐하면 사람이 하는 모든 것이 긍정적인 측면과 부정적인 측면을 갖듯이, 고려되고 있는 관계들도 예외 없이 양면적인 가치를 지니기 때문이다.

그러므로 독자들도 다소 상스러워 보이는 영지주의 명칭들 때문에 좋지 않은 감정을 가져서는 안 된다. 이름은 비본질적이지만, 도식 자체는 보편적으로 유효하다. "그림자 콰테르니오"에도 이 말은 그대로 통한다. 모세의 전기가 그림자를 쉽게 보여줄 수 있는 어떤 특징들을 제시하고 있다는 판단에서 나는 이 그림자 콰테르니오에도 같은 이름들을 포함시킨다.

다음 페이지의 세나리우스는 "저차원의 아담"이 아니라 아담의 어둡고 짐승 같은 모습을 한 원형, 즉 사람보다 먼저 창조된 뱀에서 맨 밑바닥에 닿는다. 따라서 다음과 같은 구조들이 가능해진다.

이 도식은 심심풀이로 하는 놀이 같은 것은 절대로 아니다. 왜냐하면 텍스트들에 따르면 영지주의자들이 형이상학적 형상들의 어두운 측면을 너무나 잘 알고 있었다는 것이 분명히 드러나기 때문이다. 그런 식의 접근 때문에 영지주의자들은 엄청난 공격을 야기하기도 했다. (선한 신과 프리아포스(Priapus: 남근으로 상징되는 풍요의 신/옮긴이)를 동일시한 것이나 안트로포스와 외설스런 헤르메스를 동일시한 것만 생각해 봐도 어떤 식의 공격이었을지 쉽게 짐작될 것이다.) 게다가, 악의 문제(악은 어디서 오는가?)를 놓고 지칠 줄 모르고 논의했던 이들이 영지주의자들(예를 들면, 바실리데스)이었다. 누스와 아가토다이몬이 뱀의 형태를 취하고 있다는 것은 뱀이 선한 측면만을 갖고 있다는 뜻이 아니다. 아포피스(Apophis: 고대 이집트의 카오스의 신/옮긴이)의 뱀이 이집트 태양신의 전통적인 적이었듯이, 악마, 즉 "그 고대의 뱀"은 예수 그리스도, 즉 "새로운 태양"의 적이다. 선하고 완벽하고 영적인 신은 불완전하고, 무지하고, 무능한 데미우르게와 맞섰다. 인류

A. 안트로포스 콰테르니오

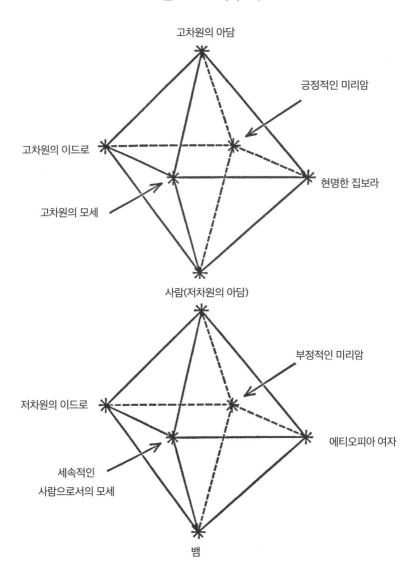

고차원의 아담

긍정적인 미리암

고차원의 이드로

현명한 집보라

고차원의 모세

사람(저차원의 아담)

부정적인 미리암

저차원의 이드로

에티오피아 여자

세속적인
사람으로서의 모세

뱀

B. 그림자 콰테르니오

에게 타락한 "문서"를 남긴 아르콘파의 대가도 있었는데, 예수 그리스도는 인류를 이런 문서로부터도 구해내야 했다.

두 번째 밀레니엄이 동터오면서, 강조의 초점이 더욱더 어두운 쪽으로 이동했다. 데미우르게가 세상을 창조한 악마가 되었으며, 조금 뒤에 연금술이 부분적으로 물질적이고 부분적으로 물질적이지 않은 정신으로 메르쿠리우스라는 개념을 발달시키기 시작했다. 연금술에서 이 정신은 돌과 금속에서부터 최고도의 살아 있는 유기체에 이르기까지 모든 것에 스며들며 그것들을 지탱하는 것으로 여겨진다. 메르쿠리우스는 뱀의 모습으로 땅 속에 살고 있고, 신체와 영혼과 정신을 갖고 있으며, 호문쿨루스(homunculus: 연금술로 만든다는 작은 인간을 말한다/옮긴이)로서 인간의 형태를 가진 것으로 믿어졌고, 지하의 신으로 여겨졌다.

이를 바탕으로 할 때, 그 뱀은 사람의 선조이거나 안트로포스의 희미한 모방인 것이 확실하다. 따라서 나스=누스=로고스=예수 그리스도=고차원의 아담이라는 등식이 꽤 정당해진다. 중세로 들어서면서 이 방정식이 어두운 면으로 더욱 확장되기 전에 이미 영지주의의 남근 숭배에 의해 그런 확장에 필요한 준비가 갖춰져 있었다. 이 방정식의 확장이 일찍이 15세기 초의 연금술 문서인 '코덱스 애시번햄'(Codex Ashburnham) 1166에 나타나고 있으며, 16세기에는 메르쿠리우스가 헤르메스 킬레니오스와 동일시되었다.

3

영지주의 철학이 연금술로 이어졌다는 사실은 의미가 깊다. "연금술의 어머니"는 현대 과학의 어머니 중 하나이며, 현대 과학은 우리에게 물질의 "어두운" 면에 관한 지식을 풍성하게 제시했다. 현대 과학은 또한 생리학과 진화의 비밀도 파고들었으며, 생명의 뿌리 자체를 연구의 대상으로 삼았다. 이런 식으로, 인간의 마음은 이 세상의 물질 세계로 깊이 빠져들었다. 그러면서 자신의 발아래 깊은 곳에 비친 자신의 모습을 보다가 밑으로 추락해 피시스에 안겨 삼켜져버린 누스라는 영지주의의 신화를 되풀이하고 있다.

이 같은 전개는 18세기의 프랑스 혁명과 19세기 과학적 물질주의, 20세기에 정치적 및 사회적 "현실주의"에서 절정에 이르렀다. 특히 "현실주의"는 역사의 수레바퀴를 2,000년 전으로 완전히 되돌려 놓으면서 압제의 재발, 개인적 권리의 결여, 기독교 이전 시대의 잔인성과 무례, 노예제도를 목격했다. 그 결과 "모든 가치들에 대한 재평가"가 우리 눈앞에서 진행되고 있다.

여기서 간단히 요약한 전개는 중세와 영지주의의 상징적 표현에서 예견되었던 것 같다. '적그리스도'가 '신약성경' 안에 있었듯이 말이다. 어쩌다 일이 이런 식으로 진행되게 되었는지에 대해 지금부터 설명할 생각이다. 고차원의 아담이 저차원의 아담과 조화를 이루듯이, 저차원의 아담도 뱀과 조화를 이룬다는 것을 우리는 앞에서 보았다. 고대 말과 중세의 사고방식으로 볼 때, 두 개의 이중적인 피라미드 중 첫 번째 피라미드, 즉 안트로포스 콰테르니오는 정신의 세계 혹은 형이상학을 나타내는 반면, 두 번째 피라미드, 즉 그림자 콰테르니오는 현세의 성격을, 특히 사람의 본능적인 경향을, 영지주의 기독교의 용어를 빌리면 "육신"을 나타낸다. 그런데 이 육신은 동물의 왕국에, 더 정확히 말해 온혈동물의 영역에 그 뿌리를 내리고 있다.

이 체계의 맨 밑바닥은 냉혈 척추동물인 뱀이다. 왜냐하면 모든 온혈동물들과 맺을 수 있는 정신적 관계가 뱀에서 끝나기 때문이다. 뱀이 뜻밖에 안트로포스의 카운터파트가 되어야 하는 것은 뱀이 한편으론 예수 그리스도의 잘 알려진 비유이고 다른 한편으론 지혜와 지고한 영성을 갖춘 것 같다는 사실에 의해 증명된다. 그런데 이 사실이 중세에 특별히 중요했다. 히폴리토스가 말하듯이, 영지주의자들은 뱀을 척수나 골수와 동일시했다. 척수와 골수는 반사기능과 동의어이다.

이 콰테르니오 중에서 두 번째 콰테르니오는 첫 번째의 반대이다. 말하자면 첫 번째의 그림자인 것이다. "그림자"라는 표현을 나는 열등한 인격을 의미하는 것으로 쓰고 있다. 이 열등한 인격의 최하 수준은 동물의 본능성과 구분되지 않는다. 이것은 초기 역사에도, 예를 들어 이시도르(Isidorus:560-636)가 제시한 '이상(異常) 생성된 영혼'이라는 개념에서도 발견되는 견해이다. 또한 사람 안에 갇혀 있는 동물들에 대해 말한 오리게네스에서도 그런 견해가 보인다.

그림자가 대부분의 사람들에게 그 자체로 의식되지 않기 때문에, 뱀은 전적으로 무의식적이고 의식이 될 수 없는 것과 일치할 것이다. 그러나 이 뱀은 집단 무의식과 본능으로서 나름의 특이한 지혜를 갖고 있고 종종 초자연적인 지혜를 갖고 있는 것 같다. 이것이 바로 그 뱀(혹은 용)이 지키고 있는 보물이며 동시에 뱀이 한편으로 악과 어둠을 의미하고 다른 한편으로 지혜를 의미하는 이유이기도 하다. 뱀의 무관련성과 냉담, 위험성은 본능적 성향을 표현하고 있으며, 이 본능적 성향은 잔인성과 함께 작용하면서 도덕을 비롯한 다른 인간적인 소망과 고려를 무자비하게 짓밟게 된다.

연금술에서 뱀은 전령의 신 헤르메스와 동일시되는 '평범하지 않은 메르쿠리우스'의 상징이다. 헤르메스와 메르쿠리우스는 바람 같은 성격을 갖고 있다. 메르쿠리우스의 뱀은 물질 안에, 보다 구체적으로 천지창조 안에 원래 숨겨져 있던 카오스 안에 사는 지하의 유령이다. 연금술에서 뱀의 상징은 거꾸로 역사적으로 아주 오래된 이미지들을 가리킨다. '연금술의 과정'이 연금술사들에게 천지창조의 반복이나 모방으로 이해되기 때문에, 간교하고 기만적인 신인 메르쿠리우스의 뱀은 연금술사들에게 에덴동산의 뱀을, 따라서 자신들의 작업 과장에 온갖 훼방을 다 놓는 악마를 상기시켰다. "뱀을 숙모로 둔" 메피스토펠레스는 괴테가 연금술사에게 친숙한 메르쿠리우스를 자기 나름대로 각색한 존재이다. 메르쿠리우스는 용처럼 곧잘 빠져나가며 도망 다니고 위험한, 자웅동체의 선조이며 바로 그런 이유로 극복해야 할 대상이다.

나세네스파에게 에덴동산은 모세 쾌테르니오와 비슷한 쾌테르니오이고 그 의미도 둘이 서로 비슷했다. 쾌테르니오의 사중적인 본성은 비손과 기혼, 힛데켈, 유프라테스 등 4개의 강에 있다. '창세기'의 뱀은 나무의 정령을 상징하는 뱀의 예를 전형적으로 보여주고 있다. 거기서 뱀이 나무 안에 있거나 나무를 감고 있는 것으로 그려지기 때문이다. 뱀은 나무의 목소리이다. 루터의 해석에 따르면, 이 목소리는 이브에게 "나무의 열매를 따먹는 것이 이롭고, 나무가 열매를 주렁주렁 맺는 것을 보는 것은 즐거운 일"이라고 설득한다. '병 속의 정령'(The Spirit in the Bottle)이라는 동화를 보면, 메르쿠리우스도 마찬가지로 나무의 정령으로 해석될 수 있다. 조지 리플리의 '스크로울'(Scrowle)에서, 메르쿠리우스는 '철학의 나무'("지혜의 나무") 꼭대기에서 내려오고 있는 멜루시나(Melusina)의 모습으로, 말하자면 한 마리 뱀으로 나타난다. 나무는 변환 과정의 단계를 상징하고, 나무의 꽃이나 열매는 일의 성취를 의미한다. 이 동화(童話)에서, 메르쿠리우스는 커다란 오크나무의 뿌리에, 즉 땅 속에 숨어 있다. 메르쿠리우스의 뱀이 사는 곳이 땅 속이기 때문이다.

연금술사들에게 에덴동산은 순백과 다시 찾은 순수의 상징이었으며, 거길 흐르는 강들의 원천은 '영원한 물'의 상징이다. 교회의 아버지들에게는 예수 그리스도가 이 원천이며, 에덴동산은 로고스의 사중의 강이 거품을 일으키며 일어날 영혼의 바탕을 의미한다. 연금술사이며 신비주의자인 존 포디지(John Pordage: 1607-1681)의 글에서도 똑같은 상징이 발견된다. 신성한 지혜는 "새로운 땅이고, 천국의 땅이다. ··· 왜냐하면 이 땅으로부터 모든 생명의 나무들이 자라기 때문이다. ··· 따라서 파라다이스는 이 새로운 땅의 심장과 중심에서 일어났고, 잃어버린 에덴동산은 그 푸름 속에서 무성했다."[40]

4

뱀 상징은 우리를 낙원과 나무, 땅의 이미지로 안내한다. 이는 동물의 왕국으로부터 식물과 무생물의 본성으로, 연금술에서 물질의 신비, 즉 '돌'로 요약되는 것으로 돌아가는 진화적 퇴행에 해당한다. 여기서

....
40 Sophia(1699), p. 9

돌은 연금술 과정의 최종적 산물로 해석되는 것이 아니라 최초의 물질로 해석되어야 한다. 이 불가사의한 물질은 연금술사들 사이에 '돌'이라 불렸다. 여기 묘사된 상징은 또 하나의 콰테르니오 또는 이중의 피라미드로 그려질 수 있다.

C.파라다이스 콰테르니오

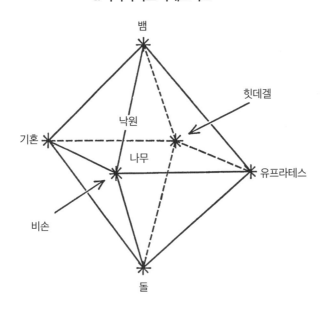

'돌'은 하나의 통일로 생각되었고 따라서 종종 '근원적 물질'을 의미한다. 그러나 근원적 물질이 금속, 특히 수은 또는 다른 물질 어딘가에 숨겨져 있는 것으로 믿어졌던 원래의 카오스의 한 조각이고 그 자체가 간단한 사물이 아니듯이, 돌은 4개의 원소로 되어 있거나 그 원소들이 서로 결합되어 있을 것이다. 카오스 상태에서 원소들은 통합되어 있지 않고 그냥 공존하고 있을 뿐이며 연금술의 과정을 통해 서로 결합되어야 한다. 원소들은 서로 적대적이기도 하고 저들 스스로는 제대로 통합을 이루지 못할 것이다. 따라서 원소들은 원래의 갈등과 배척의 상태를 나타낸다. 이 이미지는 원래의 통일이 눈에 보이는 세상의 다양성으로 찢어지고 해체되는 과정을 이해하는 데 도움이 된다. 찢어진 콰테르니오로부터, 연금술은 무생물의 영역 안에서 돌의 통합을 이루려고 노력한다. '대우주의 아들'과 살아 있는 존재로서, 돌은 단순히 비유만 아니라 예수 그리스도와 비슷한 존재이고, 높은 곳의 아담과 천상의 최초의 사람, 두 번째 아담(예수 그리스도), 그리고 뱀과도 비슷한 존재이다. 따라서 이 세 번째 콰테르니오의 맨 밑바닥은 안트로포스의 카운터파트이다.

이미 언급한 바와 같이, 돌의 구성은 4가지 원소의 통합에 달려 있으며, 이 원소들은 불가지한 카오스를 거꾸로 푸는 것을 의미한다. 돌은 근원적 물질이며, 파라켈수스와 그의 추종자들 사이에선 '창조되지 않은 존재'(increatum)라 불렸으며 신과 영원히 공존하는 것으로 여겨졌다. '창세기' 1장 2절의 'Tehom'('깊은' '심연'이란 뜻의 히브리어/옮긴이)의 해석이 정확했다. "(창조되지 않은) 땅이 형태도 없이 비어 있었으며, 어둠이 깊은 곳의 표면 위에 있었고, 하느님의 영(靈)은 수면을 응시하며 깊이 생각했다." 이 근원적 물질은 세상과 세상의 영혼처럼 둥글고, 그것은 사실 세상의 영혼이고 하나로 된 세상의 물질이다. 그것은 "정신을 가진 돌"이며, 현대적인 용어를 빌리면 물질의 건축에 가장 근본적인 석재이고, 어떤 지적 모델의 원자이다. 연금술사들은 "둥근 원소"를 지금 제1의 물로, 제1의 불로, 아니면 프네우마, 제1의 흙, 혹은 우리의 지혜의 정수로 본다. 물이나 불로서 돌은 보편적인 용해제이고, 바위와 금속으로서 돌은 용해되어 공기(프네우마, 정신)로 바뀌어야 하는 그 무엇이다.

이 돌의 상징도 이중의 피라미드로 그릴 수 있다.

D. 라피스 콰테르니오

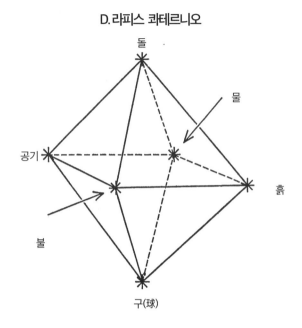

조시모스(Zosimos: 3세기 말-4세기 초)는 '로둔둠'(rotundum)을 오메가 원소(Ω)라고 부른다. 이는 아마 머리를 의미할 것이다. 시바인들이 남긴 연금술 텍스트 '플라토니스 리베르 카르토룸'(Platonis liber quartorum)에서 두개골이 변화의 그릇으로 언급되고 있고, "철학자들"은 자신들을 "황금 머리의 자식들"이라고 불렀는데 이는 아마 '지혜의 아들'과 동의어일 것이다.

'그릇'(vas)은 종종 돌과 동의어로 쓰인다. 그렇다면 그릇과 그 내용물 사이에는 전혀 아무런 차이가 없다. 달리 말해, 그것은 똑같은 신비이다. 옛날의 관점에 따르면, 영혼은 둥글고, 그릇도 하늘이나 세계처럼 둥글다. 최초의 사람의 형태도 둥글다. 따라서 도른은 그릇은 "원을 사각형으로 다듬는 방식으로 만들어져야 한다. 그래야만 우리의 물질의 정신과 영혼이 육체와 분리되어서 그 육체를 자신들과 함께 자신들의 천국의 높이로 들어 올릴 수 있을 것이다."라고 말한다. '황금 논문'의 주석서를 쓴 익명의 저자도 원을 사각형으로 다듬는 문제에 대해 쓰면서 네 귀퉁이가 4개의 원소 모양으로 만들어진 사각형을 보여주고 있다. 그 그림의 중앙에 작은 원이 하나 있다. 이 저자는 이렇게 말한다. "당신의 돌을 4개의 원소로 환원시켜라. 그런 다음에 그 원소들을 다듬어 가며 하나로 결합시켜라. 그러면 완전한 철학자의 돌이 나올 것이다. 네 원소들이 환원된 이 하나가 사각형 도형의 중앙에 있는 작은 원이다. 그것은 적들 혹은 원소들 사이에 평화가 유지되도록 하는 중재자이다." 그 뒤의 어느 장에서, 그는 다음 도표에서 보듯 그릇을 "진정한 철학자의 펠리칸"으로 묘사하고 있다.

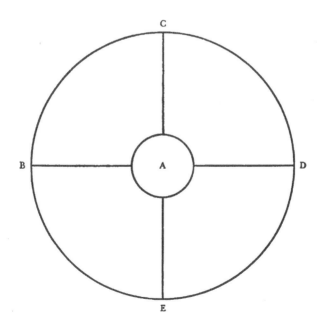

이 저자는 이렇게 설명한다. "A는 안쪽이다. 말하자면 다른 글자들(B, C, D, E)이 흘러나오는 기원이고 원천이다. A는 또 다른 모든 것들이 거꾸로 흘러 들어가야 하는 최종 목표이다. 강들이 대양이나 넓은 바다로 흘러 들어가듯이 말이다." 이 설명은 그릇이 자기 혹은 4가지 영향력을 갖고 있는 고차원의 아담(네 아들을 둔 호루스처럼)을 상징하는 만다라에 지나지 않는다는 점을 보여주기에 충분하다. 이 저자는 그것을 "숨겨진 마법의 숫자 7"이라고 부른다. 여자 예언자 마리아도 또한 이렇게 말한다. "철학자들은 헤르메스의 용기(容器)를 제외하곤 모든 것을 가르친다. 헤르메스의 용기를 빼는 이유는 그것이 신성하고 또 주의 지혜에 의해 기독교도로부터 숨겨져 있기 때문이다. 또 그것을 모르는 사람들은 헤르메스의 용기를 모르기 때문에 진정한 방법을 알지 못한다." 테오발테 데 호겔란테는 이런 내용을 더한다. "경전 지식보다 경전에 관한 환상을 더 열심히 추구해야 한다고 장로는 말한다." 여자 예언자 마리아는 "이것이 스토아학파 철학자들이 숨겨놓은 헤르메스의 용기이다. 이것은 절대로 마법의 용기가 아니고 당신의 불을 측량하는 그릇이다."라고 말한다.

이 인용문들을 근거로 할 때, 용기가 엄청난 의미를 지닌 것이 분명하다. 필라레테스는 수없이 많은 메르쿠리우스의 동의어를 요약 정리하면서 메르쿠리우스는 연금술의 열쇠이고 "생명의 나무로 가는 길을 지키는 천사의 손에 쥐어진 양날의 칼"일 뿐만 아니라 "숨겨진 우리의 진정한 용기(容器)이고, 해가 뜨고 지는 철학의 정원"이라고 말한다. 이 말은 루페시사가 남긴 다소 이상한 조언을 이해하는 데 도움을 줄 것이다. "신의 형상을 닮았고, 자유자재로 움직이는 6개의 팔을 닮아 6개의 날개를 가졌고, 위로 둥근 머리를 가진 어떤 천사의 모습을 본떠 만들어진 용기를 하나 가져라. … 그리고 그 용기 안에 불타는 물을 넣어라."[41] 이 천사를 "신의 형상"으로 정의한 부분이 루페시사가 여기서 에스겔의 환상에 대해 언급하고 있다는 인상을 주고 있다. 에스겔의 환상이 바로 그런 식으로 배열되어 있었다. 환상을 수평면으로 자를 경우에 4개 부분으로 나뉘는 만다라가 되는 것이다. 이미 언급한 바와 같이, 이것은 원을 사각형으로 만드는 것이나 마찬가지이며, 어느 연금술 비법에 따르면, 용기는 이런 식으로 만들어져야 한다.

이 경우에 상당히 분명하게 확인되듯이, 만다라는 인간 혹은 신의 자기를, 신의 전체성 혹은 환상을 의미한다. 당연히 이런 종류의 비법은 "철학적"으로, 다시 말해 심리학적으로 이해되어야 한다. 그러면 그 비법은 이런 뜻이 된다. 당신의 정신적 완전성을 바탕으로 헤르메스의 용기를 만들고 그 안에 '영원한 물' 혹은 '원리의 물'을 담아라. 이것은 곧 전문가는 스스로를 "내면적으로 소화하고" 연금술 원리에 따라 스스로를 변화시켜야 한다는 점을 암시한다.

이 맥락에서, 우리는 또한 '아우로라 콘수르겐스'(Aurora consurgens: '떠오르는 새벽빛'이란 뜻/옮긴이)가 '자연의 그릇'에 대해 '자궁'이라고 표현할 때 그것이 의미하는 바가 무엇인지를 이해할 수 있다. 자연의 그릇은 "3가지, 즉 물과 공기, 불이 들어 있는 하나이다. 물과 공기, 불은 철학자들의 아들이 태어날 3개의 유리 증류기이다. 따라서 사람들은 그 증류기에다가 빛깔과 피, 알(卵)이라는 이름을 붙였다". 3개의 증류기는 삼위일체를 암시한다. 이 같은 해석이 맞다는 사실은 '판도라'(Pandora)의 1588년판 249페이지의 그림으로도 확인된다. 거길 보

....
41 La Vertu dt la propriété de la quinte essence (1581), p. 26

면 거대한 솥단지 안에 잠긴 3개의 증류기 옆에 예수 그리스도의 형상이 창에 찔려 가슴에 피를 흘리는 모습으로 서 있다. 신비한 변화가 일어나는 둥근 헤르메스 용기는 신 자신이고, 세계의 영혼이며, 사람 자신의 완전성이다. 그러므로 헤르메스 용기는 안트로포스의 또 다른 카운터파트이며 동시에 가장 작고 물질적인 형식으로 나타난 우주이다. 그렇다면 원자의 모델을 처음 만들려고 노력하면서 행성 체계를 하나의 원형으로 받아들인 이유가 쉽게 이해될 것이다.

5

콰테르니오는 무엇인가를 조직할 때 유익하게 쓰일 수 있는 탁월한 도식이다. 그것은 혼란스럽게 섞여 있는 다양한 것들을 구분하고 정리하려 할 때 거의 본능적으로 동원하게 되는 일종의 좌표 체계이다. 예를 들어 지구 표면이나 한 해의 과정, 개인들의 수집품 분류, 달의 상태, 기온, 원소, 연금술의 색깔 등을 구분할 때에 쓰면 아주 편리하다. 따라서 영지주의자들 사이에서 어떤 콰테르니오가 발견되면, 거기서 우리는 그들에게 혼란스럽게 마구 쏟아진 신비적인 이미지들을 다소 의식적으로 정리하려는 시도를 확인할 수 있다. 앞에서 확인한 바와 같이, 그 배열은 원시적인 교차사촌혼, 즉 결혼 콰테르니오에서 비롯된 형식을 취했다. 이는 누이를 교환하던 결혼이 생물학적 성격을 벗어던졌다는 점에서, 말하자면 누이의 남편이 더 이상 아내의 오빠가 되지 않고 다른 가까운 친척(예를 들면 모세 콰테르니오에서처럼 아내의 아버지)이나 이방인이 되었다는 점에서 원시적인 형식과 다르다. 사촌이나 오빠의 성격을 잃은 것은 대체로 남편의 누이나 아내의 오빠의 사회적 지위가 높아진 것이나 마법의 힘 같은 마법적인 특징에 의해 보상되었다. 말하자면, 아니마/아니무스 투사가 일어나게 되었다는 뜻이다.

이 같은 변화는 문화적으로 큰 발전을 부른다. 왜냐하면 투사를 한다는 사실 자체가 남편과 아내의 관계에 무의식이 큰 역할을 한다는 것을 뜻하고, 이는 곧 결혼이 심리학적으로 복잡해졌다는 것을 의미하기 때문이다. 결혼은 이제 더 이상 생물학적, 사회적 공존이 아니고 의식적인 관계로 변화하기 시작했다. 결혼 계급이 6개, 8개, 12개로 더욱 복잡하게 나눠진 결과 원래의 교차사촌혼이 구식이 됨에 따라, 이런 현상이 나타났다. 결혼 관계가 이런 식으로 전개되면서 사람들의 무의식도 활성화되기에 이르렀다. 무의식의 활성화가 일어나는 이유는 동족결혼 경향, 말하자면 "친족 리비도"의 퇴행 때문이다. 이제 그 낯섦 때문에 결혼 파트너에게서 적절한 만족을 더 이상 얻지 못하게 된 것이다.

결혼 콰테르니오 외에, 영지주의자들은 또한 에덴동산의 강들의 콰테르니오를 자신들의 무수한 상징들을 조직하는 수단으로 이용했다. 따라서 우리가 앞에서 나열한 상징들을 놓고 겉보기에 서로 단절된 이미지들을 조직하려는 시도가 두 갈래로 이뤄졌다고 볼 수 있다. 이는 우리 현대인이 능동적인 상상을 펴는 동안이나 혼란스런 정신 상태에 있을 때 떠오르는 일련의 그림들을 통해 하는 경험과 일치한다. 상상이나 혼란스런 정신 상태에서나 똑같이, 콰테르니오 상징들이 수시로 나타난다. 이 상징들은 카오스로 야기된 불안정과 반대되는 것으로 질서를 통한 안정화를 의미하고 또 보상적인 의미를 지닌다.

앞에서 묘사한 4가지 콰테르니오는 먼저 영지주의와 영지주의의 정신을 이은 연금술에 무한히 많이 나온 상징을 체계적으로 정리하려는 시도이다. 그러나 원리들을 그런 식으로 배열하면 현대의 꿈들의 상징적 의미를 이해하는 데도 큰 도움이 된다. 우리가 꿈에서 만나는 이미지들은 훨씬 더 다양하며 복잡성도 훨씬 더 심하다. 그렇기 때문에 꿈의 상징을 이해하는 데는 조직화를 위한 도식이 반드시 필요하다. 역사적으로 더듬는 것이 바람직하기 때문에, 나는 모세 콰테르니오를 출발점으로 삼았다. 이것이 최초의 도식인 사촌교차혼 도식에서 나오기 때문이다.

　당연히 이 콰테르니오는 전형적인 의미만을 지닌다. 상징들을 분류하는 체계의 바탕을 다른 결혼 콰테르니오에 둘 수도 있지만, 다른 콰테르니오, 예를 들어 호루스와 그의 네 아들의 콰테르니오 같은 것에 둘 수는 없다. 이 콰테르니오는 반대 요소인 여자 쪽을 고려하지 않아서 충분히 적절하지 않기 때문이다. 남성성과 여성성 같이 상반된 요소들이 서로 연결되도록 하는 것이 대단히 중요하다. 그것이 연금술에서 정반대의 것을, 예를 들면 따뜻한 것과 차가운 것, 마른 것과 습한 것을 서로 연결시키는 이유이다. 모세 콰테르니오에 적용하면, 다음과 같은 관계의 도식이 나온다.

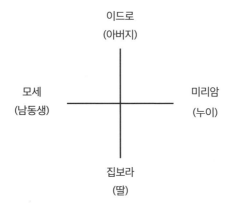

첫 번째 이중 피라미드, 즉 안트로포스 콰테르니오는 영지주의 모델과 부합하는 한편, 두 번째 콰테르니오는 첫 번째 이중 피라미드로부터 심리학적으로 끌어낸 도형이지만 영지주의자들이 이용한 성경 텍스트에 포함되었던 자료를 바탕으로 한 것이다. 두 번째 콰테르니오를 그리는 심리학적 이유들은 이미 논의되었다. 두 번째 콰테르니오가 첫 번째의 "그림자"가 되어야 하는 이유는 낮은 곳의 아담, 즉 죽을 운명의 사람이 어둡고 원시적인 정신을 갖고 있어서 그 사람보다 상위에 있는 콰테르니오로는 적절히 표현되지 못하기 때문이다. 만약에 이 사람이 그 콰테르니오에 의해 표현된다면, 그는 비대칭적인 형상이 될 것이다. 높은 곳의 아담이 비대칭적이어서 그의 그림자 역할을 하는 하위의 콰테르니오에 의해 보완되어야 하는 것과 꼭 마찬가지이다.

안트로포스 콰테르니오가 낮은 곳의 아담에게서 균형을 맞춰줄 내용을 발견하는 것과 똑같이, 낮은 곳의 아담은 상위의 콰테르니오를 모델로 구성한 하위의 그림자 콰테르니오에 의해 균형을 이루게 된다. 낮은 곳의 아담의 균형을 맞춰주는 것은 바로 뱀이다. 이 상징의 선택은 우선 널리 알려진 아담과 뱀의 연결에 의해 정당화된다. 지하에 있는 뱀은 아담의 악마이고, 아담의 친숙한 정령이다.

둘째, 뱀은 본능의 어두운 지하 세계를 상징하는 대상으로 가장 흔하다. 뱀은 용이나 악어 혹은 물고기 같은 냉혈동물로 대체될 수 있다. 그러나 뱀은 단지 사악한 지하의 존재에서 그치지 않는다. 앞에서 이미 설명한 대로, 뱀은 또한 지혜의 상징이고 따라서 빛과 선, 치료의 상징이다. '신약성경'에도 뱀은 예수 그리스도와 악마의 비유로 나온다. 물고기 상징과 거의 똑같다. 마찬가지로, 서양인에게 부정적인 의미만 지니는 용은 중국에서, 그리고 가끔 서양의 연금술에서 긍정적인 의미를 지닌다. 뱀 상징의 내적 양극성은 사람의 양극성을 훨씬 능가한다. 뱀의 상징은 명백하지만 사람의 양극성은 부분적으로 잠재적이다. 뱀은 현명함과 지혜에서 아담을 능가하며 계략에서 아담보다 한 수 위다. 뱀은 아담보다 나이가 더 많으며, 사탄의 역할을 넘겨받은 신의 아들처럼 분명히 신으로부터 인간을 능가하는 지능을 받았다.

사람은 위로 "밝고" 선한 신이라는 관념에서 정점을 이룬다. 그렇듯 사람은 아래로 어둡고 사악한 원리에, 전통적으로 아담의 불복종을 상징하는 뱀이나 악마로 묘사되는 그런 원리에 기초를 두고 있다. 그리고 사람이 뱀을 통해 균형을 맞추듯이, 뱀은 두 번째 나세네스 콰테르니오, 즉 파라다이스 콰테르니오에서 보완책을 찾는다. 낙원은 우리를 식물과 동물의 세상으로 안내한다. 그것은 사실 동물에 의해 활기를 띠는 플랜테이션이나 정원이며, 땅에서 자라나는 모든 것들의 축도이다. 메르쿠리우스의 뱀으로서, 뱀은 전령의 신인 헤르메스하고만 연결되어 있는 것이 아니라 식물의 전령으로서 "축복 받은 초록"을, 식물의 온갖 싹과 꽃을 불러낸다. 정말로, 이 뱀은 실제로 땅 속에 살며 돌에 숨어 있는 프네우마이다.

그렇다면 뱀의 균형을 맞추며 보완하는 것은 흙의 대표인 돌이다. 여기서 우리는 상징의 추가적인 발달 단계로, 연금술의 단계로 들어간다. 이 단계의 핵심적인 개념은 '돌'이다. 뱀이 아래쪽으로 사람의 반대편에 섰듯이, 이 돌은 뱀을 보완하고 있다. 다른 한편으로 보면, 돌은 사람에 해당한다. 왜냐하면 돌이 인간의 형태로 표현될 뿐만 아니라 "육체와 정신과 영혼"을 갖고 있고 또 호문쿨루스이며, 텍스트가 보여주듯이 자기의 상징이기 때문이다.

그러나 돌은 어느 한 인간의 자아가 아니고 하나의 집단적인 실체이며 집단적인 영혼이다. 인도 철학의 '히라니야가르바' (hiranyagarbha), 즉 '황금 씨앗'과 비슷하다. 돌은 금속들의 "아버지-어머니"이며, 하나의 자웅동체이다. 돌은 비록 종국적으로는 하나의 합일일지라도 기본적으로 하나였던 것이 아니고 연금술을 통해 만들어낸 합성적인 합일이다. 이 돌을 우리는 연금술사들이 자신들의 핵심적인 상징을 위해 구상한 "천 개의 이름들"로 부를 수 있지만, 이 돌에 대한 설명으로는 지금까지 논한 그 이상의 것은 전혀 보이지 않는다.

내가 상징을 이런 식으로 선택한 것은 절대로 자의적이지 않다. 모두가 1세기부터 18세기 사이에 나온 연금술 관련 문헌에 담겨 있는 상징들이다. 앞에서 이미 본 바와 같이, 돌은 4가지 원소를 쪼개고 합성하는 과정의 결과로, '로툰둠'(rotundum: '둥근 것'(球)을 의미하는 라틴어 단어 'rotundus'의 복수형/옮긴이)으로부터 만들어진다. '로툰둠'은 대단히 추상적이고 초월적인 개념이다. 그 둥근 특징과 완전성 때문에 최초의 사람, 안트로포스를 의미한다.

따라서 네 개의 이중 피라미드는 서로 하나의 원으로 배열되면서 잘 알려진 '우로보로스'를 만든다. 그러면 다섯 번째 단계에서, 로툰둠은 첫 번째 단계와 동일해질 것이다. 말하자면 땅의 무거운 어둠, 즉 금속이 안트로포스와 은밀한 관계를 갖는다는 뜻이다. 이 같은 관계는 연금술에서 아주 분명하게 보이지만 금속이 가요마르트(Gayomart: 조로아스터교 교리에 나오는 최초의 사람/옮긴이)의 피에서 자라나는 종교의 역사에서도 보인다. 호기심을 자극하는 이 관계는 가장 낮고 가장 물질적인 것과 가장 높고 가장 영적인 것의 동일시로 설명된다. 우리는 이미 앞에서 뱀을 지하의 동물임과 동시에 "가장 영적인" 존재로 해석할 때 이 같은 동일시를 보았다. 플라톤의 글에서 '로툰둠'은 세상의 영혼이고 "축복받은 신"이다.

6

이젠 앞 장에서 제시한 주장을 압축해서 그림으로 표현할 생각이다. 수직으로 배열하면, 도식은 이런 식으로 그려질 것이다.

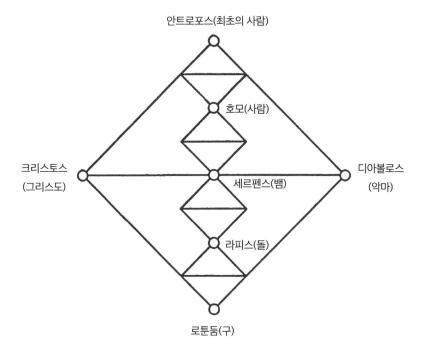

이 도표에서 나는 상반된 것들 사이에 긴장이 최고조에 이르는 점을, 말하자면 이 체계의 중심을 차지하는 뱀의 이중적인 의미를 강조했다. 뱀은 악마뿐만 아니라 그리스도의 비유이기도 하기 때문에 가장

강한 양극성을 갖고 있고 또 상징한다. 안트로포스가 피시스로 내려갈 때에도 이런 양극성을 보이게 된다. 보통 사람은 이 수준의 긴장에 이르지 않았다. 보통 사람은 이 수준의 긴장을 단지 무의식에, 다시 말해 뱀에 두고 있다. 사람의 카운터파트인 라피스에서, 상반된 것들이 말하자면 통합되지만 자웅동체의 상징에서처럼 이음매나 봉합선이 눈에 보인다. 이것이 '돌'의 관념에 흠을 남긴다. 지나치게 인간적인 요소가 '사람'(homo sapiens)에 흠을 남기는 것과 똑같다. 높은 곳의 아담과 로툰둠에서, 반대가 눈에 보이지 않게 된다. 그러나 짐작컨대 상반된 것들 중 하나가 다른 하나에 절대적으로 반대하고 있을 것이다. 만약에 둘이 분간 불가능할 만큼 초월적인 실체가 되어 서로 똑같아진다면, 이것은 영지주의에 자주 나타나는 역설 중 하나이다.

지금까지 설명한 내용을 우로보로스 식으로 그리면 다음과 같은 그림이 된다.

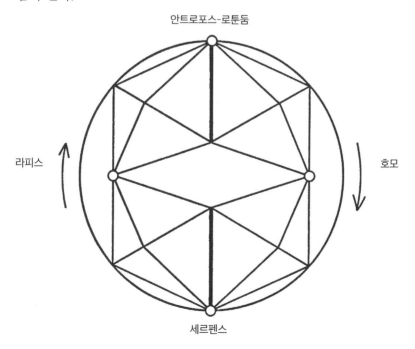

이 배열은 한편으로는 안트로포스-로툰둠과 세르펜스(뱀) 사이의 긴장이 더 강해진다는 점을, 다른 한편으로는 호모(사람)와 라피스(돌) 사이의 긴장이 더 약해진다는 점을 보여주고 있다. 여기서 긴장은 논의의 대상이 되고 있는 점들 사이의 거리로 표현된다. 화살은 피시스 쪽으로 내려가는 것과 영적인 쪽으로 올라가는 것을 암시한다. 가장 낮은 점은 뱀이다. 그러나 돌은 물질적인 성격을 분명히 지니고 있음에도 또한 영적인 상징이다. 반면에 로툰둠은 물질의 신비로 상징되는 초월적인 실체를 암시하며 따라서 원자의 개념과 비교된다. 개념들이 이율배반적으로 발전하는 것은 연금술의 역설적인 본질과 잘 맞아떨어진다.

연금술의 신비적 직관의 산물인 라피스 콰테르니오는 아주 흥미롭게도 연금술을 물리적으로 생각하도록 이끈다. 미하엘 마이어의 '스크루티니움 키미쿰'(Scrutinium chymicum)을 보면, 4가지 원소를 4개의 서로 다른 불의 단계로 표현한 그림이 있다.

이 책의 일부 내용을 통해서, 우리는 맨 아래에 있는 구(球)는 불카노스(Vulcan), 즉 땅의 불에 해당하고, 두 번째 구는 메르쿠리우스, 즉 식물의 생명력에 해당하고, 세 번째 구는 달, 즉 여성적인 정신적 원리에 해당하고, 네 번째 구는 태양, 즉 남성적인 영적 원리에 해당한다는 것을 알 수 있다. 마이어의 논평을 근거로 할 때, 그는 4가지 원소에 관심을 두는 한편으로 다양한 응집 상태를 낳는 불의 네 가지 종류에도 관심을 두었던 것이 분명하다. 그가 말하는 '일반적인 불'은 불카노스의 불에, 메르쿠리우스의 불은 공기에, 세 번째 불은 물과 달에 해당할 것이다. 해에 해당할 네 번째 불을 그는 "흙"이라고 부른다. 마이어가

그림 1. 4가지 원소

미하엘 마이어의 스크루티니움 키미쿰 중에서.

인용하고 있는 리플리에 따르면, 일반적인 불은 "나무를 태우는" 불이다. 그렇다면 그것은 우리가 일상적으로 쓰는 불임에 틀림없다. 한편, 태양의 불은 오늘날 우리가 "화산"이라 부르고 또 견고한 응집 상태에 해당하는 땅 속의 불인 것 같다.

불의 다양한 종류와 응집 상태를 연결시키는 관점은 일종의 '플로지스톤 이론'(phlogiston theory: 연소 가능한 모든 물질에는 플로지스톤이라는 입자가 있는데, 이 입자가 다 타면 연소 과정이 끝난다고 주장하는 이론으로 1783년에 라부아지아(Antoine-Laurent de Lavoisier:1743-1794)에 의해 그런 물질은 존재하지 않는 것으로 확인되었다/옮긴이)처럼 보인다. 물론 직접적이지는 않지만, 불이 모든 응집 상태에 영향을 미치고 있다는 인식에서 그런 이론이 읽히는 것이다. 이 같은 생각은 오래되었으며, '투르바'를 보면 다르다리스(Dardaris)도 "유황은 4개의 원소들에 숨겨진 4개의 영혼이다."라고 말한다. 여기서 활발히 작용하는 것은 불이 아니고 유황이다. 그럼에도 생각은 다 똑같다. 말하자면 원소들 혹은 응집 상태들은 어떤 공통분모로 환원될 수 있다는 생각이 깔려 있는 것이다.

오늘날 우리는 대립적인 원소들에 공통적인 요소는 '분자 운동'이고, 응집의 상태는 이 운동의 강도에 따라 달라진다는 것을 알고 있다. 다시 말해, 분자 운동은 에너지의 크기와 일치한다. 그렇다면 원소들의 공통분모는 에너지이다. 현대적 에너지 개념이 탄생하게 된 디딤돌 중의 하나가 바로 앞에서 논의한 연금술의 전제에 바탕을 둔 게오르크 에른스트 슈탈(Georg Ernst Stahl: 1659-1734)의 플로지스톤 이론이다. 따라서 우리는 연금술의 전제들에서 어떤 에너지 이론의 시작을 볼 수 있다.

연금술사들이 어렴풋이 윤곽을 그린 플로지스톤 이론은 멀리 나아가지 못했지만 분명히 그 쪽 방향을 가리키고 있다. 더욱이, 에너지 이론이 나올 수 있는 모든 수학적 및 물리학적 원소들이 17세기에 이미 알려져 있었다. 에너지는 운동 중인 물체의 행동을 정확히 묘사하는 데 반드시 필요한 추상개념이다. 마찬가지로, 운동 중인 물체들은 시공간 좌표계의 도움을 받아야만 이해될 수 있다. 운동은 언제나 시공간 콰테르니오에 의해 행해지며, 이 콰테르니오는 마리아의 공리, 즉 3+1 또는 3:4의 비율로 표현될 수 있다. 따라서 이 콰테르니오는 4가지 원소 콰테르니오를 대체할 수 있으며, 이 콰테르니오에서 시간 좌표에 해당하는 단위 혹은 연금술의 원소들 중 네 번째 원소는 불이나 흙처럼 예외적인 위치를 차지한다는 특징을 갖고 있다.

　어떤 콰테르니오의 요소들 중 하나가 예외적인 위치를 갖는다는 것은 그 원소의 이중적인 성격으로 표현될 수 있다. 예를 들어, 에덴 동산의 강들 중 네 번째인 유프라테스 강은 로고스를 의미할 뿐만 아니라 음식물이 들어가고 기도가 나오는 입을 의미하기도 한다. 모세 콰테르니오에서, 모세의 아내는 집포라와 에티오피아 여자의 이중적인 역할을 한다. 만약에 마이어의 네 가지 요소, 즉 아폴로와 루나, 메르쿠리우스, 불카노스에 해당하는 신들을 갖고 콰테르니오를 구상한다면, 우리는 오빠-누이 관계가 있는 결혼 콰테르니오를 얻을 것이다.

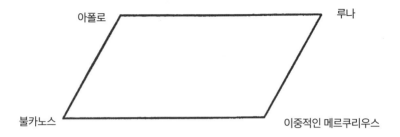

연금술에서 메르쿠리우스는 남자이고 여자이며, 처녀로 나타나는 경우도 종종 있다. 이 같은 특징(3+1, 혹은 3:4)은 또한 시공 콰테르니오에도 분명하게 나타난다.

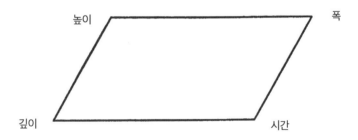

이 콰테르니오를 공간의 3차원이라는 관점에서 본다면, 시간은 4차원으로 여겨질 수 있다. 그러나 그것을 시간의 3가지 특성, 즉 과거와 현재, 미래라는 조건에서 본다면, 상태의 변화가 일어나는 정적인 공간이 네 번째 조건으로 더해져야 한다. 두 경우 모두에서 네 번째는 나머지 요소들의 상호 해결에 필요한, 같은 표준으로 잴 수 없는 '다른 것'(Other)을 나타낸다. 그래서 우리는 시간을 이용해서 공간을 측정하고 공간을 이용해서 시간을 측정한다. 네 번째인 '다른 것'은 영지주의의 콰테르니오에서 불의 신에 해당하고, 또 "숫자로 네 번째"에, 모세의 이중적인 아내(집보라와 에티오피아 여자)에, 이중적인 유프라 테스(강과 로고스)에, 원소들의 연금술 콰테르니오의 불에, 마이어의 신들의 콰테르니오 중 이중적인 메르쿠리우스에, 그리고 이런 표현이 허용된다면 "기독교 콰테르니오"의 마리아나 악마에 해당한다. 이처럼 양립 불가능한 형상들은 연금술의 이중적인 메르쿠리우스에서 서로 통합된다.

시공간 콰테르니오는 물리적인 세계를 이해하는 데 꼭 필요한 원형적인 '필수조건'이다. 정말이지, 물리적인 세계를 이해할 가능성을 열어주는 것이 바로 이 시공간 콰테르니오이다. 그것은 정신적인 콰테르니오 중에서 매우 탁월한 조직 도구이다. 그 구조를 보면, 시공간 콰테르니오는 심리학적 기능들을 도표로 그린 것이나 마찬가지이다. 3:1 비율은 무의식적으로 그리는 만다라 그림과 꿈에 자주 나타난다.

상승과 하강 개념을 반영하여 콰테르니오를 차례대로 위로 배열한 그 그림과 유사한 것은 현대에도 만다라 그림에 관한 나의 논문에서 자주 발견되었다. 그 논문에서 길게 소개한 어느 환자와 관련 있는 그림에서도 똑같은 개념이 나타난다. 요아킴이 쓴 논문의 원고에서 끌어낸, 삼위일체를 표현한 다음 그림에서도 이와 비슷한 주제가 보인다.

결론으로, 나는 '클레멘스 설교집'에 나오는 특이한 천지창조 이론에 대해 언급하고 싶다. 신은 정신과 신체가 하나인 것으로 나온다. 정신과 신체가 분리될 때, 정신은 '아들'과 "미래 시대의 권력자"로 나타나지만, 실질적인 물질 혹은 물체인 신체는 4개의 원소에 따라 4개로 나뉜다. 이 네 부분이 섞이면서, 거기서 "이 시대의 권력자"이자 이 세상의 정신인 악마가 나온다. 이어 신체에 정신이 불어넣어진다. "신은

그림 2. 삼위일체

요아킴의 원고 중에서.

아들을 통하는 것만큼 악마를 통해서도 세상을 통치한다. 둘 다 신의 손아귀에 있기 때문이다."[42] 신은 하늘과 땅, 낮과 밤, 남자와 여자 등 시저지(상반된 것들의 짝)를 통해서 세상에 자신의 모습을 드러낸다. 일련의 시저지 중 맨 마지막은 아담과 이브 시저지이다. 이 분화의 과정이 끝나면, 처음으로 다시 돌아간다. 말하자면 정화와 소멸을 통해서 우주의 완성에 이른다는 뜻이다.

연금술을 아는 사람은 '클레멘스 설교집' 중에서 도덕적인 부분을 무시할 경우에 거기에 담긴 이론과 연금술사들의 기본적인 인식이 놀랄 정도로 많이 닮았다는 사실에 충격을 받지 않을 수 없다. 이를테면 거기엔 유대인 기독교도들의 전통에서 형제로 여겨졌던 그리스도와 악마, 즉 "적대적인 형제"가 있다. 예수 그리스도는 '돌'과 메르쿠리우스와도 비슷한 존재로 여겨지고, 뱀이나 용의 상징적 표현 때문에 악마와도 연결된다. 마지막으로, 그 자체 안에서 상반된 것들을 융합시키는 이중적인 메르쿠리우스의 형상과 돌의 형상이 있다.

*

지금까지 논한 내용을 되돌아보면, 맨 처음에 영지주의 콰테르니오가 두 개 보인다. 그 중 하나는 사람보다 상위에 있고, 다른 하나는 사람보다 하위에 있다. "긍정적인 모세", 즉 안트로포스 콰테르니오가 있고 파라다이스 콰테르니오가 있다. 히폴리토스가 이 두 가지 콰테르니오만 언급한 것은 절대로 우연이 아닐 것이다. 또 나세네스파가 이

....

42 Harnack, Dogmengeschichte, Ⅰ, p. 334

두 가지만을 알았던 것도 결코 우연이 아닐 것이다. 나세네스파의 신앙 체계에서 사람의 위치는 높은 곳의 아담과 밀접히 연결되어 있지만 식물과 동물의 신비로운 세계, 즉 파라다이스와는 분리되어 있기 때문이다.

사람은 자신의 그림자를 통해서만 이중적인 의미를 지니는 뱀과 어떤 관계를 맺는다. 이런 상황은 영지주의 시대와 초기 기독교 시대의 공통적인 특징이다. 그 시대에 사람은 "왕 없는(독립적인) 민족"에, 즉 상위의 콰테르니오에, 하늘의 왕국에 가까웠으며 또 위를 올려다보았다. 그러나 위에서 시작한 것은 더 높이 오르지 못하고 아래에서 끝나게 되어 있다. 따라서 우리는 나세네스파의 낮은 곳의 아담을 그림자 콰테르니오로 균형을 잡아줘야 한다는 느낌을 강하게 받았다. 왜냐하면 낮은 곳의 아담이 높은 곳의 아담으로 직접 올라가지 못하기 때문에(둘 사이에 모세 콰테르니오가 자리 잡고 있다), 우리는 상위의 콰테르니오와 부합하는 하위의 그림자 콰테르니오가 아담과 저급한 본질의 뱀 사이에 자리 잡고 있다고 가정해야 한다.

이런 식의 정신작용은 영지주의 시대에는 알려져 있지 않았다. 왜냐하면 위를 향하는 비대칭적인 경향이 아무런 방해를 받지 않고 오히려 바람직한 것으로 여겨지며 "권장"되었기 때문이다. 그러므로 만약에 우리가 사람과 뱀 사이에 텍스트에 언급되지 않은 콰테르니오를 삽입한다면, 그 이유는 우리가 위로만 향하면서 저차원의 사람이 가진 똑같이 강력한 의식에 의해 균형이 맞춰지지 않는 그런 정신을 더 이상 떠올리지 못하기 때문이다. 이것은 특별히 현대적인 상황이며, 영지주의의 사고에서 보면, 인간을 그동안 인간이 한 번도 의식적으로 직시하지 않았던 바로 그 의식의 중심에 놓는 것은 불쾌하기 짝이 없는 시대착오적인 짓으로 비칠 것이다.

사람은 오직 그리스도를 통해서만 의식이 신과 세상 사이에서 중재 역할을 하는 것을 볼 수 있었다. 또 사람은 예수 그리스도를 헌신의 대상으로 삼음으로써만 중재자로서의 그리스도의 위치를 점진적으로 얻게 되었다. 2명의 도둑 사이에서 십자가형에 처해진 그리스도를 통해서, 사람은 점진적으로 자신의 그림자와 그 그림자의 이중성에 대한 지식을 얻게 되었다. 이 이중성은 뱀의 이중적인 의미에 의해 이미 예고되어 있었다. 뱀이 부패시키는 힘만 아니라 치유하는 힘을 상징하는 것과 똑같이, 그 도둑들 중 하나는 위로 올라가게 되고, 다른 하나는 아래로 내려가게 된다. 그렇듯 그림자도 한편으로 비난받아야 하는 약함이지만 다른 한쪽으론 건강한 본능이고 보다 높은 의식에 필요한 전제조건이다.

따라서 중재자로서의 사람의 위치에 균형을 맞춰줄 그림자 콰테르니오는 일정한 조건이 갖춰질 때에만 제대로 작동하게 되어 있다. 그 위치가 그 사람에게 충분히 강하게 현실적으로 다가와야 하는 것이다. 말하자면 그 사람이 자기 자신이나 자신의 존재를 신에 의존하거나 신의 지배를 받는다는 느낌보다 더 강하게 의식하고 더 강하게 느껴야한다는 뜻이다. 그러므로 만약에 우리가 초기 기독교인들과 영지주의자의 사고방식의 특징이었던, 위쪽을 향하려는 영적인 태도를 그와 반대되는 태도로 보완한다면, 그것은 역사적 전개와 일치한다.

사람은 애초에 엄마의 치맛자락을 놓지 않으려 하는 아이처럼 영적영역에 전적으로 의존했는데, 이 같은 의존적인 태도가 사탄의 왕국에 의해 위협을 받았다. 그때 영적인 사람은 구세주에 의해 사탄으로부터 풀려날 수 있었다. 구세주가 지옥의 문을 부수고 들어가 그곳의 지배자들을 속인 끝에 영적인 사람을 구해냈던 것이다. 그 사람은 사탄으로부터 놓여날 수 있었지만 사탄과 멀어지게 된 그 만큼 하늘의 왕국으로 더 깊이 들어가게 되었다. 이제 그는 심연에 의해 악과 완전히 분리되었다. 이 같은 태도는 예수 그리스도의 재림(再臨)이 즉시 이뤄질 것이라는 기대에 의해 크게 강화되었다.

그러나 예수 그리스도는 다시 나타나지 않았고, 따라서 퇴행 같은 것이 불가피했다. 큰 희망이 깨어지고 기대가 실현되지 않았을 때, 리비도는 당연히 그 사람의 내면으로 거꾸로 흐르면서 그의 개인적인 정신작용을 두드러지게 만듦으로써 자신에 대한 자각을 크게 높이게 된다. 달리 말하면, 그는 점진적으로 의식 영역의 중심으로 들어가게 된다고 할 수 있다. 이렇게 되면 영적 영역으로부터 분리되고, 그림자의 영역에 가까이 접근하게 된다. 따라서 그 사람의 도덕적 의식이 예리해지고, 구원에 대한 감정은 상대화된다. 이 과정에 교회는 현실이 교회를 파고드는 것을 막기 위해 의식(儀式)의 의미와 파워를 찬양해야 한다. 이러다 보면 교회는 불가피하게 "이승의 왕국"이 된다. 안트로포스로부터 그림자 콰테르니오로 변화해가는 과정은 11세기에 악의 원리를 세상의 창조주로 널리 인식하기까지 그 역사적 전개를 쉽게 보여주고 있다.

뱀과 뱀의 신비적인 지혜는 위대한 드라마의 전환점을 이룬다. 그 다음에 오는, '라피스'를 가진 파라다이스 콰테르니오는 우리를 자연과학(로저 베이컨, 알베르투스 마그누스 등과 연금술사들)의 시작으로 이끌고, 자연과학의 주요 경향은 영적 경향과 180도가 아니라 90도 달랐다. 말하자면 자연과학은 교회의 영적인 태도를 거스르면서 신앙에 정면으로 반대하기보다는 신앙에 골칫거리가 되었다.

그 코스는 라피스로부터, 즉 연금술로부터 곧장 연금술적인 응집 상태들의 콰테르니오로 이어졌으며, 이 콰테르니오는 앞에서 본 바와 같이 최종적으로 시공간 콰테르니오에 바탕을 두고 있다. 시공간 콰테르니오는 원형적 콰테르니오의 범주에 속하며, 그런 것으로서 정신이 운동 중인 물체들로부터 받는 감각 인상을 조직하는 데 없어서는 안 되는 원리로 확인되었다. 시간과 공간은 하나의 심리학적 선험(先驗)에 해당한다. 말하자면 시간과 공간을 물리적 과정에 대한 지식을 얻는 데 반드시 필요한 원형적인 콰테르니오의 한 측면으로 받아들여야 한다는 뜻이다.

그림자 콰테르니오로부터 라피스 콰테르니오로 발전한 것은 두 번째 밀레니엄 동안에 사람들이 세상을 그린 그림에 나타난 변화를 그대로 보여주고 있다. 일련의 연결은 로툰둠이라는 개념으로, 말하자면 콰테르니오의 정적(靜的)인 성격과 대조적인 순환의 개념으로 끝난다. 이 로툰둠은 앞에서 말한 바와 같이 현실을 이해하는 데 결정적으로 중요하다. 이 전개와 밀접히 연결되어 있는 과학적 물질주의의 출현은 한편으론 논리적 결과로 보이고 다른 한편으론 물질의 신격화로 보인다. 물질의 신격화는 심리학적으로 로툰둠이 안트로포스의 원형과 일치한다는 사실에 근거하고 있다.

이 통찰과 함께 "예술"뿐만 아니라 자연의 '순환적인 작업'을 상징하는 우로보로스의 고리가 연결된다.

7

지금까지 이야기한 일련의 콰테르니오를 방정식으로 표현할 수도 있다. 이 방정식에서 A는 원래의 상태(이 경우에 안트로포스)와 최종 상태를 의미하고, B와 C, D는 중간 상태들을 뜻한다. 이런 상태들로부터 갈라져 나오며 형성되는 상태들은 소문자 a와 b, c, d로 나타낼 것이다. 공식을 만들면서, 똑같은 물질이 지속적으로 변화하는 것에 관심을 두고 있다는 사실을 잊지 않는 것이 중요하다. 이 물질, 그리고 이 물질이 변화한 각 상태는 언제나 그 상태와 비슷한 것을 낳을 것이다. 따라서 A는 a를 낳을 것이고, B는 b를 낳을 것이다. 마찬가지로, b는 B를 낳고 c는 C를 낳을 것이다. 또한 a 다음에 b가 따를 것이고, 그 공식은 왼쪽에서 오른쪽으로 나아갈 것이라고 짐작할 수 있다. 이 같은 가정은 심리학적인 공식에서 합당한 것으로 여겨진다.

당연히 이 공식은 직선적으로 배열될 수 없고 원으로만 배열될 수 있다. 그런 이유 때문에 이 공식은 오른쪽으로 움직인다. A는 그와 비슷한 a를 낳는다. a로부터 그 과정은 접촉에 의해서 b로 나아가고, 다음에는 이 b가 B를 낳는다. 변화는 해와 같이 오른쪽으로 향한다. 말하자면 A와 B, C, D로, 질적으로 분리된 4개의 단위로 갈라지는 것(구분)으로 이미 암시했듯이, 변화는 의식이 되는 과정이라는 뜻이다.

오늘날의 과학적 이해는 콰테르니오가 아니라 원리들의 삼위일체(공간, 시간, 인과성)에 근거하고 있다. 그러나 여기서 우리는 현대의 과학적 사고의 영역이 아니라 고전적이고 중세적인 세계관이라는 영역 안에서 움직이고 있다. 이 세계관은 라이프니츠의 시대까지 대응원리(principle of correspondence: 주로 물리학에서 통하는 원리로, 새로운 이론은 그 전의 이론으로 설명이 가능했던 모든 현상을 다 설명할 수 있어야 한다는 원리/옮긴이)를 인정하며 순진하게도 그것을 별 생각 없이 적용했다.

abc로 표현된 A에 대한 우리의 판단이 전체성의 성격을 띠도록 하기 위해선, 우리는 시간의 제약을 받는 우리의 사고를 대응 원리로, 혹은 내가 '공시성'이라 부르는 원리로 보완하면 된다. 이런 식으로 보완해야 하는 이유는 우리가 자연을 묘사하는 것이 일부 측면에서 불완전하고 따라서 관찰 가능한 사실까지 우리의 이해에서 배제하거나 예를 들어 "이유 없는 결과" 같은 모순처럼 정당하지 않은 방향으로 그 사실들을 해석하게 되기 때문이다. 영지주의의 콰테르니오는 무의식의 순진한 산물이고 따라서 의식의 4가지 기능과 연결될 수 있는 어떤 정신적 사실을 나타내고 있다. 이 과정이 오른쪽으로 움직이는 것은 내가 이미 밝힌 바와 같이 의식적 식별이 이뤄진다는 것을 의미하고, 따라서 어떤 의식적 과정의 핵심을 이루는 4가지 기능을 적용하고 있다는 것을 나타내고 있다.

전체 원은 반드시 처음으로 돌아간다. A에서 가장 멀리 벗어난 D가 접촉점에서 일종의 에난티오드로미아(전향)에 의해 a_3으로 변화할 때가 바로 그 시점이다. 따라서 이런 도식이 나온다.

$$
\begin{array}{ccccc}
& b_3 & & d & \\
c_3 \diagup \diagdown a_3 & = A = & a \diagup \diagdown c & \\
& d_3 & & b & \\
& \parallel & & \parallel & \\
& D & & B & \\
& \parallel & & \parallel & \\
& d_2 & & b_1 & \\
a_2 \diagup \diagdown c_2 & = C = & c_1 \diagup \diagdown a_1 & \\
& b_2 & & d_1 &
\end{array}
$$

이 공식은 변화 과정의 근본적인 특징들을 상징적으로 정확히 나타내고 있다. 한 마디로 말해, 만다라의 순환이다. 어떤 현상이 나타나고, 이를 보완하는(혹은 보상하는) 과정이 정반대 방향으로 작용하고, 이어 원래의 완전한 상태가 복원되는 '아포카타스타시스'가 나타난다. 이런 것들을 연금술사들은 우로보로스의 상징을 통해 표현했다. 최종적으로, 이 공식은 고대 연금술의 '테트라메리아'(tetrameria:네 단계로 구분하는 것을 뜻한다/옮긴이)를 반복하는데, 네 단계로 나눠지는 것은 다음과 같은 단일체의 사중 구조에 함축되어 있다.

그러나 이 공식이 유일하게 암시할 수 있는 것은 변화와 통합의 과정을 통해서 보다 높은 차원에 닿는다는 점이다. "승화"나 진보 혹은 양적 변화는 곧 전체성을 네 번에 걸쳐서 네 부분으로 나누는 것이다. 이것은 의식적인 것이 되는 과정에 지나지 않는다. 정신의 내용물이 4가지 양상으로 나눠질 때, 그것은 곧 그 내용물이 의식의 4가지 기능에 의해 식별되고 있다는 것을 의미한다. 오직 이 4가지 양상을 구분할 수 있을 때에만 전체에 대한 설명이 가능해진다. 우리의 공식이 묘사한 과정은 원래 무의식적이던 전체를 의식적인 전체로 바꿔놓는 것이다.

안트로포스 A는 위에서 자신의 그림자 B를 통해 아래로 피시스 C(=뱀)로 내려가고, 카오스를 질서로 바꾸는 일종의 결정화 과정 D(=라피스)를 통해서 다시 원래의 상태로 올라간다. 그 사이에 원래의 상태는 무의식적인 상태에서 의식적인 상태로 바뀌었다. 의식과 이해는 식별, 즉 분석(분해)을 통해 생겨나고, 이 분석 뒤에 통합이 일어난다. "분해하고 응고시켜라."라는 연금술의 가르침 그대로이다. 유사함은 a, a₁, a₂, a₃ 등 같은 글자로 표현되고 있다. 말하자면, 우리는 언제나 똑같은 요소를 다루고 있는 것이다.

이 요소는 공식 안에서 단지 장소만 바꾸고 있지만, 심리학적으로는 이름과 질도 변화한다. 장소의 변화는 언제나 정신에서 일어나는 보완적 혹은 보상적 변화에 대응하면서 상황이 방향을 바꾸는 쪽으로 일어나고 있는 것이 분명하다. '역경'의 괘(卦)도 중국 고전 전문가들에게 이런 식으로 이해되었다.

모든 원형적 배열은 원형이라는 표현처럼 나름의 초자연적인 힘을 갖고 있다. 그래서 a에서 d까지는 "왕 없는(개인적인) 민족"이고, a₁에서 d₁까지는 그림자 콰테르니오이다. 어쩌면 이 이름이 거슬릴 수 있을 것 같다. 그것이 너무나 인간적인 인간 존재(니체(Friedrich Nietzsche: 1844-1900)의 "가장 추한 사람")를 의미하기 때문이다. a₂에서 d₂까지는 더 이상의 설명이 필요하지 않은 "낙원"이고, 마지막으로 a₃에서 d₃까지는 물질의 세계이다. 물질주의로 나타나고 있는 물질세계의 힘은 우리의 세계를 질식시키겠다고 위협하고 있다. 지난 2,000년 동안에 인간 마음의 역사에서 이런 것들이 어떤 변화를 몰고 왔는지에 대해서는 상세하게 설명할 필요조차 없을 것이다.

이 공식은 자기의 상징을 제시하고 있다. 자기란 것이 정적인 양(量)이나 지속적인 형식일 뿐만 아니라 역동적인 과정이기도 하기 때문이다. 이와 똑같이, 고대인들은 사람의 내면에 있는 '신의 형상'을 단순한 각인이나 생명 없는 정형화된 인상으로 보지 않고 하나의 능동적인 힘으로 보았다. 4가지 변화는 말하자면 자기 안에서 회복 혹은 재생의 과정이 일어나고 있다는 것을 나타낸다. 이 변화는 태양 안에서 일어나는 탄소 질소 순환과 비교할 만하다. 탄소핵이 4개의 양성자(이 4개 중 2개는 즉시 중성자가 된다)를 끌어들인 다음에 순환의 끝에 이것들을 알파입자로 방출한다. 탄소핵 자체는 "마치 불사조가 재에서 나오듯이" 불변하는 반응에서 나온다. 존재의 비결, 즉 원자의 존재와 원자의 구성 원소들은 지속적으로 되풀이되는 재생의 과정 안에 있다고 봐도 무방하다. 그러면 이 과정에 대한 설명은 원형의 신비적인 힘에 대한 설명과 비슷해질 것이다.

나는 이 비교가 가설적인 성격을 지닌다는 사실을 잘 알고 있다. 그러나 나는 겉모습에 속을 위험을 감수하더라도 이런 식의 생각을 옹호하는 것이 적절하다고 감히 생각한다. 핵물리학과 무의식의 심리학이 서로 별도로 정반대 방향에서, 전자는 원자 개념을 갖고, 후자는 원형 개념을 갖고 초월적인 영역을 향해서 나아가고 있기 때문에, 두 분야는 조만간 더욱 가까이 다가서게 될 것이다.

물리학과의 비유는 절대로 주제에서 벗어난 이야기가 아니다. 왜냐하면 상징적인 도식 자체가 물질의 세계 속으로 들어가는 것을 나타내고 또 외부 세계와 내면세계의 동일시를 필요로 하기 때문이다. 정신은 물질과 완전히 동떨어져 있을 수 없다.

정신이 물질과 완전히 따로 논다면 정신이 어떻게 물질을 움직일 수 있겠는가? 또 물질은 정신과 완전히 다른 외계인이 될 수 없다. 정신과 물질이 완전히 다르다면 어떻게 물질이 정신을 낳을 수 있겠는가? 정신과 물질은 같은 세계 안에 존재하고 있으며, 각각은 서로에게 어느 정도 관여하고 있다. 그렇지 않다면 정신과 물질 사이에 상호적인 행위가 가능하지 않을 것이다. 그러므로 연구가 충분히 이뤄진다면, 육체적 개념과 심리학적 개념 사이에 종국적으로 합의가 이뤄질 수밖에 없다. 우리가 현재 펴고 있는 시도는 대담할 수 있지만, 나는 그것이 옳은 길이라고 믿는다. 예를 들어, 수학 분야에서 모든 경험을 초월하는, 순수하게 논리적인 해석이 그 후에 사물의 행동과 일치한다는 것이 종종 확인되고 있다. 이 같은 사실은 내가 '공시성'이라고 부르는 사건들처럼 모든 형태의 존재들 사이에 어떤 깊은 조화가 있다는 점을 가리키고 있다.

상호 비교하면서 유사성을 찾는 것이 정신생활에서 큰 비중을 차지하는 하나의 법칙으로 통하기 때문에, 순수하게 이론적인 것처럼 보이는 우리의 구성이 새로운 아이디어처럼 보이지 않고 사고의 초기 단계에서 대충 그린 엉성한 그림처럼 비칠 수도 있을 것 같다. 대체로 말하면, 지금까지 이 책에서 논의한 현상은 신비 의식뿐만 아니라 신비주의의 다양한 변화의 과정에서도 발견된다. 또한 인간을 육체와 정신, 영혼으로 나누는 기독교의 인성 삼분법뿐만 아니라 고전적인 삼분법에서도 그런 현상이 발견된다. 이런 방향으로 가장 포괄적으로 이뤄진 시도 중 하나가 바로 '플라토니스 리베르 카르토룸'이라는 책에서 확인되는 16중의 도식이다. 이에 대해서는 '심리학과 연금술'에서 상세하게 다뤘기 때문에 여기서는 근본적인 사항에 대해서만 이야기할 생각이다.

도식화(圖式化)와 비유는 먼저 4가지의 첫 번째 원리로 시작한다. (1)자연의 작업 (2)물 (3)자연의 구성 (4)감각 등이 첫 번째 원리들이다. 각각의 출발점은 3단계의 변환을 거친다. 이 변환의 단계까지 다 고려하면 총 16개의 부분이 된다. 말하자면 이 원리들이 수평으로 4개로 나눠지는 것 외에, 수직으로도 각 단계에 해당하는 상태가 있는 것이다.

I	II	III	IV
자연의 작업	물	자연의 구성	감각
자연의 분리	흙	자연의 구분	식별
영혼	공기	단순화	이성
이해	불	보다 단순한 에테르	신비

이 표는 연금술 작업의 다양한 양상들을 보여주고 있으며, 연금술은
점성술과 소위 마법의 기술과 깊이 연결되어 있었다. 연금술이 의미
있는 숫자들을 사용하고 또 친숙한 정령을 일깨우거나 불러들이는 것
도 이 같은 연결을 뒷받침한다. 이와 비슷하게, 옛날의 흙점(占)(한 줌
의 돌이나 흙, 모래를 땅에 던져 생기는 무늬를 바탕으로 점을 치는 방법을 말
한다/옮긴이)도 16개의 부분으로 이뤄진 도표를 바탕으로 하고 있다.
구체적으로 보면, 4명의 중심적인 인물(고위 심판관, 하위 심판관, 2명
의 증인), 4명의 손자, 4명의 아들, 4명의 어머니이다. (흙점에 쓰인 도
표의 부분들은 오른쪽에서 왼쪽으로 이어진다.) 이 형상들은 점성술
의 궁들처럼 배열되어 있지만, 도표의 한가운데는 사각형으로 되어 있
으며 그 안에 핵심적인 인물 4명이 들어 있다.

아타나시우스 키르허(Athanasius Kircher: 1602-1680)는 위의 표와
관련해서 최초의 단일체 4개 중 감각은 육체에만 영향을 미치는 반면
에 나머지 3개는 이해의 대상이라고 말한다. 그렇다면 감각에 의해 지
각된 것을 이해하길 원한다면, 반드시 마음을 통해야 한다는 뜻이 된
다. "그러므로 감각에 의해 지각된 모든 것은 이성이나 지성, 아니면
절대적 합일까지 끌어올려져야 한다. 이런 식으로, 모든 지각 가능한

것들을 더 이상 단순할 수 없는 그런 상태로 통합시킬 수 있다면, 그러면 이야기할 것도 더 이상 남지 않게 되고 돌 역시도 하나의 돌이기보다 전혀 돌이 아닐 수 있고 모든 것이 그보다 더 단순할 수 없는 그런 합일을 이루게 될 것이다. 그런 구체적이고 이성적인 돌의 절대적 합일이 신을 그 본보기로 삼고 있기 때문에, 그 돌의 지적 합일은 마찬가지로 이해이다. 이 같은 합일을 통해, 지각하는 감각들이 어떤 식으로 이성으로 돌아가는지, 그리고 이성이 지성으로, 지성이 신으로, 말하자면 순환의 형식에서 시작과 절정이 동시에 발견되는 그 신으로 돌아가는 과정을 볼 수 있다."[43] 키르허가 라피스를 구체적인 사물의 한 예로, 신의 통합의 한 예로 선택한 것은 연금술의 차원에서 보면 너무나 당연하다. 왜냐하면 라피스가 신 또는, 물질 안에 숨겨진 신의 일부를 담고 있는 신비이기 때문이다.

키르허의 체계는 우리가 제시한 콰테르니오 시리즈와 비슷한 점을 갖고 있다. 키르허가 자신의 도식을 신에 의해 작동되는 하나의 원으로 인식했다는 점이다. 이 원은 처음에는 저절로 돌다가 나중에 인간의 이해력을 통해서 다시 신에게로 돌아간다. 그러면 그 끝이 시작과 연결된다. 이 점이 우리의 공식과 많이 비슷하다. 연금술사들은 자신의 작업 과정을 순환적인 과정으로, 순환적인 증류나 자신의 꼬리를 물어뜯고 있는 뱀인 우로보로스로 묘사하길 좋아했다. 그러면서 연금술사들은 이런 과정을 무수히 많은 그림으로 남겼다.

'철학자의 돌'이라는 핵심 개념이 자기를 의미하는 것과 똑같이, 무수히 많은 상징을 가진 '연금술 과정'은 개성화의 과정을, 말하자면 자

....

43 Arithmologia, sive De abditis numerorum mysteriis(1665), pp. 260 ff

기가 무의식의 상태에서 의식의 상태로 단계적으로 발달하는 과정을 보여준다. 그것이 라피스가 '근원적 물질'로서 연금술 과정의 끝만 아니라 시작에도 서 있는 이유이다.

미하엘 마이어에 따르면, 자기의 또 다른 이름인 금은 태양의 '순환 과정'에서 나온다. 이 원은 "(자신의 머리로 꼬리를 물고 있는 뱀처럼) 스스로에게로 돌아가는 선(線)이며, 이 원에서 영원한 화가이며 도공인 신이 확인될 것"이다.[44] 이 원 안에서 자연은 "4가지 특성을 서로 연결시켰으며, 이어서 대조되는 것들은 대조되는 것들에 의해 속박되고 적들은 적들에 의해 속박된 결과 거기서 어떤 정사각형을 하나 끌어냈다". 마이어는 이런 식으로 원을 사각형으로 만드는 것을 행복할 때나 불행할 때나 "본연의 모습을 지키는" "정방형 인간"(homo quadratus: 라틴어 표현으로, 글자 그대로의 의미는 '인간과 사각형'이지만 신체의 비율 면에서 완벽한 인간을 뜻한다. 레오나르도 다빈치(Leonardo da Vinci)의 소묘 작품 '비트루스비우스적 인간'을 떠올리면 뜻이 쉽게 전달된다/옮긴이)에 비유한다. 마이어는 그것을 "황금의 궁(宮), 두 차례 이등분된 원, 네 귀퉁이를 가진 팔랑크스(고대 그리스 군대의 밀집 대형/옮긴이), 도시 성벽, 사방으로 형성된 전선(戰線)"이라고 부른다. 이 원은 반대되는 것들의 통합으로 이뤄져 있으면서도 "모든 피해에 면역되어 있는" 마법의 원이다.

서구의 전통과 별도로, 순환적 과정이라는 똑같은 관념은 중국 연금술에서도 발견된다. '황금꽃의 비밀'(太乙金華宗旨)은 "빛이 원을 그리며 움직일 때, 하늘과 땅, 빛과 어둠의 모든 에너지들이 결정화(結晶

....
44 De circulo physico quadrato, p. 16

化)된다."고 말한다.

순환적 과정을 돕는 순환적 장치는 일찍이 올림피오도루스 (Olympiodorus: 6세기)의 글에도 언급되고 있다. 도른은 "물리 화학의 순환적 운동"은 가장 낮은 원소인 흙에서 비롯된다는 의견을 제시한다. 그 이유는 불이 땅 속에서 비롯되어 광물과 물을 공기로 변화시키고, 그러면 이 공기가 하늘까지 올라가 거기서 다시 응축되어 아래로 떨어지기 때문이라고 한다. 그러나 하늘로 올라가는 과정에 휘발된 원소들은 "높은 곳의 별들로부터 남자의 씨앗을 받은 뒤 그것을 갖고 내려와 연금술로 수정시켜서 비옥하게 가꾼다". 이것이 바로 루페시사가 수도 없이 반복되었다고 말하는 그 "순환적 증류"이다.

상승과 하강이라는 기본적 개념은 '타불라 스마라그디나'에서도 발견되며, 변환의 단계들은 거듭해서, 특히 리플리의 '스크로울'과 이와 비슷한 문서에서 거듭 묘사되었다. 이 변환의 단계들은 개성화의 무의식적 과정을 그림 형식으로 간접적으로 파악하려는 노력으로 이해되어야 한다.

15장

결론

이 책에서 나는 현대인에게 가장 중요하고 또 이해가 시급히 필요한 원형, 즉 자기 원형의 다양한 양상들을 찾아내 소상히 설명하려고 노력했다. 이 목적을 이루기 위해 나는 모든 심리 작용에 영향을 미치는 개념들과 원형들에 대해 설명했다. 그런 개념이나 원형들 중에서 첫 번째가 그림자이다. 억압된 채 숨어 있고, 대개가 열등하고, 죄의식을 느끼고 있는 인격 말이다.

그런데 이 인격의 종국적 뿌리는 우리 인간의 동물 조상들의 영역까지 닿는다. 그래서 이 인격은 무의식의 전체 역사를 두루 담고 있다. 그림자와 그림자 안에서 일어나는 과정들을 분석함으로써, 우리는 아니마/아니무스 시저지를 발견한다. 얼핏 피상적으로 보면, 그림자는 의식적인 마음에 의해 드리워지고, 신체를 따르고 있는 물리적인 그림자와 마찬가지로 일종의 빛의 결핍이다. 따라서 이런 피상적인 관점에는 도덕적으로 열등한 심리학적 그림자가 선의 결핍으로 여겨질 수 있다.

그러나 더 면밀히 검사하면 그림자는 영향력 있고 자율적인 요소들, 즉 아니마와 아니무스를 숨기고 있는 어둠인 것으로 드러난다. 이 요소들이 아주 활동적으로 작동하고 있는 것을 관찰하고 있으면, 무의식을 두고 단순히 혜성 꼬리처럼 알맹이 없는, 의식의 꼬리에 지나지 않고 또 빛과 선(善)의 부재라는 식으로 생각하는 것이 과연 옳은가 하는 의문이 들기 시작한다. 아니마와 아니무스가 작동할 경우에 여자는 곧잘 터무니없이 고집이 세지고 남자는 소유욕에 불타거나 감상에 빠지곤 하니 말이다.

지금까지 인간의 그림자가 모든 악의 원천이라는 믿음을 갖고 있었다면, 무의식적인 사람, 다시 말해 그 사람의 그림자가 도덕적으로 비난받아야 할 성향들로만 이뤄져 있지 않다는 사실을 확인할 필요가 있다. 그 그림자에도 도덕적인 본능과 적절한 반응, 현실적인 통찰력, 창의적인 충동 등 훌륭한 자질이 들어 있는 것이다. 이 정도의 이해력을 갖추게 되면, 이젠 그 자체로 지극히 자연스런 사실들을 왜곡하고 오해하는 것이 악으로 보일 것이다. 이 같은 왜곡은 아니마와 아니무스가 특별히 작용한 결과이며, 이젠 아니마와 아니무스가 악의 진짜 원인처럼 보인다. 그러나 우리는 이런 깨달음에서 만족할 수 없다. 왜냐하면 모든 원형들이 무의식적으로 우호적이거나 비우호적이고, 밝거나 어둡고, 선하거나 나쁜 효과를 일으키고 있기 때문이다. 최종적으로 우리는 양극성 없이는 어떠한 실체도 있을 수 없기 때문에 자기도 '상반된 것들의 복합체'라는 점을 인정해야 한다.

상반된 것들이 오직 인간의 노력과 행동이라는 영역에서만 도덕적으로 강조되고 있다는 점을 간과해서는 안 된다. 또 보편적으로 유효한 선과 악이란 것에 대한 정의가 있을 수 없다는 사실도 무시하면 안

된다. 달리 말하면, 선과 악이 그 자체로 무엇인지를 우리는 모른다. 그러므로 선과 악은 인간의 의식의 필요에서 생겨나고, 또 바로 그런 이유로 선과 악은 인간의 영역 밖에서는 유효성을 상실한다고 봐야 한다. 말하자면 선과 악이 형이상학적인 실체를 갖는다는 가설은 허용될 수 없다는 뜻이다. 만약에 우리가 신이 하거나 허용하는 모든 것을 "선하다"고 본다면, 악도 선한 것이 되어 "선하다"는 표현이 무의미해진다. 그러나 고통은, 그것이 그리스도의 수난이든 아니면 세상의 고통이든 언제나 그 전과 똑같다. 어리석음과 죄, 병, 늙음, 죽음은 계속해서 어두운 구름을 형성하면서 생명의 아름다움을 갉아먹게 마련이다.

아니마와 아니무스를 인식하는 것은 정신분석가에게 주어진 아주 특별한 경험이다. 그럼에도, 문학을 조금이라도 접하는 사람은 누구나 아니마가 어떤 형상인지 그림을 그리는 데 전혀 어려움을 느끼지 않을 것이다. 아니마는 소설가들, 특히 라인 강 서쪽의 소설가들이 즐겨 다룬 주제이다. 단지 아니마를 알기 위해서라면, 꿈에 대해 주의 깊게 공부할 필요조차 없다.

그러나 여자의 아니무스를 찾아내는 일은 그리 쉽지 않다. 아니무스라는 이름으로 불릴 수 있는 것이 상당히 많기 때문이다. 그러나 동료들의 적의(敵意) 앞에서도 거기에 영향을 받지 않고 꿋꿋이 버티면서 동시에 그 적의를 비판적으로 검토할 수 있는 사람이라면 스스로 침착한 사람이라고 생각하지 않을 수 없다. 그럼에도, 자신의 기분과 그 기분이 자신의 인격에 미치는 영향에 대해서 깊이 반성해보는 것이 더 바람직하고 유익하다.

다른 사람이 실수를 저지르는 곳이 어딘지를 아는 것은 그다지 중요하지 않다. 당신 자신이 실수를 저지르는 곳을 아는 것만이 중요하다.

그럴 경우에 당신이 실수에 대해 어떤 조치를 취할 수 있기 때문이다. 다른 사람의 내면에 우리가 향상시킬 수 있는 것이 있다 하더라도 대체로 보면 그 효과는 의문스럽다.

먼저 우리가 아니마와 아니무스를 대부분 부정적이고 불쾌한 형식으로 만나지만, 아니마와 아니무스는 나쁜 정신의 대표와는 거리가 한참 멀다. 앞에서 본 바와 같이, 아니마와 아니무스는 똑같이 긍정적인 측면을 갖고 있다. 아니마와 아니무스는 신비하고 암시적인 힘 때문에 아주 오랜 옛날부터 모든 신과 여신의 원형적 바탕이 되어주었다. 그런 까닭에 아니마와 아니무스는 심리학자들뿐만 아니라 생각이 깊은 보통 사람들의 관심까지 끌만한 가치를 충분히 지니고 있다.

신령으로서 아니마와 아니무스는 가끔은 선을 위해 일하고 가끔은 악을 위해 일한다. 아니마와 아니무스가 서로 반대되는 것은 남녀 성의 차이와 비슷하다. 따라서 아니마와 아니무스는 상반된 것들의 짝으로 아주 멋진 짝이다. 논리적 모순 때문에 절망적으로 분리된 짝이 아니라 둘 사이의 상호 끌림 때문에 합일을 약속하고 또 그 약속을 실천하는 그런 짝인 것이다. '상반된 것들의 합일'은 연금술사들로 하여금 "화학적 결혼"을 생각하게 만들고 히브리 신비주의자들로 하여금 '어린 양의 혼인'은 물론이고 신과 신의 임재(臨在)까지 떠올리게 했다.

상반된 것들을 연금술로 통합함으로써 생겨날, 이중성을 지닌 철학자의 돌은 문학에 너무나 명확하게 다뤄지고 있기 때문에, 우리가 그것을 자기의 상징으로 받아들이는 데 전혀 어려움이 없다. 심리학적으로 보면, 자기는 의식(남성성)과 무의식(여성성)의 결합이다. 자기는 정신적 전체성을 상징한다. 이런 식으로 다듬어진 자기는 하나의 심리학적 개념이다. 그러나 경험적으로 보면 자기는 구체적인 상징들을 통해 저절로 나타나며, 그 전체성은 무엇보다 만다라와 무수히 많은 만다라의 변형에서 분명히 인식되고 있다. 역사적으로, 이 상징들은 신의 형상으로 아주 두드러진다.

아니마/아니무스 단계는 다신교와 연결되고, 자기는 일신교와 연결된다. 자연스런 원형의 상징은 빛과 어둠을 포함하는 전체성을 묘사하면서 일부 측면에서 기독교 교리와 모순을 빚지만 유대교 관점이나 여호와 신앙의 관점과는 모순을 일으키지 않거나 조금 일으킨다. 유대교나 여호와 신앙의 관점은 자연에 더 가깝고, 따라서 그때그때의 경험을 더 잘 반영하는 것 같다. 그럼에도, 기독교 내의 이교(異教) 창시자들은 자연스런 상징을 인정하면서, 초기 교회에 큰 위험으로 작용했던 마니교의 이원론이라는 바위를 그냥 피해 가려고만 했다. 그런데 당시의 그리스도 상징들 중에 그리스도와 악마 사이에 공통점이 있다는 뜻을 담은 매우 중요한 것들이 있었다. 그럼에도 이 같은 사실은 기독교 교의에 전혀 아무런 영향을 미치지 못했다.

그러나 자기를 적절히 표현할 상징을 찾으려는 노력을 훨씬 더 알차게 펼친 사람들은 영지주의자들이었다. 발렌티누스와 바실리데스를 포함한 영지주의자들은 대부분 신학자였으며, 그들은 교리를 보다 강하게 앞세우는 신학자들과 달리 스스로 자연스런 내면의 경험에 영향을 많이 받았다. 따라서 그들은 연금술사들과 마찬가지로 기독교 메시지의 영향으로 자연스레 생겨나던 상징들에 관한 정보를 많이 갖고 있다. 동시에 영지주의자들의 사상은 '선의 결핍'이라는 원칙 때문에 생긴 신의 비대칭을 보완하고 있다. 오늘날 위험할 만큼 방향 감각을 상실하게 만든, 의식과 무의식 사이의 간극 그 위로 다리를 놓기 위해 무의식이 전체성의 상징을 만들려고 노력하고 있는 것이나 다를 게 하나도 없다.

나는 이 책이 완전함과 거리가 멀 뿐만 아니라, 단지 심리학적 경험이라는 관점에서 보면 기독교 사상이 어떻게 비치는지를 대략적으로 보여주는 데서 그치고 있다는 사실을 잘 알고 있다. 나의 주된 관심은 경험을 바탕으로 한 발견과 서구의 전통적 관점 사이의 비슷한 점이나 다른 점을 지적하는 것이었다. 그러기에 시대와 언어 때문에 일어난 차이를 고려하는 것이 불가피했다. 물고기 상징의 경우에 특별히 더 그랬다. 이 분야를 연구하는 이들은 누구나 불확실한 바탕 위를 걷고 있다. 그건 어쩔 수 없는 일이다. 그러다 보니 이따금 사변적인 가설에 의존하거나 잠정적으로 어떤 상황을 재구성하지 않을 수 없다.

당연히 연구자들은 자신의 발견을 최대한 충실하게 기록해야 한다. 그러나 실수를 저지를 위험을 무릅쓰고라도 간혹 과감히 가설을 세울 수 있어야 한다. 어쨌든 실수는 진리의 토대이다. 만약에 어떤 사람이 어떤 사물이 무엇인지를 모르고 있다면, 그런 경우엔 그 사물이 적어도 어떤 것은 아니라는 사실을 아는 것도 지식을 증대시키는 결과를 낳을 것이다.